계획과 시장의 공존
북한의 경제개혁과 체제변화 전망

계획과 시장의 공존
북한의 경제개혁과 체제변화 전망

2008년 5월 23일 초판 1쇄 인쇄
2008년 5월 26일 초판 1쇄 발행

지 은 이 | 임수호
펴 낸 곳 | 삼성경제연구소
펴 낸 이 | 정구현
출판등록 | 제302-1991-000066호
등록일자 | 1991년 10월 12일
주　　소 | 서울시 서초구 서초2동 1321-15 삼성생명 서초타워 30층
　　　　　전화 3780-8153, 8213, 8372(기획), 3780-8084(마케팅)
　　　　　팩스 3780-8152
　　　　　http://www.seri.org　　seribook@seri.org

ISBN | 978-89-7633-378-0　03340

삼성경제연구소 도서정보는 이렇게도 보실 수 있습니다.
인터넷 홈페이지에서 → SERI 북 → SERI가 만든 책

북한의 경제개혁과 체제변화 전망

임수호 지음

계획과 시장의 공존

삼성경제연구소

— 계획과
— 시장의
— 공존

책을 내며

그간 북한 전문가들 사이에서는 "북한은 왜 붕괴되지 않는가?"라는 질문이 꾸준히 제기되었다. 그리고 그에 대한 답으로 정치엘리트나 군부에서 김정일에 도전할 만한 세력이 없다는 점, 철저한 감시와 통제 때문에 조직화된 사회세력이 성장하지 못한 점, 그리고 북한의 붕괴를 두려워하는 한국과 중국을 배후에 두고 있는 지정학적 이점 등이 거론되었다. 필자는 여기에다 한 가지를 더 보태야 한다고 본다. 바로 '시장화(marketization)'가 그것이다. 아이로니컬하게도 '시장화'는 북한의 체제 유지에 중요한 역할을 하고 있다.

일부 군수산업을 제외하면 북한의 계획경제는 이미 붕괴된 지 오래다. 경제가 붕괴되었다고 해서 반드시 체제가 붕괴되는 것은 아니지만, 그 내구성을 심각하게 훼손하는 것만은 분명하다. 그러나 그럼에도 불구하고 북한은 이 상태에서 15년 이상을 버티고 있다. 필자는 붕괴된 계획경제를 대체하는, 그래서 경제적 붕괴가 체제 전반에 가하는 압력을 완화시켜주는 기제가 있으며, 1990년대 중반 이후 급속히 팽창한 시장이 바로 그것이라고 본다. 주민들은 시장에서 생존에 필요한 물품을 사고팔며, 기업들 역시 운영에 필요한 자재와 자금을 상당부분 시장에서 구하고 있다. 그리고 국가는 이러한 시장활동에 세금을 부과함으로써 재정을 충당하고 있다. 국가가 시장에 기생하고 있는 것이다.

북한 식량난에 따른 대규모 기아사태의 발생 가능성만 살펴보아도 시장화의 역할을 알 수 있다. 지표상으로만 보면, 현재 북한의 식량사정은 1990년대 중반과 별반 다르지 않다. 생산량이 정체된 가운데 자연재해가 연속되고, 국제 곡물가격이 급등한 데다 남북관계가 경색되면서 외부에서 확보할 수 있는 식량의 규모가 대폭 감소했기 때문이다. 그러나 상당수 전문가들은 1990년대 중반과 같은 대규모 기아사태가 발생할 소지는 낮다고 진단한다.

1990년대 중반에 대규모 기아사태가 발생한 것은 식량이 절대적으로 부족했던 것 외에도 유통체계가 배급제로 경직되어 있었던 탓이 크다. 부족한 식량이 그나마 유통되지 않았던 것이다. 그러나 지금은 시장이 형성되어 있어 주민들은 돈만 있으면 시장에서 식량을 구입할 수 있다. 물론 공급량이 줄어들면 시장가격이 치솟아 저소득층을 중심으로 기아가 발생할 소지가 여전히 남아 있다. 하지만 과거처럼 대규모로 기아가 발생할 가능성은 낮다.

이 책은 북한경제의 시장화를 다루고 있다. 보다 정확히 이야기하면, 사유화(privatization) 없는 시장화, 곧 '계획과 시장의 공존'을 다루고 있다. 물론 이러한 이중경제적 특징은 이미 상당수 북한 연구자에 의해 논의된 바 있다. 이 점에서 이 책은 내용에서나 그 시각에서 기존 연구로부터 많은 도움을 받았다. 다만, 기존의 연구 성과에 기초해 북한

경제의 다양한 분야에서 이중경제적 특징이 어떻게 발현되고 있는지를 상세히 추적하고 있다는 점, 그리고 계획과 시장이 공존하고 상호작용하는 메커니즘에 대해 나름의 분석 틀을 제시하고 있다는 점에서 이 책의 의의를 찾을 수 있을 것이다.

비록 부족한 내용이나마 이 책이 나오기까지 많은 분들의 도움을 받았다. 책으로 출간될 수 있도록 독려해주신 삼성경제연구소 정구현 소장님과 김경원 전무님께 먼저 감사의 인사를 드린다. 그리고 책의 내용에 대한 세심한 조언과 필요한 자료를 확보하는 데 도움을 주신 동용승 박사님께도 감사드린다. 자료정리에 도움을 준 전소영 씨와 출판팀에도 고마움을 전한다.

2008년 5월
임수호

차례

책을 내며 5

제1장 • '아래로부터 강제된' 시장사회주의화 개혁
1. 북한의 체제변화: 위로부터의 접근과 아래로부터의 접근 • 13
2. 계획과 시장: 시장사회주의 이행의 정치경제학 • 20
3. 책의 구성 • 28

제2장 • 북한경제의 원형과 분권화 개혁
1. 사회주의 계획경제의 원형 • 33
2. 분권화 개혁 • 50
3. 개혁의 유산과 제2경제의 맹아 • 73

제3장 • 경제난과 제2경제의 확산: 사례를 중심으로
1. 경제난과 계획의 붕괴 • 93
2. 제2경제의 정의 • 101
3. 합법적 사적 경제활동 • 105
4. 불법적 사적 경제활동 • 113
5. 계획경제 내부의 불법적 경제활동 • 135

제4장 • 계획과 시장의 공존: '7.1조치'와 제2경제의 수용

1. 가격현실화와 가격 제정방식의 변화 • 157
2. 환율인상과 외화관리제도의 변화 • 167
3. 임금인상: 차등임금제의 도입과 '공짜'의 폐지 • 173
4. 기업관리의 분권화 • 183
5. 시장의 확대 • 202
6. 재정개혁 • 217

제5장 • 시장사회주의로의 점진적 전환

1. 급진적 이행의 불가능성 • 235
2. 시장화의 역전 불가능성 • 242

|부록 1| 경제관리개선조치 관련 김정일 담화 • 249
|부록 2| 7.1조치 강연자료 • 258
|부록 3| 토지사용료 납부규정: 내각결정 제53호 • 267
|부록 4| 종합시장설치 지시문: 내각지시 제24호 • 272
|부록 5| 시장관리규정: 내각결정 제27호 • 279

참고문헌 • 284

· 제1장 ·

'아래로부터 강제된'
시장사회주의화 개혁

- 김광림(남측대표) : 북에 시장이 들어섰으니, 시장에 경제를 붙여서 시장경제로 부르자.

- 최영건(북측대표) : 그건 안 된다. (북의 변화는) '시장사회주의'다.

— 2003년 11월 6일 제7차 남북경제협력추진위원회 대표회담에서

북한의 체제변화:
위로부터의 접근과 아래로부터의 접근

1990년대 중반, 특히 2002년 〈7.1경제관리개선조치〉(이하 '7.1조치') 이후 북한에서는 맹렬한 속도로 시장이 확산되고 있는 중이다. '전 인민의 상인계층화'라고 일컬어도 좋을 만큼 소수 상층 간부를 제외한 전체 주민과 중하층 간부들이 어떤 방식으로든 시장경제 행위에 가담하고 있다. 거래품목 역시 이미 식량과 소비재를 넘어 일부 생산재로까지 확대되고 있다. 나아가 생산부문에서는 임금노동자를 고용해 소비품을 생산·판매하는 소규모 지하공장이 등장하였으며, 계획경제 내부로 개인자본이 투자되는 현상도 발생하였다. 자본주의의 맹아가 형성되고 있는 것이다.

이 책은 시장의 확산이 북한의 경제체제에 미치는 영향을 분석하는 데 목적이 있다. 북한은 사회주의국가 중에서도 가장 경직된 형태의 계획 시스템을 오랫동안 운영해왔다. 그렇기 때문에 불과 10여 년 만에 급속히 확산되고 있는 시장은 북한 체제에 중대한 영향을 미치고 있을 것으로 판단된다.

그간 북한의 체제변화와 관련된 연구는 '위로부터의' 접근이 주종을 이루었다. 다시 말하면, 김정일을 위시한 지도부의 '전략적 결단'이나 정권변화 차원에서 북한 체제의 변화 가능성이나 속도를 가늠해왔던 것이다. '위로부터의' 접근은 크게 세 가지로 구분할 수 있다. 첫째, 정권의 생존을 위해 변화를 거부하면서 '그럭저럭 버티기(muddling through)'[1]를 지속할 것이며, 또한 그것이 가능하다는 입장이다.[2] 둘째, 북한 지도부는 버티기를 지속하고자 하지만, 그 과정에서 국제사회의 제재나 김정일의 신변 이상과 같은 대내·외적 변수에 의해 정권이 붕괴되는 급변사태가 발생할 가능성이 높다는 입장이다.[3]

정권유지 전망에 대해서는 두 가지 입장이 상반된 시각을 보이지만, 북한 지도부가 변화를 받아들이지 않는다는 것을 전제로 하는 '의도불변론'이라는 점에서 사실상 동전의 양면일 뿐이다. 반면, 셋째는 북한 지도부가 변화의 불가피성을 인식하기는 하지만 급진적 변화가 초래할 체제의 위기를 막기 위해 '통제 가능한 변화'를 추구할 것이라는 입장이다. 북한 체제 전망에서 또 다른 한 축을 형성해온 이른바 점진적 변화론이다.[4]

---

[1] Marcus Noland, "Why North Korea Will Muddle Through", *Foreign Affairs*, 76, 4 (July/August 1997).
[2] 예를 들어 신지호, 《북한의 개혁·개방: 과거, 현황, 전망》(한울, 2000); Marcus Noland, Avoiding the *Apocalypse: The Future of the Two Koreas* (Institute for International Economics, 2000).
[3] 대표적으로 Nicholas Eberstadt, *The End of North Korea* (The AEI Press, 1999). 북한 급변사태에 대해서는 박관용 외,《북한의 급변사태와 우리의 대응》(한울, 2007).

이러한 '위로부터'의 세 가지 시각은 아무도 북한 지도부의 '진정한' 의도를 파악할 수 없다는 점에서 근본적인 한계가 있다. 예컨대 의도불변론의 입장에서 보면, 최근 북한이 국제사회에 내보이고 있는 화해·협력의 메시지는 외부수혈을 통해 기존 체제를 더욱 공고히 하기 위한 전술적 제스처에 불과하다. 따라서 북한과의 관계개선이나 지원은 약화되고 있는 정권기반을 오히려 공고하게 할 뿐이다. 나아가 이는 경제난을 배경으로 나타나고 있는 자생적인 시장화 움직임을 억제할 수 있는 자원을 북측에 제공할 우려마저 있다. 결국 북한에 대한 제재를 강화해 북한정권의 체제 유지 능력을 위축시키는 것이 바람직한 대북정책이 된다. 물론 이는 북한정권의 붕괴로 이어져 한반도를 비롯한 동북아 지역에 막대한 정치적 불안정을 초래할 수도 있다. 하지만 이러한 정치적 불안정에 의해 발생하는 비용보다는 북한정권이 유지됨으로써 초래되는 비용이 훨씬 크다는 것이다.

반면 점진적 변화론에서는 북한이 이미 "변화하고 있는 중"이기 때문에, 오히려 국가능력을 강화시켜주는 것이 그들의 개혁·개방 속도를 높이는 데 도움이 될 수 있다고 본다. 중국의 개혁·개방 과정에서 볼 수 있듯이, 정권의 체제 유지 능력 약화는 천안문 사태와 같은 개혁의 역전을 초래할 소지가 크다. 사실 사회주의 체제전환 이론가들 사이에서는 이미 급진주의 대 점진주의(Shocktherapy vs. Gradualism) 논쟁은 무의미하며, 중요한 것은 체제전환에 따르는 비용을 최소화할 수

---

4 점진적 변화론은 2000년 남북정상회담 이후 대부분의 국내 북한 연구자들이 공유하고 있는 시각이다. 예를 들어 정영철, 《북한의 개혁·개방: 이중전략과 실리사회주의》 (선인, 2004); 조영국, 《탈냉전기 북한의 개혁·개방 성격에 관한 연구》 (한국학술정보, 2006).

있는 국가의 능력이라는 데 합의가 이루어져 있다.[5] 따라서 만일 북한 지도부가 변화를 선택한 상황이라면, 관여정책(engagement policy)의 지속과 심화가 바람직하다는 것이다. 그러나 김정일 정권이 변화를 선택했다는 것을 어떻게 알 수 있는가?

주지하듯이 북한을 둘러싼 이러한 의도불변론과 점진적 변화론 간의 논쟁은 탈냉전 이후 이미 20년 가까이 지속되고 있지만, 아직 어느 입장도 확증된 바가 없다. 다만, 북한을 둘러싼 정세의 변화에 따라 양측 입장이 부침을 거듭해왔을 뿐이다. 왜냐하면 이 논쟁은 학술적 논쟁인 동시에 한국과 미국 내부에서, 그리고 한미 양국 간에 벌어져온 정책적·정치적·이념적 논쟁을 대체로 정확하게 반영하고 있기 때문이다. 문제는 북한 지도부의 의도를 검증할 수 있는 신뢰할 만한 자료가 없는 상황에서, 이러한 의도 중심의 접근은 미리 결정되어 있는 분석자의 주관적 정책선호, 혹은 이념적 성향을 반영하고 현실의 몇몇 단편들을 통해 그것을 재정당화하는 "정치적 로샤하 테스트(political Rorschach Test)"[6]가 될 가능성이 많다는 점이다. 따라서 위로부터의 시

---

[5] Charles Wyplosz, "Ten Years of Transformation: Macroeconomic Lessons", *World Bank Policy Research Working Paper* 2288 (February 2000).
[6] Elliot Kang, "North Korea's Security Policy: Swords into Plowshares?", Samuel Kim and Tai Hwan Lee eds., *North Korea and Northeast Asia* (Rowman & Littlefield Publishers, 2002), p.198. 로샤하 테스트는 좌우대칭으로 된 그림을 보여주고 어떻게 보이는가를 파악하여 심리상태를 검사하는 심리학의 인격진단 검사다. 사물을 객관적으로 보는 것이 아니라 심리상태에 따라 주관적으로 파악하는 이러한 문제점은 정책결정에 관한 합리적 행위자 모델(Rational Actor Model)에 내재되어 있는 피할 수 없는 위험이다. 합리적 행위자 모델의 설명방식은 "행위자가 어떤 행위를 하는 이유는 그럴 만한 합당한 이유가 있기 때문"이라는 내재적 접근을 취하고 있다. 여기서 합당한 이유는 행위를 통해 유추되는데, 이렇게 유추된 행위의 동기는 다시 그와 유사한 행위들을 통해 '입증'된다. 문제는 약간의 상상력만 발휘한다면, 그에 맞는 현실의 단편들을 발견하는 것이 어렵지 않다는 점이다. 따라서 합리적 행위자 모델은 절제되지 않을 경우 사후정당화나 음모이론으로 전락하고 만다. 이 점에 대해서는 Graham Allison and Philip Zelikow, *Essence of Decision: Explaining the Cuban Missile Crisis* (Longman, 1999), pp.48-54.

각, 의도 중심의 접근을 견지하는 한 북한의 체제변화 가능성에 대한 질문은 소모적 논쟁의 틀을 벗어나기 힘들 것으로 보인다.

이런 점에서 이 책은 '아래로부터의' 접근을 시도하고자 한다. 물론 북한에서 동구 사회주의처럼 시민사회가 형성될 수 있다거나 시민사회와 지배엘리트 간의 결탁에 의해 봉기가 조직될 수 있다는 주장을 하고자 함은 아니다. 소련과 동구의 경험을 살펴보면, 경제적 위기상황이 급진적 체제전환으로 귀결되기 위해서는 조직화된 시민사회가 존재하거나 지배엘리트가 심각하게 분열되는 두 가지 요건 중 어느 한 가지라도 갖추고 있어야 한다. 특히 체제전환에 대한 군부의 지지나 최소한 묵인이 전제되어야 한다. 예컨대 조직화된 시민사회가 존재하지 않았던 소련에서는 개혁노선을 둘러싼 지도부의 분열이 '보수 쿠데타'라는 극단적 권력갈등으로 치달으면서 체제가 붕괴되었다. 여기서 일반시민의 역할은 미미했던 반면, 군부가 쿠데타 세력을 지지하지 않은 것이 결정적이었다. 반면, 조직화된 시민사회의 압력이 존재했던 폴란드와 헝가리, 체코 등에서는 이들과 지배권력의 타협('원탁회의')을 통해 체제전환이 이루어졌다.[7] 여기서 군부는 체제전환의 정치적 과정에 개입하지 않았다.

동구 사회주의와 달리 북한에서는 국가로부터 상대적으로라도 자율적인 조직화된 사회집단이 존재하지 않는다. 앞으로도 그럴 가능성은

---

[7] 김갑식, "사회주의 체제전환국의 정치체제 변화", 《북한연구학회보》 11권 2호 (2007); 진승권, 《동유럽 탈사회주의 체제개혁의 정치경제학: 1989~2000》 (서울대출판부, 2003); David Lane, "The Gorbachev Revolution: The Role of the Political Elite in Regime Disintegration", *Political Studies*, 44, 1 (March 1996).

낮은데, 국가의 감시통제망이 여전히 강력하게 작동하고 있기 때문이다. 또한 동구 사회주의와 달리 북한 지배엘리트들 사이에 권력갈등이 존재한다는 믿을 만한 징후도 발견되지 않는다.[8] 오히려 사회주의권의 붕괴가 가져온 학습효과는 지배엘리트들의 운명공동체 의식을 강화했다고 보는 편이 맞을 것이다.[9] 군부 역시 선군정치(先軍政治)하에서 김정일의 친위부대로 변모되었다.

물론 현재 북한에서도 시장경제 행위가 광범위하게 확산됨에 따라 전주(錢主)와 같은 '부르주아지'의 초보적 형태가 등장하고 있다. 이들이 장차 시민사회를 형성하고, 조직하는 중핵으로 성장할 수도 있을 것이다. 특히 후계구도가 안착되지 않은 상황에서 김정일의 건강에 심각한 이상이 발생하거나 김정일이 사망할 경우[10] 권력의 향방을 둘러싸고 정치체제에 중대한 균열이 나타날 수도 있을 것이다. 그 균열이 '개혁 대 보수'의 체제 발전 비전을 둘러싼 것이고, 개혁 지향적 세력이 승리를 거두며, 군부의 지지나 최소한 묵인을 얻어낸다면 북한 역

---

8 물론 김정일 후계체제를 둘러싸고 물밑에서 권력갈등이 전개되고 있을 개연성은 있다. 김정일이 60대 중반을 넘어섬에 따라 "첫째아들 김정남과 둘째아들 김정철 사이에 권력 쟁탈전과 줄서기가 시작됐다", "김정남은 중국이 지지하고, 김정철은 군부가 지지한다" 등의 보도가 잇따르고 있는 것도 이 때문이다. 그러나 이러한 보도들은 대부분 추측에 근거한 것으로 현재까지 확인된 것은 거의 없다.
9 1989년 12월 루마니아 민중봉기 당시 소련의 일간지 《콤소몰스카야 프라우다(Komsomolskaya Pravda)》 특파원으로 평양에 주재하고 있었던 포라 코프스키는, "차우셰스쿠의 처형은 김일성 일가를 쇼크 상태로 몰아넣었다. …… 김일성 일가를 비롯한 특권층들은 체제가 붕괴할 경우 맞게 될 보복의 공포 때문에 하나로 뭉쳐 있었다"라고 전한다. 당시 김정일은 차우셰스쿠 처형을 담은 비디오를 간부들에게 1주일 동안이나 반복 관람시킨 후 "정신 차리지 않으면 우리도 이 꼴이 된다"라며 운명공동체 의식을 북돋웠다고 한다. 하기하라 료(萩原遼), 《김정일의 숨겨진 전쟁》, 양창식 역 (알파, 2005), pp. 20-21.
10 김정일은 심장질환 등 몇 가지 지병을 갖고 있지만, 아직 심각한 상황은 아닌 것으로 보인다. 2007년 봄 김정일이 장기간 현지지도에 나서지 않으면서 건강이상설, 심장수술설 등이 제기된 적이 있지만, 곧이어 6월부터 현지지도를 재개하면서 낭설로 드러난 바 있다. 또 그 직후에는 치매설이 나돌았지만, 제2차 남북정상회담의 과정이 전 세계에 중계되면서 수그러들었다.

시 본격적인 개혁·개방의 길로 나갈 가능성이 높다. 특히 개혁세력이 시민사회나 국제사회로부터 지지를 받는 경우 급격한 체제변화의 경로로 진입할 수도 있다. 그러나 균열이 권력이행기의 단순한 권력갈등에 그치거나, 보수세력에 대한 군부의 지지가 철회되지 않는다면 북한의 본격적인 변화는 기대하기 어려울 것이다.

이 책의 목적은 이러한 '시나리오들' 중에서 어떤 것이 개연성이 높은지에 대해 답하고자 하는 것이 아니다. 사실 현재로서는 그러한 답을 하는 것 자체도 불가능하다. 왜냐하면 우리는 북한의 권력현실에 대해 거의 아는 바가 없기 때문이다. 따라서 이 책은 북한의 권력현실과 지도부의 의도에 대한 예측을 가능한 한 배제한 상태에서, 실제로 확인이 가능한 경제적 현실에서 출발하여 북한의 체제변화 전망을 도출하고자 한다.

이 책에서 말하는 '아래로부터의' 접근은 주민 차원에서 시작된 자생적 시장화 움직임이 정권 차원의 시장 지향적 개혁을 '강제'하는 과정, 혹은 정권이 그러한 자생적 시장화에 '적응'할 수밖에 없는 과정을 의미한다. 물론 시장화의 확산은 사회주의의 고유한 시스템을 침식하기 때문에 정권은 구체제로의 복귀를 희망하든, 아니면 점진적 변화를 추구하든, 다시 말해서 개혁에 대해 어떤 의도를 갖고 있든 그러한 시장화 움직임을 통제하려 할 것이다. 그러나 문제는 이미 시작된 시장화를 역전시킬 '통로'가 존재하지 않는다는 점이다. 왜 그런가?

2

계획과 시장:
시장사회주의 이행의 정치경제학

사회주의경제는 경제적 합리성보다는 체제경쟁을 향한 이데올로기적 강박관념에 의해 지배된다. 사회주의의 체제적 우월성을 입증해야 하는 지배엘리트들은 단기간 내에 자본주의를 따라잡고 능가한다는 추격발전(catch-up development) 이데올로기에 매료되며, 이는 중공업 우선의 불균형 발전전략을 정당화한다. 이에 따라 농업과 경공업의 잉여는 수탈되어 중공업으로 이전되며, 재투자를 받지 못한 농업과 경공업의 생산성은 지속적으로 하락하여 어느 순간 만성적인 식량 및 소비재 부족현상을 초래한다.[11]

식량 및 소비재 부족현상에 직면한 사회주의국가들은 발전전략을

---

[11] 유고연방을 제외하면 냉전기간 동안 이러한 스탈린식 발전전략으로부터 근본적으로 이탈한 사회주의국가는 단 하나도 없었다. 소련과 중국에서의 스탈린식 경제체제의 형성과 전개, 사멸과정에 대해서는 Paul Gregory and Robert Stuart, *Soviet Economic Structure and Performance* (Harper & Row Publishers, 1990); 린이푸(林毅夫), 《중국의 개혁과 발전전략》, 한동훈·이준엽 역 (백산서당, 2001).

수정하여 문제를 근본으로부터 해결하는 것이 아니라, 공식경제(계획경제) 바깥에 소규모 사적 생산을 허용하여 부족현상을 임시방편으로 완화하고자 한다. 그리고 여기서 생산된 생산물들이 초보적인 시장을 형성한다. 이것이 사회주의 제2경제(the second economy)의 기원이다. 그런데 일단 형성된 시장기제는 공식경제를 보완할 뿐 아니라 침식하기 시작한다. 근로자들은 인센티브가 낮은 계획 영역에서의 생산보다는 생산물을 자유롭게 소유, 처분할 수 있는 계획 영역 바깥에서의 생산에 더 큰 힘을 기울이며, 이를 위해 계획 영역에서 사적 영역으로 자재와 시간을 빼돌린다. 이러한 현상은 사회주의국가에서 보편적으로 나타났는데, 소련의 경우 사적 생산이 전체 농업생산량의 25%를 차지했다.[12]

그러나 이러한 상황은 큰 틀에서 보면 여전히 계획을 보완하는 수준이기 때문에 당국에 의해 묵인될 수 있다. 보다 큰 문제는 어느 정도 자생력을 가진 시장이 형성된 조건에서 계획 영역에서 경제위기가 닥칠 때 발생한다. 사회주의에서 경제위기는 재정위기로 직결된다. 그리고 재정위기가 군사비나 국책사업, 대형투자 등 필수적 재정수요를 충당하기 힘들 정도로 심화되면, 국가는 국영기업과 주민에 대한 지원을 줄이고 동시에 더 많은 세금을 거두어들이기 위한 재정개혁에 착수하게 된다. 이에 따라 기업에 내려 보내는 계획지표에서 기존의 현물지표(생산량)보다는 화폐지표(생산액·원가·이윤 등)가 중요해진다. 국가는

---

[12] Gregory Grossman, "The Second Economy of USSR", *Problem of Communism*, 26 (September/October 1977), p.29. 제2경제의 정의는 제3장에서 구체적으로 다룬다. 여기서는 일단 "계획 이외의 경제활동" 전부를 통칭하는 것으로 정의해둔다.

기업이 화폐지표를 충족할 수 있도록 현물지표를 축소하고 기업운영에 상당한 자율성을 허용한다. 이것이 동구 사회주의권에서는 1960년대 중반부터, 북한에서는 1980년대 중반부터 시작되어 장기간 진전과 후퇴를 거듭해온 분권화 개혁이다.

한편 재정개혁은 사회주의가 자랑해온 저가공급제 등 사회시책들을 축소시키기 때문에, 경제난으로 그렇지 않아도 궁핍한 주민들의 생활을 더욱 절박한 상황으로 내몬다. 이에 따라 당국의 묵인 아래 주민들의 제2경제 행위가 광범위하게 확산되기 시작한다. 여기서 계획경제와 제2경제의 접점이 형성된다. 현물지표보다 화폐지표가 더 중요해진 기업들이 국영유통망이 아니라 시장으로 접근하는 것이다. 시장가격은 수요와 공급에 따라 형성되기 때문에 소비재의 만성적인 부족 상황에서는 항시적으로 수요가 공급을 초과하여 국정가격보다 높은 시장가격이 형성된다. 따라서 기업들은 국영유통망보다는 더 높은 가격에 팔 수 있는 시장을 선호하며, 기회가 있을 때마다 국영유통망이 아니라 시장으로 생산품을 빼돌린다. 이에 따라 국영유통망 내의 상품은 점점 더 부족해진다. 주민들은 국영유통망 내에서는 물자를 구할 수 없기 때문에 어쩔 수 없이 높은 가격을 치르고서라도 시장에서 물자를 구입할 수밖에 없다. 그리고 계획 내에서의 임금으로는 시장가격을 충당할 수 없기 때문에 더욱더 제2경제 활동에 매달린다. 이러한 과정에서 시장은 점점 확대된다.

경제난이 지속되는 한, 시장은 소비재를 넘어 생산재로까지 확대된다. 일반적으로 사회주의에서 생산재(자재)는 판매의 대상이 아니다.

국가는 매년 각 기업이 필요로 하는 원자재를 미리 계획하고 그 계획에 따라 국영 자재공급센터를 통해 자재를 공급할 따름이다. 자재를 공급받은 기업은 국영은행에 개설해놓은 계좌에서 잔액을 차감하거나 증가시키는 방식으로 거래를 종결한다. 따라서 시장이 존재할 여지가 없다.

그러나 문제는 이론과 달리 항시적으로 자재가 부족하다는 데 있다. 사회주의경제는 만성적인 병목과 '부족의 경제(economy of shortage)'다.[13] 기업은 국가소유이기 때문에 국가가 파산하지 않는 한 기업 역시 절대 파산하지 않는다. 기업 경영자들에게 유일하게 중요한 것은 국가가 하달한 생산량 목표를 채우는 것일 따름이다. 따라서 자재는 항상 과잉으로 투입되는 경향이 있으며, 나아가 만일의 경우를 대비해 필요 이상의 자재를 과잉 보유하려는 경향이 나타난다. 이에 따라 자재 수요는 항상 공급을 초월하며, 설사 국가 전체적으로는 충분한 자재가 있더라도 개별 기업들에게는 항시적으로 부족한 병목현상이 발생한다. 이러한 부족과 병목 때문에 항상 상호 부족한 자재를 융통하기 위한 물물교환 형식의 기업 간 뒷거래가 존재해왔다.

경제난으로 인해 자재난이 장기화되면, 국가의 자재공급 시스템이 붕괴되면서 물물교환에 의한 뒷거래는 현금을 매개로 한 불법적 생산재 '시장'으로 발전한다. 이는 먼저 형성된 소비재 시장으로부터의 유출효과(spillover effect) 때문이다. 소비재 생산기업들이 재생산을 하기 위해서는 자재가 필요하다. 그런데 자재난 때문에 국가는 더 이상 자

---

[13] Janos Kornai, The Socialist System: The Political Economy of Communism (Princeton University Press, 1992).

재를 보장해주지 못하며, 물물교환을 통한 자재확보 역시 점점 어려워진다. 이때 현금을 보유한 기업이 자재에 대한 접근에서 우선권을 가지게 된다. 왜냐하면 사회주의 기업들에게 현금은 희소재이기 때문이다. 그렇다면 현금은 어디에서 나오는 것인가?

    원래 사회주의 기업들은 근로자에 대한 임금지급의 경우를 제외하고는 현금을 보유할 수 없으며, 모든 거래는 계좌이체 형식으로 이루어진다. 현금이 유통되기 시작하면 상품가치와 통화가치가 괴리되어 현물 중심의 계획경제 운영이 어려워지기 때문이다. 그런데 당국은 재정개혁 차원에서 기업에 화폐지표를 강조하면서 소비재 생산기업들의 시장판매 유인을 자극했다. 소비재 생산기업들은 이러한 불법적 시장판매로부터 현금을 확보하게 되며, 이 돈이 자재구입을 매개로 생산재 생산기업들에 흘러 들어오는 것이다. 따라서 이제 생산재 생산기업들 역시 자재구입에서 현금을 이용하기 시작하며, 이러한 과정의 반복 속에 점차 생산재 '시장'이 형성된다.

    불법적이기는 하지만 일단 생산재 시장이 형성되면 자재는 시장으로 쏠리게 된다. 만성적 자재부족 상황에서 시장가격은 국정가격보다 훨씬 높게 형성된다. 소비재 생산기업만이 아니라 생산재 생산기업도 화폐지표를 충족할 것을 요구받기 때문에, 자재는 국가공급망이 아니라 보다 비싸게 팔릴 수 있는 시장으로 유출되기 시작한다. 이에 따라 계획 내 자재는 점점 더 부족해지고 시장은 확대되어간다.

    물론 이러한 과정이 순수한 경제논리에 의해서만 지배되는 것은 아니다. 국가는 계획을 복원하기 위해 제2경제, 불법적 시장의 확산을 통제하고자 한다. 그러나 문제는 '통제의 통로'가 존재하지 않는다는 데 있다.

사회주의 체제는 전 사회를 관통하는 당국가기구(party-state apparatus)[14]와 그것에 의한 생산적 자산의 독점에 기초한다. 당국가는 경력이동의 경로와 생산적 자산을 통제함으로써 그 구성원인 관료와 근로자, 주민들의 충성심(loyalty)을 유도한다. 사회주의 체제에서는 경력 보상과 물질적 보상이 오직 당국가기구 내부의 자신의 상위자로부터 '위에서 아래로'만 나오기 때문에, 충성심은 오직 당국가기구 내부에서 '아래에서 위로'만 형성된다.[15]

이것이 당국가기구의 응집력과 규율성을 형성한다. 그런데 일단 제2경제가 형성되면, 근로자와 주민들은 당국가기구가 관할하지 못하는 계획 이외의 영역에서 새로운 물질적 보상의 원천을 발견할 수 있게 된다. 따라서 위에서 아래로의 수직적 보상체계가 약화됨에 따라 아래에서 위로의 수직적 충성심의 체계 역시 약화된다. 제2경제가 확산될수록, 그리고 기존 계획경제의 공급능력이 약화될수록 수직적 충성심의 약화는 더 빨리 진행된다. 이러한 상황이 지속되면 곧 체제의 쇠퇴를 초래하기 때문에 상층 지배엘리트들은 제2경제의 확산을 통제하고자 한다.

그러나 제2경제의 확산은 그 통제의 담당자이자 통로인 중하층 관료들의 충성심 역시 약화시킨다. 주민들은 시장활동을 통해 획득한 소

---

14 당국가기구, 혹은 당국가체제의 개념은 당과 국가가 일체화된 현상을 지칭하는 것이다. 사회주의에서는 유일당인 공산당이 국가권력을 독점하기 때문에 사실상 당과 국가가 분리되지 않는다. 대부분의 당관료는 국가관료를 겸직하며, 그 역도 마찬가지다.
15 Andrew Walder, "The Quiet Revolution from Within: Economic Reform as a Source of Political Decline", Andrew Walder ed., *The Waning of the Communist State* (University of California Press, 1995).

득의 일부분을 중하층 관료들에게 뇌물로 제공함으로써 주민과 중하층 관료 간에 '수평적 네트워크'가 형성된다. 나아가 중하층 관료들 자신이 제2경제의 주요 행위자, 이른바 잠재적인 '붉은 자본가(the red capitalist)'로 나서기 시작한다. 제2경제로부터의 뇌물 혹은 직접적 소득이라는 새로운 물질적 보상의 원천을 확보할 수 있기 때문에 중하층 관료들의 충성심은 더 이상 당국가기구 내부가 아니라 '밖으로' 향하게 되며, 제2경제를 통제하고자 하는 지배엘리트들의 시도에 '소극적으로' 저항한다. 예컨대 시장을 단속하라는 지령을 받은 관료는 주민들에게 미리 단속 일자와 시간을 귀띔해준다. 일반적으로 부패로 통칭되는 이러한 현상은 모든 사회주의국가에서 보편적으로 존재해왔다. 따라서 중앙 지도부의 의도와 무관하게 일단 형성된 시장의 확산을 통제하는 것은 사실상 불가능에 가깝다.

제2경제가 확산됨에 따라 계획 영역은 점점 더 침식된다. 국가는 이러한 상황을 통제할 수 없기 때문에 이제 계획 영역을 복원하기 위해서는 변화된 현실에 적응할 수밖에 없다. 제2경제를 수용(합법화)함으로써 암시장을 없애고 공식경제의 영역, 다시 말해서 조세의 영역을 확장하는 것이다. 그러나 이러한 영역의 확장은 계획 자체를 희석시킨다. 복원된 공식경제는 더 이상 구체제, 즉 고전적 사회주의 체제(classical socialist system)가 아니라 다분히 시장적 요소가 가미된 개혁사회주의 체제(reformist socialist system)로 변모된다.

그러나 계획과 시장의 공존은 하나의 균형점에서 오래 머물기가 힘들다. 계획은 시장을 끊임없이 통제하고자 하며, 시장은 계획의 경직

그림 1-1 시장사회주의로의 이행: 계획(P)과 시장(M)의 역동적 상호작용

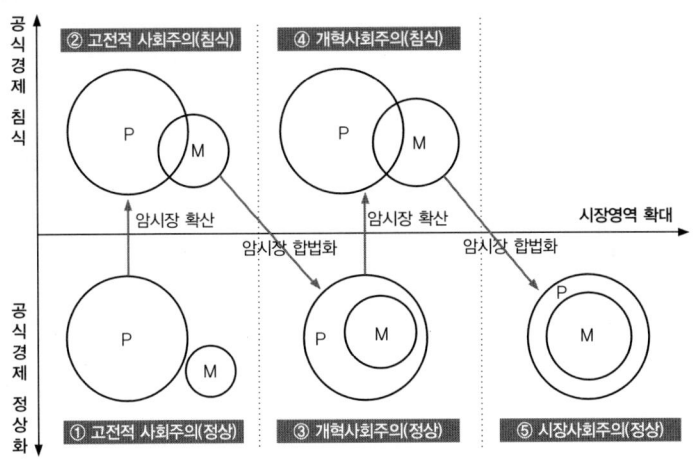

성으로부터 끊임없이 이탈하고자 한다. 이에 따라 이미 합법화된 제2경제를 뛰어넘는 새로운 수준의 제2경제, 암시장이 형성된다. 일단 형성되면 그 이후의 과정은 이전과 동일하다. 국가는 또다시 시장의 경제논리와 정치적 통제 불가능성에 직면할 수밖에 없다. 따라서 국가의 정책은 계획·시장 공존의 더 높은 균형점(equilibrium)으로 이동한다. 이러한 과정을 통해 계획은 점점 더 희석되며, 경제는 점점 더 시장사회주의적(시장 〉 계획) 색채를 강화시켜 나가게 된다.

요컨대 일단 제2경제가 발생하고 국가의 재정위기를 초래할 정도의 경제난이 상당기간 지속되면, 계획경제에서 시장사회주의(market-socialist system)로의 이행은 국가의 '의도와 무관하게', 보다 정확히 이야기하자면 공식경제를 복원하려는 국가의 시도를 '통해서' 서서히 진전된다.

책의 구성

이 책은 앞서 제시된 분석 틀을 통해 1990년대 중반 이후의 시기를 중심으로 북한 경제의 변화된 현실을 분석하고, 그것이 체제전환에 어떠한 함의를 가지는지 살펴보고자 한다. 이 책은 아래로부터 자생적으로 확산된 시장화가 정부 차원의 개혁을 강제하는 과정에 초점을 두었기 때문에, 필요한 경우가 아니면 정부 차원에서 발기된 개방정책들은 분석대상에서 제외하였다. 이 책은 다음과 같은 순서로 구성된다.

먼저 제2장에서는 본격적인 분석을 위한 사전 논의로서 북한 사회주의 계획경제의 원형과 그에 대한 1980, 1990년대의 분권화 개혁조치들을 간략하게 살펴보았다. 이 책의 중심적인 분석대상인 제2경제의 맹아는 바로 이러한 제한적 개혁조치들로부터 산생되었다.

제3장에서는 우선 제2경제가 급속히 확산된 배경인 북한의 경제난을 살펴본 후, 제2경제의 전개양상을 합법적 사적 경제활동, 불법적 사적 경제활동 그리고 계획경제 내부의 불법적 경제활동 등으로 나눠 구

체적 사례를 중심으로 분석하였다.

제4장에서는 제2경제의 공식경제 내부로의 수용이라는 시각에서 7.1조치와 그 후속조치의 내용을 분석하였다. 이를 통해 계획과 시장이 공존하는 북한경제의 시장사회주의적 특징을 상세히 묘사하고자 하였다.

마지막으로 제5장에서는 현재 북한의 경제체제를 개혁사회주의에서 시장사회주의로 이행하는 과도기로 규정하고, 결론적으로 시장사회주의로의 이행이 점진적이되 '역전 불가능하다'는 점을 제시하고자 하였다.

· 제2장 ·

북한경제의 원형과 분권화 개혁

역사상 존재했던 다른 모든 사회주의국가들과 마찬가지로 북한 역시 사회주의적 소유제도와 중앙집권적 계획경제의 토대 위에 경제 시스템을 구축했다. 그러나 북한은 여기에 더해 자립적 민족경제와 경제-국방 병진이라는 독특한 발전 비전을 추구했으며, 이는 사회주의 발전전략 일반에 내재해 있는 중공업 우선주의를 더욱 심화시켰다. 물론 이것은 소련 및 중국과의 갈등, 그리고 무엇보다 한국과의 체제경쟁 때문에 불가피하게 초래된 면이 있다. 하지만 결과적으로 북한경제를 왜곡과 비효율, 파행으로 몰아가고 말았다.

북한은 이러한 상황을 타개하고자 1980년대 중반부터 분권화 개혁을 시도하기 시작했다. 독립채산제와 연합기업소제도의 강화, 노동인센티브의 확대, 그리고 중공업 우선주의를 완화하기 위한 시도 등이 그것이다. 특히 사적 생산과 시장기제를 확대하고 무역 권한을 분권화했는데, 이러한 조치들은 1990년대 중반 이후 시장이 급속히 확대될 수 있는 토대가 되었다.

1

사회주의 계획경제의 원형

사회주의적 소유와 중앙집권적 계획경제

사회주의경제의 가장 근본적인 특징은 생산수단[1]의 사적 소유를 금지하고, 오직 '사회주의적 소유'(국유 혹은 공유)만을 허용한다는 점이다. 북한은 헌법조문을 통해 생산수단의 소유주체를 국가나 사회협동단체로 엄격히 제한하고 있다.[2] 물론 개인이나 가계는 생산수단만을 소유할 수 없을 뿐이며, "개인적, 소비적 목적의 소유"는 가능하다. 여기에는 근로소득이나 국가적 시책으로 받은 혜택, 개인 부업경리[3]의 생산물, 개인이 구매했거나 상속, 증여받은 재산 등이 포함된다. 물론 가정

---

[1] 마르크스주의 경제학에서 소비재에 대비되는 개념으로, 생산활동에 소요되는 물질적 수단의 총체를 지칭한다. 생산활동은 노동과 생산수단의 결합이며, 생산수단은 다시 노동수단과 노동대상으로 구분된다. 노동수단은 기계설비, 생산용 구축물 등 대체로 고정재산을 지칭하며, 노동대상은 원료, 연료, 반제품 등 유동재산을 지칭한다.
[2] 〈조선민주주의인민공화국 사회주의헌법〉 (1998), 제19조~제24조; 〈조선민주주의인민공화국 민법〉 (1999), 제37조~제63조.

의 생활용품과 승용차도 개인 소유의 대상이 되며, 주택 중에도 일부 개인 소유 주택이 존재한다.[4] 이러한 개인 소유물은 자유롭게 처분하거나 구매할 수 있으며, 그 상속권도 인정되고 있다. 그러나 북한 민법에서는 개인 소유권을 "사회주의적 생활규범과 소비적 목적에 맞게" 행사해야 한다며 일정 정도 제한을 두고 있다. 예컨대 개인은 자신이 구입한 소유물을 판매할 수 있지만, 구입가격보다 비싸게 판매할 수는 없다. 영리목적의 되거리판매(전매)는 금지하는 것이다.[5]

북한의 헌법과 민법에 따르면, 국가 소유(국유 혹은 '전 인민적 소유')의 대상에는 원칙적으로 제한이 없다. 특히 지하자원·산림자원·수산자원 등의 자연부원, 철도, 운수, 항공, 항만, 체신, 은행, 주요 공장·기업소, 그리고 각급 학교 및 주요 문화보건시설 등은 오직 국가만 소유할 수 있다고 규정하고 있다. 물론 이러한 단위에서 이용되는 생산수단들 역시 국가 소유다. 반면 사회협동단체[6] 소유(공유 혹은 '집단적 소유')는

---

[3] 북한을 포함한 대부분의 사회주의국가들은 소유형태의 사회주의화가 완료된 이후에도 텃밭, 서비스활동 등 소규모 개인 부업경리와 그 생산물을 유통시킬 농민시장(장마당)을 제한적으로 허용해왔다.
[4] 북한에서 주택은 대부분 국가가 지어서 임대해준 국가 소유물이지만, 일부 개인 소유 주택들도 존재한다. 북한의 주택은 개인이 지은 구(舊)가옥과 주택폰드에 의해 지어진 신(新)가옥으로 구분되는데, 신가옥에도 국가주택폰드에 의한 가옥, 협동단체주택폰드에 의한 가옥, 그리고 개인주택폰드에 의한 가옥이 있다. 이 중에서 구가옥과 개인주택폰드에 의한 신가옥이 개인 소유물이다. 이러한 개인 주택은 상속될 수 있으며, 영리목적이 아니라면 처분도 가능하다. 또한 개인이 자기 소유의 주택을 허물고 자기 돈을 내서 그 자리에 다시 주택을 지은 경우도 개인 소유물이 된다. 그러나 다른 자리에 주택을 짓게 되면 국가 소유가 된다고 한다. 자세한 것은 법원행정처, 《북한의 민사법》(2007), p.115 참조. 한편 개인 소유물이 아닌 주택은 점유 및 이용권만 허용되며, 처분권은 허용되지 않는다. 그러나 최근에는 이러한 국가 소유 주택을 불법적으로 매매하는 행위들도 광범위하게 발생하고 있다. 이에 대해서는 제3장의 〈4. 불법적 사적 경제활동〉 부분을 참조.
[5] 〈조선민주주의인민공화국 민법〉(1999), 제60조 2항, 제155조 2항.
[6] 북한에서 소유주체가 되는 '사회단체'로는 노동당, 직업동맹, 부녀동맹, 청년동맹, '협동단체'로는 생산협동조합, 편의협동조합, 수산협동조합, 그리고 협동농장 등이 있다.

표 2-1 북한의 소유형태별 생산액 구성비[7]

(단위: %)

	사회총생산액			공업			상업			농업		
	국유	공유	사유	국유	공유	사유	국유	공유	사유	국유	공유	사유
1946	18.9	0.2	80.9	72.4	0	27.6	0.1	3.4	96.5	0	0	100.0
1949	43.7	3.9	52.4	85.5	5.2	9.3	27.9	28.6	43.5	3.2	0	96.8
1953	45.1	5.4	47.5	86.2	9.9	3.9	32.0	35.5	32.5	8.5	0	91.5
1956	60.2	28.8	11.0	89.9	8.1	2.0	53.9	33.4	12.7	9.6	65.4	25.0
1959	68.1	31.9	0	89.5	10.5	0	76.6	23.0	0.4	-	-	-
1960	69.1	30.9	0	89.7	10.3	0	78.8	20.4	0.8	16.1	83.9	0

자료: 통일원, 《북한경제통계집》(1996)

토지, 농기계, 배, 기타 중소 공장·기업소, 그리고 이러한 단위에서 이용되는 생산수단에 국한된다. 나아가 협동농장에서 이용되는 농기계 중에서도 트랙터, 모내기 기계, 수확기 등 현대적 농기계들은 국가가 소유하며 협동농장은 그 이용권만을 가지도록 규정하고 있다.[8] 이처럼 북한경제의 지배적 소유형태는 국유(國有)이며, 다만 농업부문, 즉 협동농장에서만 공유(共有)가 지배적 형태로 나타나고 있을 따름이다.[9]

북한은 1958년 말에 공업 및 상업에 대한 국유화와 농업에 대한 공유화를 완료함으로써 경제를 사회주의적 소유형태로 전면 재조직했

---

[7] 1959년 이후 공업 중 공유는 사회협동단체 소유의 중소규모 공장을, 농업 중 국유는 국영농장을, 상업 중 사유는 농민시장(장마당) 거래를 의미한다. 사회주의경제에서 상업은 사회총생산액에 포함되지 않기 때문에 상업생산액은 소매상품 유통액을 기준으로 작성된 것이다. 1959년 농업 관련 데이터는 존재하지 않는다.
[8] 사회과학원 법학연구소, 《민사법사전》(평양: 사회안전부출판사, 1997), pp.691-692.
[9] 2003년 현재 북한 농업생산의 80%는 협동농장이, 10%는 국영농장이, 나머지 10%는 텃밭 등 개인 부업경리가 담당하고 있다. 협동농장은 리(里) 단위로 조직되어 전국적으로 3,000여 개가 분포해 있으며, 국영농장은 지역적 제약 없이 약 1,000개가 산재해 있다. 남성욱, 《현대 북한의 식량난과 협동농장 개혁》(한울, 2004), pp.15-16.

다. 〈표 2-1〉에서 보듯이, 1959년부터 북한에서는 생산수단에 대한 사적 소유가 문자 그대로 소멸했다.

그러나 생산수단에 대한 소유권을 보다 엄밀히 정의하여 잉여소득 처분권(rights to residual income), 소유 이전권(rights of alienation), 생산 통제권(rights of control)의 총체로 규정했을 때, 사회주의적 소유형태의 실제는 그 법적 규정과는 상당한 차이가 있다.[10] 예컨대 국유의 실제 주체는 국가 자체가 아니라 특정 관료기구다. 사회주의국가에서 통상 잉여소득 처분권은 계획기구(북한의 경우 '국가계획위원회')에, 생산 통제권은 각 생산단위를 관리하는 관료기구에 소속된다. 또한 예외적인 경우가 아니라면 어떤 관료기구도 생산수단의 소유권을 이전할 수 없다.

온전한 의미의 공유 역시 존재하지 않는다. 협동농장을 예로 들면, 각 협동농장은 토지라는 핵심적 생산수단에 대한 소유 이전권이 없으며, 생산 통제권도 '농촌경영위원회'와 같은 국가 관료기구에 의해 제약받고 있다. 농촌경영위원회는 수리시설이나 트랙터 등을 관리하고 임대해주는 방식으로 협동농장의 경영과정에 직접 간섭한다. 트랙터 등 현대적 농기계를 국가만 소유하게 한 이유도 여기에 있다. 또한 국가는 농업 생산물을 대부분 국정가격으로 강제수매하기 때문에 잉여소득 처분권 역시 유명무실한 실정이다.[11]

반면 개인 부업경리의 경우, 법적으로는 생산수단에 대한 사적 소유

---

[10] Janos Kornai, *The Socialist System: The Political Economy of Communism* (Princeton University Press, 1992), ch.5.
[11] 2002년 〈7.1 경제관리개선조치〉 이후에는 토지에 대한 협동농장의 소유권 자체를 부정하는 논리도 발견되고 있다. 협동농장은 토지 사용권을 소유할 뿐, 생산수단인 토지 그 자체를 소유하지는 않는다는 것이다. 《조선신보》(2002. 8. 6.).

가 아니지만, 사실상 그렇게 볼 수 있는 여지가 많다. 대표적 형태인 텃밭을 예로 들면, 소유 이전권은 허용되지 않지만 생산 통제권은 대체로 허용된다. 국가는 텃밭의 규모와 경작금지 품목(쌀, 옥수수 등 곡물)만 정할 뿐, 경작과정 자체는 통제하지 않기 때문이다. 나아가 개인이 생산물을 임의로 처분할 수 있기 때문에, 거의 완전한 수준의 잉여소득 처분권이 허용되고 있다. 물론 텃밭은 50평 미만으로 무시할 수 있는 규모이기는 하지만, 뒤에서 살펴보듯이 최근에는 이러한 형태의 사적 경작과 나아가 공업 분야에서의 사적 생산들이 점점 확대되어 자본주의의 맹아적 형태로 발전해 나가고 있는 중이다.

사적 소유가 지배하는 자본주의에서는 생산과 소비, 수요와 공급 등 경제적 조정이 가격을 매개로 시장에서 자율적으로 이루어진다. 반면 생산수단에 대한 사실상의 국가독점 체제인 사회주의에서는 경제조정이 국가 관료기구에 의해 '계획적으로' 이루어진다. 물론 자본주의에서도 정부가 경제조정에 일정 정도 관여하지만 그 범위와 정도는 사회주의에 비할 바가 아니다. 사회주의경제는 중앙정부가 모든 경제활동을 세부적인 수준까지 계획하고 통제하는 중앙집권적 계획경제(centrally planned economy)로서, "전 산업부문, 공장·기업소, 지역의 경제활동을 톱니바퀴처럼 맞물려놓은 상태에서 경제 전반의 생산, 교환, 소비, 축적 등 모든 경제행위를 계획당국의 의도대로 진행시키는 체제"다.[12] 코르나이의 지적처럼 사회주의경제는 관료기구에 의

---

[12] 박석삼, 《북한경제의 구조와 변화》 (한국은행, 2004), p.5.

표 2-2 사회주의경제에서 관료적 조정(B)과 시장조정(M)의 역할

		소비분야				
		국영 기업	협동 조합	공식적 사적 영역	비공식적 사적 영역	가구 (소비재 구매자)
공급 분야	국영기업	B	B	B + M	–	B + M
	협동조합	B	B	B + M	–	B + M
	공식적 사적 영역	–	–	(B 간섭하의) M	M	(B 간섭하의) M
	비공식적 사적 영역	–	–	M	M	M
	가구(노동판매자)	B + M	B + M	–	M	–
	국가투자배분	B	B	–	–	–

자료: Janos Kornai, *The Socialist System: The Political Economy of Communism* (Princeton University Press, 1992), p.101.

해 직접적으로, 그리고 전면적으로 통제되는 관료적 조정(bureaucratic coordination)의 메커니즘에 의해 지배된다.[13]

물론 사회주의경제에서도 시장조정(market coordination)의 메커니즘이 부분적으로는 존재한다. 소규모의 텃밭 경작과 같은 합법적인(공식적인) 사적 영역이나 개인소비의 영역에서는 시장조정이 관료적 조정의 메커니즘과 공존한다. 또한 암시장 혹은 지하경제로 불리는 불법적(비합법적) 사적 영역에서는 시장조정 메커니즘이 경제활동을 지배한다. 그러나 정상적인 고전적 사회주의 체제에서는 합법적이든 불법적이든 사적 영역의 규모 자체가 절대적으로 작기 때문에, 시장조정의 메커니즘 역시 지극히 제한적으로만 작동할 따름이다.

북한은 1965년 〈계획의 일원화, 세부화〉 방침을 통해 시장조정을 말소하고, 관료적 조정을 전면화하는 조치를 실행했다.[14] 여기서 '계획

---

[13] Kornai, op. cit., ch.6-7.

의 일원화'란, 경제계획을 경제의 각 부문과 단위들이 자의적으로 수립하지 않고 당과 국가의 정책을 반영한 계획당국의 의도대로 수립하도록 보장하는 체계를 의미한다. 이를 위해 북한에서는 내각 국가계획위원회에 경제계획의 작성과 집행, 감독 등 전권을 부여하고, 성(부), 중앙기관, 지방 행정경제기관, 공장·기업소 등 모든 단위에 층층이 계획부서를 설치했다. 국가계획위원회는 이 계획부서들을 통해 각 생산단위에 자신의 의도와 요구를 전달하고 지시와 통제를 부가해왔다. 북한에서는 이를 지방과 기관의 본위주의(이기주의), 주관주의, 관료주의에 대처하기 위한 조치라고 설명하고 있다.

한편, '계획의 세부화'란 경제 각 부문과 단위의 계획이 상호 정확히 맞물리도록 보장하는 체계를 의미한다. 이를 위해 계획당국은 말단 공장에 이르기까지 모든 생산단위들이 수행해야 할 계획지표를 직접 구체적으로, 세밀하게 '소소한 것들까지' 수립하여 내려 보낸다. 계획지표는 주로 현물지표(생산량 목표)의 형태로 할당되는데, 각 생산단위는 내려온 생산량 목표를 무조건 수행해야 하며, 수행하지 못할 때는 '당적, 법적 책임'을 피할 수 없다. 북한에서는 이를 경제부문 간 균형 및 부문 내 균형을 보장하고 낭비를 없애기 위한 조치라고 설명하고 있다.[15] 1965년 김일성은 국가계획위원회 간부들을 모두 모아놓고, 경

---

14 〈계획의 일원화, 세부화〉 방침은 1960년대 소련, 동구에서 시작된 분권화 개혁에 대한 반대의 의미도 내포하고 있었다. 당시 분권화 개혁은 시장과 가격기제의 부분적 도입을 통해 경제의 불균형을 시정하려는 시도였던 반면, 계획의 일원화, 세부화는 국가에 의한 초세부화와 전통적인 현물 중심 계획지표의 강화를 통해 경제적 균형을 달성하려는 시도였다. 이정철, "사회주의 북한의 경제동학과 정치체제: 현물동학과 가격동학의 긴장이 정치체제에 미치는 영향을 중심으로" (서울대학교 박사학위논문, 2002), pp.69-73.
15 《경제사전》 1권 (평양: 사회과학출판사, 1985), pp.334-335.

제부문 간 불균형이 초래된 것은 경제의 세세한 부분까지 다 계획하지 못했기 때문이라며, 앞으로는 "계획지표가 만 종이 아니라 몇만 종이 되더라도 계획의 세부화를 강하게 밀고 나가"라고 지침을 내렸다.[16]

자립적 민족경제 건설노선

북한은 사회주의 계획경제의 틀 내에서 자립적 민족경제라는 독특한 발전 비전을 추구해왔다. 북측의 설명에 의하면, 자립적 민족경제란 "생산의 물적, 인적 요소를 자체로 보장하고 민족국가 내부에서 생산-소비의 연계가 완결되어 독자적으로 재생산을 실현하는 경제체계"를 의미한다. 구체적으로 자립적 민족경제는 세 가지 요소로 구성된다고 한다.[17]

첫째, 중공업, 경공업, 농업 등 모든 생산부문을 갖추며, 각각의 내부 구조와 생산기술 공정이 완비되어 민족국가 단위로 재생산을 실현할 수 있는 "다방면적이고 종합적인 경제구조"를 구축하는 것이다. 둘째, 필요한 생산물을 자체적으로 원만히 생산할 수 있는 수준의 "기술적 자립"을 이룩하는 것으로서, 이를 위해서는 유능한 기술간부를 대대적으로 양성할 필요가 있다. 셋째, 생산용 원료·연료를 외부에 의존하지 않고 내부에서 조달할 수 있도록 "튼튼한 원료 및 연료기지"를 구축하

---

16 김일성, "인민경제의 일원화, 세부화의 위대한 생활력을 남김없이 발휘하기 위하여(1965. 9. 23.)", 《사회주의경제관리문제에 대하여》 3권 (평양: 조선로동당출판사), pp. 208-210.
17 《경제사전》 2권 (평양: 사회과학출판사, 1985), pp. 208-209.

는 것이다.

한 국가가, 그것도 저발전된 약소국이 자기 내부에 "모든 생산부문을 갖추는" 자립(self-reliance)의 발전전략은 자본주의만이 아니라 사회주의 시각에서도 독특한 것이라고 할 수 있다. 자본주의 세계경제가 비교우위의 원칙에 따라 조직되듯이, 2차대전 이후 대두된 사회주의 국제분업체계인 코메콘(COMECON, Council for Mutual Economic Assistance)에서도 각국은 비교우위를 고려한 소련의 지시에 따라 특정 산업에 집중하도록 조직되었기 때문이다. 냉전시기 사회주의국가들 중 오직 북한만이 사회주의 분업체계로의 편입을 일관되게 거부했다. 이런 면에서 북한은 사회주의적 발전경로 중에서도 단절적 형태, 곧 단절적 사회주의적 발전전략을 채택한 나라로 분류될 수 있다.[18]

자립의 전략에서는 경제발전에 소요되는 자본과 설비, 원자재, 기술 등을 외부로부터 수입하는 것이 아니라 '내부원천으로부터' 동원하는 데 주안점을 둔다. 이런 의미에서 이른바 '자력갱생'이 핵심적 경제운영 기조로 부각된다. 북한은 1956년 12월 조선노동당 중앙위원회 전원회의에서 내부원천의 동원을 통한 경제발전을 천명하고, 그 수단으로 '천리마운동'을 발기하였다. 또한 1959년부터는 외부로부터의 기계나 설비 수입을 대체하기 위해 자체의 기술과 노력으로 기계공업을 발전

---

[18] 디이터 젱아스, 《유럽의 교훈과 제3세계》, 한상진·유팔무 역 (나남출판, 1990), pp.209-254; Keith Griffin, *Alternative Strategy for Economic Development* (Macmillan in association with OECD Development Center, 1989), pp.194-225. 사실 북한이 자립적 민족경제 건설노선을 채택한 것은 경제적 논리가 아니라 정치적 논리에 따른 것이었다. 소련은 경제원조나 사회주의 국제분업 체계에서의 독점적 지위를 바탕으로 내정간섭을 일삼아왔는데, 김일성은 경제적 효율성보다는 '정치적 자주'가 더 중요하며, 정치적 자주를 위해서는 '경제적 자립'이 필수불가결하다고 보았던 것이다.

시키자는 이른바 '공작기계 새끼치기운동'을 전개하였다.[19] 북한 당국이 1990년대 경제난 극복의 방도로 제시한 것도 기본적으로 자력갱생과 '제2의 천리마운동'이었다. "자립은 번영의 길이요, 외자는 아편"이라는 것이다.[20]

물론 자립적 민족경제가 자력갱생을 기본으로 한다고 해서, 모든 대외 경제교류를 반대하는 것도 아니고 또 그럴 수도 없다. 북한 같은 소규모 경제에서 내부원천은 한계가 있기 마련이고, 외부와 단절될수록 세계적 기술발전의 속도에 점점 뒤처질 수밖에 없기 때문이다. 이런 의미에서 자립경제는 모든 대외 경제관계를 거부하는 자급자족경제(autarchy)와는 다르다. 김일성에 따르면, 자립적 민족경제는 국제교류를 배제하고 모든 것을 자체로 해결하는 것이 아니라, "자체의 자원과 기술로 경제를 발전시키는 것을 기본"으로 하되, "부족하거나 뒤떨어진 물건과 기술은 국제교류를 통해 해결"하는 방식인 것이다.[21]

그러나 자립적 민족경제가 국제교류를 허용한다고 하더라도, 그것은 어디까지나 제한적, 보완적 기능만을 수행할 뿐이다. 무역은 국내 자원의 수급 밸런스를 보완하는 수단에 국한되기 때문에 수출보다는 수입이 우선되며, 수출도 수입에 필요한 외화조달 수단 이상의 의미는 갖지 못한다. 비교우위의 원칙이 아니라 유무상통(有無相通)의 원칙에 따라 무역이 이루어지는 것이다.[22] 김일성의 표현에 따르면, 북한의 산

---

19 자세한 것은 김근식, "북한 발전전략의 형성과 변화에 관한 연구: 1950년대와 1990년대를 중심으로" (서울대학교 박사학위논문, 1999), pp.41-103 참조.
20 "자립적 민족경제를 끝까지 견지하자", 《로동신문》 (1998. 9. 17.)
21 김일성, "자력갱생의 혁명정신을 높이 발휘하여 사회주의경제건설을 다그치자(1987. 1. 3.)", 《사회주의경제관리문제에 대하여》 7권, pp.14-15.
22 양문수, 《북한경제의 구조: 경제개발과 침체의 메커니즘》 (서울대학교출판부, 2001), pp.244-292.

표 2-3 **북한과 동구의 수출의존도 비교**[23] (단위: %)

	불가리아	헝가리	동독	폴란드	루마니아	체코	북한
1970	26	38	25	22	22	24	10
1978	40	54	30	31	17	29	10

자료: 양문수, 《북한경제의 구조: 경제개발과 침체의 메커니즘》 (서울대학교출판부, 2001), p.294.

업은 "대외시장을 대상으로 하는 것이 아니라, 국내시장을 대상으로 하여 국내수요를 충족시키고 경제토대를 강화하기 위한 것"일 따름이다.[24] 냉전기간 동안 북한의 무역의존도가 여타 동구 사회주의국가들에 비해 현저히 낮았던 것도 이 때문이다.

따라서 북한이 주기적으로 취해온 제한적 개방조치들[25]을 두고 폐쇄에서 개방으로의 정책전환이라고 분석하는 것은 성급한 희망사항일 수 있다. 오히려 그것은 국내 부족자원을 수급하여 생산을 정상화하려는 목적에서 출발한 자립적 민족경제 건설노선의 한 구성요소라고 봐야 할 것이다.

중공업 우선주의와 경제-국방 병진노선

북한은 자립적 민족경제 건설노선의 일환으로 중공업 우선발전의 자본

---

23 수출의존도 = (수출 / 국민소득) × 100
24 김일성, "조선로동당 제4차 대회에서 한 중앙위원회 사업총화보고(1961. 9.)",《김일성저작선집》 3권 (평양: 조선로동당출판사), p.80.
25 1970년대 초중반의 서구 차관도입, 1980년대 중반의 합영법, 1990년대 초반의 라진·선봉 자유무역지대 설치, 1990년대 초중반의 무역제일주의 제창, 그리고 2002년 이후의 신의주·개성 등 특구 확대정책 등을 들 수 있다.

표 2-4 북한의 중공업·경공업 투자비중[26] (단위: %)

	1956	1957~1960	1961	1962	1963	1964	1965	1966	1967~1969	1970
중공업	83.3	82.6	69.6	63.7	68.2	73.8	87.3	84.7	84.0	88.8
경공업	16.7	17.4	30.4	36.3	31.8	26.2	12.7	15.3	16.0	11.2

자료: 양문수, 《북한경제의 구조: 경제개발과 침체의 메커니즘》(서울대학교출판부, 2001), p.118.

축적 정책을 채택해왔다. 경제가 내부에 완결적인 재생산구조를 갖추고 빠른 속도로 성장하기 위해서는 소비재 생산부문(경공업·농업)보다 생산수단 생산부문(중공업)을 먼저 발전시켜야 한다는 논리였다. 린이푸의 주장처럼, 수입대체의 전략(자립적 민족경제)과 중공업 우선주의는 본질적으로 동일한 것이며, 추격발전(빠른 속도의 성장) 전략을 구성하는 동전의 양면일 따름이다.[27] 중공업 우선주의는 1950년대 중반 채택된 이후 현재까지도 북한 경제정책의 기본지침으로 지속되고 있다.[28]

물론 북한은 공식적으로는 '중공업 우선발전, 경공업·농업 동시발전'을 내세우고 있다. 그러나 투자자본이 절대적으로 부족한 상황에서 중공업 우선발전 노선은 경공업과 농업의 동시발전이라는 균형성장

---

26 한국전쟁 이후 급속한 중공업 확장에 이어 1차 7개년 계획기간(1961~1970)에는 경공업 투자를 늘릴 계획이었다. 이에 따라 1961~1964년 중공업 투자비중이 감소했으나 1960년대 중반부터 경제-국방 병진노선이 등장함에 따라 다시 중공업 비중이 급상승했다.
27 린이푸(林毅夫), 《중국의 개혁과 발전전략》, 한동훈·이준엽 역 (백산서당, 2001), p.83.
28 북한이 중공업 중심의 축적전략을 채택하는 데는 논란이 없지 않았다. 1950년대 초·중반 북한 지도부 내에서는 경공업을 우선 발전시켜야 한다는 소련파 및 연안파(친중파)가 우위를 차지하고 있었고, 중공업을 우선 발전시켜야 한다는 김일성의 만주파는 상대적으로 소수였다. 그러나 소련파와 연안파는 1956년 이른바 '8월 종파사건'을 계기로 대부분 숙청되었고, 이에 따라 중공업 우선발전 노선이 조선노동당의 기본노선으로 고착될 수 있었다. 자세한 것은 김근식, 앞의 글, pp.43-59 참조. 축적전략을 둘러싼 북한 내부의 논쟁은 1920년대 소련의 공업화노선을 둘러싼 프레오브라젠스키와 부하린의 논쟁을 연상시킨다. 프레오브라젠스키는 '중공업 우선의 불균형 성장'을 주장했던 반면, 부하린은 '공업과 농업의 균형성장'을 주장했는데, 결국 스탈린은 프레오브라젠스키의 손을 들어주었다. Paul Gregory and Robert Stuart, *Soviet Economic Structure and Performance* (Harper&Row Publishers, 1990), pp.77-101.

표 2-5 북한의 자본축적에 대한 경공업부문의 공헌[29] (단위: %)

	1953	1954	1955	1956	1960	1964	1970
예산수입비율	81.6	82.3	75.6	65.7	n.a.	n.a.	n.a.
생산액비율	62.0	52.9	n.a.	46.0	45.0	48.0	36.1
투자비율	n.a.	19.0	n.a.	16.7	19.4	26.2	11.2

자료: 양문수, 《북한경제의 구조: 경제개발과 침체의 메커니즘》 (서울대학교출판부, 2001) p.154.

기조를 희생시킬 수밖에 없었다. 사실 북한은 경공업, 농업에서 발생한 잉여(이윤)를 수탈하여 중공업 부문에 집중 투자해왔다. 〈표 2-5〉에서 나타나듯이, 경공업부문은 중공업부문과 똑같은 금액을 생산하더라도 더 많은 세금(= 예산 = 투자재원)을 국가에 바쳐야 했으며, 국가로부터 자신의 기여에 훨씬 밑도는 투자만 받았던 것이다.

나아가 북한은 중공업 중에서도 연료·원료·동력 생산부문(채취·전력공업), 중공업용 생산수단 생산부문(공작기계·금속공업) 등, 이른바 "생산수단 생산을 위한 생산수단 생산부문"을 우선시했다. 이에 따라 경공업용 생산수단 생산부문이나 농기계 생산부문 등 "소비재 생산을 위한 생산수단 생산부문"은 상대적으로 적게 투자되었다.[30]

중공업 우선의 축적전략은 경제를 빠르게 성장시켰다. 그러나 장기적으로는 산업부문 간 불균형과 거시경제의 왜곡을 초래하여 북한경제가 저효율과 저성장의 늪에 빠지는 데 가장 중요한 원인이 되었다. 1950, 1960년대 20~30%에 달하던 경제성장률이 1970년대 중반부터 5% 미만으로 급감한 핵심원인도 여기에 있었다.[31] 북한은 중공업 축

---

29 예산수입비율 = (경공업부문 예산수입 / 공업부문 예산수입) × 100
　생산액비율 = (소비재생산액 / 공업총생산액) × 100
　투자비율 = (경공업부문 투자액 / 공업부문 투자액) × 100
30 《경제사전》 2권, pp.425-426; 박석삼, 앞의 책, pp.8-9.

적의 속도를 늦추고 경공업·농업에 대한 투자를 늘리자는 주장을 '균형을 위한 균형론'으로 비판하였지만, '속도(성장)를 중심으로 한 균형론' 자체가 장기적으로 경제발전 속도를 지체시켰던 것이다.[32]

물론 북한은 경제의 불균형을 완화하기 위해 주기적으로 경공업 발전을 강조하였지만, 임기응변적 성격이 강했으며 투자 우선순위 등 축적구조에는 유의미한 변화를 주지 못했다. 예컨대 1985년 김일성은 '경공업혁명'의 기치 아래, "3차 7개년 계획(1987~1993)의 첫해에는 경공업에 선차적 힘을 넣자"라고 주장했으며,[33] 이어 1989년을 경공업의 해로 정하고 1989~1991년을 경공업발전 3개년 계획기로 설정한 바 있다. 그러나 실제 투자 우선순위의 조정은 이루어지지 않았고, 뒤에서 살펴볼 '8.3인민소비품생산운동'처럼 국가투자가 아니라 유휴자재와 폐기물, 부산물 등 '내부예비'를 동원한 경공업 증산 독려 캠페인에 그치고 말았다. 또한 1993년 이른바 '혁명적 경제전략'을 제기

---

31 자세한 것은 린이푸, 앞의 책, 제2장; 이영훈, "북한의 경제성장 및 축적체제에 관한 연구(1956~1964)"(고려대학교 박사학위논문, 2000), 제3장.
32 1956년 '8월 종파사건'으로 중공업 우선주의가 승리한 이후에도 북한에서는 경제발전의 속도와 균형을 둘러싼 논쟁이 완전히 종식되지는 않은 것으로 보인다. 김일성이 1961년 조선노동당 제4차 대회에서 '균형을 위한 균형론'을 비판하고 있는 것이 그 증거다. "균형을 유지하기 위하여 발전속도를 늦출 수 없는 것입니다. 계획성과 균형성은 그 자체에 목적이 있는 것이 아니라, 높은 속도를 달성하기 위한 수단입니다." 김일성, "조선로동당 제4차 대회에서 한 중앙위원회 사업총화보고(1961. 9.)", 앞의 책, p.201. 나아가 1967년에는 이른바 '갑산파 사건'이 일어났는데, 당시 숙청된 인물들은 대부분 균형론자들이었다. 이정철, 앞의 글, pp.63-76. 이 숙청을 주도한 김정일은 '균형을 위한 균형론'을 비판하고 김일성의 '속도를 위한 균형론'을 재차 정립했다. "지금 일부 사회주의나라 경제학자들 속에는 경제를 발전시키는 데서 속도보다 균형이 중요하다고 하면서 균형에 맞추어 속도를 조절하여야 한다고 주장하는 사람들이 있습니다. 경제발전의 속도와 균형의 호상관계에서 우리가 일차적으로 중시하고 기본으로 삼아야 할 측면은 속도입니다. …… 경제의 균형은 경제발전의 속도를 보장하기 위한 수단으로서, 속도에 복종되어야 합니다." 김정일, "정치도덕적 자극과 물질적 자극에 대한 올바른 리해를 가질 데 대하여(1967. 6. 13.)",《김정일선집》1권 (평양: 조선로동당출판사), p.227.
33 김일성, "연합기업소를 조직하며 정무원의 사업체계와 방법을 개선할 데 대하여(1985. 11. 19.)",《사회주의경제관리문제에 대하여》6권, pp.426-483.

하며 "경공업, 농업, 무역 제일주의"를 제기했으나, 1997년 이후 다시 전통적 중공업 우선주의로 복귀하고 말았다.

북한이 경제적 비효율성에도 불구하고 중공업 우선발전 노선을 고집하고 있는 이유는 '경제-국방 병진노선'과 관련이 있다. 군수산업을 발전시키자면 그 근간이 되는 중공업 발전이 전제되어야 하기 때문이다. 경제-국방 병진노선은 "인민경제의 발전 속도를 조절하더라도 국방력을 강화하는 데 더 큰 힘을 돌려야" 한다는 논리로서,[34] 1962년 채택된 이후 시기적으로 강조 정도가 달라지기는 했으나 그 기조는 현재까지도 유지되고 있다.[35] 특히 북한은 1966년부터 이 노선을 뒷받침하기 위해 국방비를 현저히 증가시켰다. 1970년대 초반 동서 데탕트의 등장으로 공식 국방비는 다시 감소했으나, 비공식 국방비는 여전히 높게 유지되었다는 것이 정설이다.[36]

---

[34] 김일성, "현정세와 우리 당의 과업(1966. 10. 5.)",《김일성저작집》20권 (평양: 조선로동당출판사), p.418.
[35] '경제-국방 병진노선'은 1962년 12월 조선노동당 중앙위원회 제4기 5차 전원회의에서 '국방에서의 자위노선', '4대 군사노선'과 함께 채택되었다. 이는 1960년대 초 소련과의 관계 악화, 베트남전쟁 발발, 한국에서 군사정권 등장 등 안보정세의 악화에 따른 대응이었다.
[36] 공식 국방비는 15% 전후였지만, 실제로는 20~30%를 유지해왔다는 것이 정설이다. 북한의 은닉된 국방비에 대해서는 성채기, "북한군사력의 경제적 기초: 군사경제 실체에 대한 역사적·실증적 분석", 경남대 북한대학원 편,《북한군사문제의 재조명》(한울, 2006); 이달희, "북한 국방비 지출의 은폐구조 분석",《국방연구》50권 1호 (2007) 참조.

표 2-6 북한 공식 군사비의 재정부담률 (단위: %)

	1960	1962	1963	1964	1965	1966	1967	1968	1969	1970	1971	1972	1973~1994
국방비/예산	3.1	2.6	1.9	5.8	8.0	10.0	30.4	32.4	31.0	31.3	31.1	17.0	16 → 11.5

자료: 통일원, 《북한경제통계집》(1996)

경제-국방 병진노선은 중공업 우선주의 경향을 심화시키는 동시에 일반경제와 분리된 군수경제의 비대화를 초래했다. 무기생산을 위해서는 철강, 기계 등 중공업 발전이 필수적이기 때문에, 중공업 우선주의 아래 누적되어온 경제적 불균형이 심화되었다. 또한 전시 대비 농산물 비축, 경공업 생산라인에서 군수물자 우선생산 등의 조치가 취해짐에 따라 불균형은 더욱 심화되었다. 현재 북한 군수경제의 정확한 실상은 알려지지 않고 있으나, 전체 경제의 절반에 육박할 것으로 추산된다. 1990년대 이후 일반 공장의 가동률은 20%를 밑돌았지만 군수공장은 대체로 정상 가동됐기 때문에, 현재 북한 계획경제의 실체는 군수경제라고 해도 과언이 아니다.

이에 따라 북한은 2000년대부터 이른바 '선군경제노선'을 주창하였다. 중공업 우선주의의 공식 모토가 "중공업을 우선 발전시키고, 농업과 경공업을 동시 발전시킨다"라면, 선군경제노선은 "국방공업을 우선 발전시키고, 농업과 경공업을 동시 발전시킨다"라는 모토를 내걸었다. 1960년대의 경제-국방 병진노선에서는 군수경제가 민수경제에 부담을 미친다는 사실을 인정하고 있기 때문에, 그 내부에 군수경제의 지나친 확장을 제어하는 장치가 마련되었다. 그러나 2000년대의 선군경제노선은 군수경제가 민수경제를 선도한다는 논리에 기반을 두었기 때문에, 논리상 무한정 확장을 허용한다.[37] 경제가 발전해야 국방력도 발전한다는 논리는 일면적이라며, 국방공업을 발전시키면 과학기술이 빨리 발전하여 다른 경제부문의 기술발전도 추동된다는 것이다.[38] 이에 따라 현재 북한에서는 "군수생산에 필요한 생산요소들을 선차적으로 보장하는 원칙에서 경제를 운영"할 것이 요구되고 있는 실정이다.[39]

---

[37] 그러나 선군경제노선이 군수경제에 대한 일반경제의 직접적 종속을 의미하는 것은 아니다. 오히려 일반경제가 사실상 붕괴된 상황에서 군수경제를 포함한 기간산업, 이른바 '전략적 부문' 과 여타 '비전략적 부문'을 구획화(compartmentalization)하고, 자원배분을 전자에 집중시키려는 의도라고 보인다. 이러한 토대 위에서 북한은 비전략부문에 대해서는 국가의 통제를 완화하여 시장 메커니즘을 확대함으로써 국가재정을 확충하고, 이를 통해 전략적 부문에 대한 투자재원을 마련하고자 하는 것이다. 이에 대해서는 제4장의 〈4. 기업관리의 분권화〉 부분을 참조.
[38] "선군사상은 우리 시대 자주위업의 필승불패의 기치이다",《로동신문》(2003. 3. 21.); "선군정치는 민족의 자주성을 위한 필승의 보검",《로동신문》(2003. 4. 3.); "사상과 신념의 총대를 주력으로 선군시대를 빛내여 나가자",《로동신문》(2003. 12. 22.)
[39] 김재서, "선군원칙을 구현한 사회주의경제관리",《경제연구》(2004년 1호); 박홍규, "선군시대 경제건설로선의 정당성",《경제연구》(2004년 1호).

분권화 개혁

코르나이에 따르면, 사회주의 경제체제는 ① 공산당의 권력독점, ② 대부분의 생산수단에 대한 국유, ③ 수직적 명령 혹은 관료적 조정에 의한 경제운영, 즉 계획경제, ④ 기업운영에서의 연성예산 제약(soft-budget constraints), 그리고 이 모든 것의 결과인 ⑤ 경제의 만성적인 병목과 부족 등 5개의 층위로 구성된다. 이 5개의 층위는 ①→②→③→④→⑤라는 '인과의 사슬'로 묶여 있다. 그 때문에 궁극적으로 공산당의 권력독점과 생산수단에 대한 국가독점을 폐지하지 않는 한 만성적 병목과 부족, 그리고 그에 따른 경제의 저성장이라는 사회주의경제의 문제점들은 결코 해결될 수가 없다.[40]

그러나 공산당이 스스로 권력과 생산수단에 대한 독점을 훼손하는 조치를 취할 수는 없다. 따라서 사회주의 체제 내에서의 경제개혁은

---

[40] Kornai, op. cit., pp. 20-22, 396-408.

오직 세 번째 층위인 계획경제 메커니즘까지만을 대상으로 할 수 있을 뿐이다. 더욱이 이때에도 전면적 개혁은 불가능한데, 계획의 전면적 개혁이란 다름 아닌 시장의 전면적 도입을 의미하기 때문이다. 이처럼 시장기제의 부분도입을 통해 계획체제의 경직성을 완화하고자 하는 체제 내부 개혁이 곧 분권화 개혁이다. 기업이나 지방으로의 보다 많은 재량권 이양, 국가가 하달하는 계획지표의 축소, 현물지표를 축소하고 화폐지표를 강화하는 조치, 노동 인센티브의 강화 등이 대표적인 조치들이다.

소련을 비롯한 대부분의 사회주의국가들은 1960년대부터 분권화 개혁에 착수했다. 그러나 북한은 오히려 이에 반발하여 계획을 강화하는 조치를 취했다가[41] 1980년대 중반부터 뒤늦게 개혁에 착수했다. 1980년대 중반부터 1990년대 초·중반까지 북한이 취한 분권화 개혁으로는 독립채산제의 확대와 강화(기업운영에서 자율성 확대), 노동 인센티브 강화(공업에서 상금·장려금 확대 및 농업에서 '새로운 분조관리제' 도입), 연합기업소제도 전면도입(중앙정부가 직접 관할하던 기업들을 몇 개씩 묶어 경영단위로 분권화), 그리고 중공업 우선의 투자구조에 변화를 모색한 '혁명적 경제전략' 등을 들 수 있다. 나아가 사적 생산 및 농민시장의 확대 허용, 무역의 분권화 조치도 취했는데, 이 두 가지 조치는 이 책의 중심주제인 제2경제의 확산과 직접 관련되어 있기 때문에 이후 다음 절에서 별도로 살펴보기로 한다.

---

41 대표적인 계획강화 조치가 바로 1965년 도입된 〈계획의 일원화, 세부화〉다. 다른 사회주의국가들이 계획지표를 축소하고 기업자율권을 강화하는 상황에서, 북한은 오히려 계획지표를 확대하고 기업을 하나부터 열까지 일일이 통제하는 조치를 취한 것이다.

독립채산제의 강화

사회주의에서 개별 기업은 국가라는 거대한 단일 기업체의 하부조직일 뿐이다. 따라서 원칙적으로 기업의 경영활동에서 발생한 이윤은 모두 국가재정으로 귀속되며, 이후 국가의 재량에 따라 재분배된다. 그뿐만 아니라 기업의 경영활동에서 발생한 손실 역시 국가가 보전해주기 때문에 기업이 파산하는 일도 없다. 사회주의 기업경영의 목표는 국가가 하달한 현물지표(생산량지표)를 완수하는 데 있을 뿐, 이윤과 같은 수익성지표는 명목상으로만 존재할 따름이다. 따라서 기업은 국가 자산을 효율적으로 운용하려는 유인을 갖기 힘들다.

이러한 병폐를 시정하고자 기업이 이윤의 일부를 내부에 유보하는 것을 허용하고, 손실에 대해서도 부분적으로 책임을 지게 함으로써 기업의 재무적 책임성을 높이는 조치를 취하게 되는데, 이것이 사회주의적 독립채산제(獨立採算制, Khozraschyot)다. 북한에서는 독립채산제를 "국가의 중앙집권적 지도 밑에 경영상의 상대적 독자성을 유지하면서, 자체로 수입과 지출을 맞추고 국가에 이익을 주는 사회주의 국영기업소의 계획적이고 합리적인 관리운영방법"으로 설명한다. 따라서 경영을 잘해서 스스로 수입과 지출을 맞추고 국가에 이익을 준 기업은 그에 따른 정치적, 물질적 보상을 받게 되지만, 그렇지 못한 기업은 그에 따른 물질적 책임을 지게 된다.[42]

북한에서 독립채산제라는 용어가 사용되기 시작한 것은 1946년부

---

[42] 《재정금융사전》 (평양: 사회과학출판사, 1995), pp. 381-383.

터이지만, 기업에 경영의 상대적 자율성을 허용한다는 본래적 의미의 독립채산제가 도입된 것은 1960년대 초반이다. 농업부분에서는 1960년부터 '작업반우대제'(협동농장)나 '작업장 독립채산제 및 상금제'(국영농장)라는 이름으로, 공업부분에서는 1962년부터 '완전독립채산제'(중앙 직속 국영기업)라는 이름으로 실시되다가 1970년대 초부터는 지방공장을 비롯한 공업, 농업, 유통부문에까지 확대되었다. 그러나 독립채산의 정도를 나타내는 기업의 이윤유보율이 1960～1970년대를 통해 지속적으로 하락한 데서도 알 수 있듯이, 이 시기의 독립채산제는 형식적 수준에 머물렀던 것으로 보인다.[43]

이에 따라 북한은 1984년 12월 조선노동당 중앙위원회 제6기 10차 전원회의에서 독립채산제 관련 조항들을 개정하여,[44] 기업은 자신의 수입으로 모든 비용을 충당하고 국가예산에 일정액('국가기업이익금')을 납부하도록 했으며, 기존의 현물지표에 더해 화폐지표, 특히 수익성지표(원가·이윤)를 기업실적 평가에 적용하였다.[45] 이와 더불어 1986년 4월 22일에는 〈정무원 결정 20호〉를 통해 기업의 이윤유보율을

---

[43] 예컨대 초과이윤 중 기업소기금 적립비율은 1962년 13～50%에서 1973년 13～20%로 대폭 감소하였다. 양문수, 앞의 책, p.352.
[44] 북한은 독립채산제의 전면도입에 맞춰 1973년 9월 조선노동당 중앙위원회 제5기 7차 전원회의에서 〈국영기업소 독립채산제에 관한 규정〉을 제정하였고, 이를 1984년 12월 개정하였다. 그러나 아홉 개 장으로 구성된 이 규정의 전문은 아직 공개되지 않고 있다. 다만 1985년 2월부터 5월까지 7회에 걸쳐 북한의 내각 기관지인 《민주조선》에서 "〈국영기업소 독립채산제에 관한 규정〉에 대하여"라는 해설기사를 실었는데, 이를 통해 그 내용을 확인해볼 수 있을 따름이다. 이 해설기사는 《KDI 북한경제리뷰》(2004. 9.), pp.13-19에서 볼 수 있다.
[45] 그러나 화폐지표를 도입했다고 해서 기업평가에서 현물지표의 의미가 퇴색한 것은 아니다. 예컨대 독립채산기업소의 공업생산계획 실행에 대한 평가는 "현물지표에 의한 생산계획 실행률로 한다. 이 평가방법은 금액이 많거나 생산성이 높은 지표들에만 낯을 돌리는 현상을 극복하고 인민경제 여러 부문에서 없어서는 안 될 중요한 지표들을 우선적으로 보장하게 한다"라는 것이다. "〈국영기업소 독립채산제에 관한 규정〉에 대하여", 《민주조선》(1985. 3. 1.) 북한의 계획체계에서 현물지표의 중요성이 공식적으로 약화된 것은 2002년 7.1조치부터였다.

20~50%까지 증가시키는 조치를 단행하였다.[46]

북한에서 독립채산기업은 할당된 이윤계획을 수행하고 국가기업이 익금과 운영자본을 국가에 갚고 나서 남는 계획이윤(plan-quota profit)의 일부를 '기업소기금'으로 유보할 수 있다. 또한 계획이윤을 넘어선 초과이윤(extra-quota profit)을 냈을 때는 그 중 일부를 '기업소상금기금'과 추가적인 '기업소기금'으로 유보할 수 있다. 이윤유보율을 증가시킨 1986년 4월의 조치는 바로 기업이 사용할 수 있는 이 기금들의 규모를 키운 것이다. 그런데 기업소기금은 주로 투자와 노동자 복지를 위해 이용되며, 기업소상금기금은 주로 노동자에 대한 상금, 장려금 등으로 이용된다. 따라서 기금 규모의 증가는 곧 기업이 활용할 수 있는 투자자금[47]과 노동자들에게 돌아올 물질적 혜택이 커진다는 것을 의미한다. 물론 증가된 이윤유보율하에서 기금의 절대적 크기는 생산성 증가, 원가절감 등 경영성과에 따라 달라질 것이다. 결국 1986년 4월의 조치는 기업경영의 효율성을 제고하고, 근로자들에게 생산성 향상에 대한 물질적 유인을 증가시키려는 목적이었던 것이다.[48]

한편 북한은 독립채산제를 강화함과 동시에 그 적용대상을 확대했다. 기존에 예산제(豫算制)로 운용되던 비생산적 단위에 대해서도 독립

---

[46] Keun Lee, "The Road to the Market in North Korea: projects, problems and prospects", 1996년도 한국경제학회 정기학술대회 (1997. 2.).
[47] 기업이 자체 기금으로 고정재산을 확장(투자)할 수 있도록 허용한 것도 1980년대 중반 분권화 개혁의 중요 내용이다. 물론 소규모 투자만 허용되고 대규모 신규투자는 여전히 국가재정에서 지출된다. 기업의 고정재산 형성을 위한 투자가 국가재정에서 나오는가, 아니면 기업소기금에서 나오는가는 매우 중요한 문제이다. 왜냐하면 후자의 규모가 커질수록 국가소유물로서의 기업의 성격이 희석되기 때문이다.
[48] 자세한 것은 김명렬, 《사회주의하에서 물질적 관심성과 가치법칙의 올바른 리용에 관한 주체의 경제리론》 (평양: 과학백과사전출판사, 1986), 제8장 참조.

채산제를 일부 적용하여 반(半)독립채산제로 운용한 것이다. 반(半)독립채산제는 대상 기업이나 기관의 관리운영에 필요한 자금 중 일부는 자체의 수입으로 충당하고, 나머지는 국가예산의 지원을 받는 부분적 독립채산제다. 김정일에 의하면, "반(半)독립채산제는 독립채산제의 원칙과 요구를 부분적으로 적용하는 것으로서, 독립채산제의 성격과 함께 예산제의 성격을 띠고 있는 기업관리 운영방법"[49]이다. 김정일은, "나라를 부강하게 하고 인민들을 잘살게 하려면 가능한 예산제 기관을 줄이고 돈을 벌어들이는 단위를 늘여야 한다"라며, 예산제 기관, 즉 "자체로 돈을 벌지 못하고 국가예산에서 자금을 받아쓰기만 하는 기관"에서도 "내부예비를 적극 동원하여 자체로 돈을 벌어 국가의 부담을 덜도록" 하라고 지시했다.[50] 반(半)독립채산제는 예산제 기관의 자체 수입을 증대시켜 재정지출을 줄이는 데 목적이 있었다.

한편 아래에서 살펴보듯이, 연합기업소제도가 전면화됨에 따라 '이중독립채산제'도 도입되었다. 이중독립채산제는 "독립채산제를 기업소 단위에서도 하고, 그 위의 연합기업소 단위에서도 하는 것"이다. 즉, 독립채산제로 운영되는 공장·기업소들을 거느린 연합기업소가 또 하나의 독립채산단위가 되는 것을 의미한다. 이에 따라 개별적인 독립채산기업들에 대한 평가는 그 기업 자체만이 아니라 소속된 연합기업소에 이바지한 정도를 고려하여 이루어지게 되었다.[51]

---

49 김정일, "재정은행사업을 개선강화할 데 대하여(1990. 9. 13.)", 《조선중앙년감 1991》 (평양: 조선중앙통신사, 1992), p.66.
50 김정일, 위의 글, p.66.
51 고뢰정(高瀨淨), 《북한경제입문》, 이남현 역 (서울: 청년사, 1988), p.70.

연합기업소제도의 강화

연합기업소란[52] 복수의 기업이 연합해 보다 큰 하나의 기업을 만들어 이중독립채산제를 실시하는 것으로서, 북한에서는 세 가지 형태가 존재한다. 첫째, 일정 지역에서 핵심기업을 모체로 그것과 생산기술적 연계를 가진 다른 부문의 기업들을 '수직적으로' 통합한 형태(형태 1)다. 예를 들어, 'OO 제철 연합기업소'와 같이 'OO 제철소'를 모체기업으로 하여 여기에 원료를 공급하는 지역 내의 관련 기업소, 수송기관 등을 결합시키는 방식이다. 이는 중간재 분배를 관련 기업집단 내부로 통합함으로써 세부적 중앙계획이 낳는 불확실성을 감소시키고 거래비용을 낮추려는 노력의 일환이었다. 또한 자재와 에너지 부족으로 생산중단 사태가 자주 발생했는데, 이를 완화하여 생산 정상화에 기여하려는 목적도 있었다. 따라서 이러한 형태는 생산과정에서 대량의 자재나 원료를 필요로 하는 화력발전, 금속, 화학, 건재공업부문에서 주로 조직되었다.

둘째, 일정 지역에서 특별한 모체기업 없이 주로 동일 부문의 기업을 '수평적으로' 통합한 형태(형태 2)다. 예를 들어, 'OO 탄광연합기업소'와 같이 특정 지역에 소재한 대부분의 탄광들을 통합하고 여기에 갱목 제조공장 등 일부 관련 기업을 부분적으로 결합하는 방식이다. 이러한 형태는 주로 채굴공업부문에서 조직되었다.

---

[52] 북한에서 연합기업소는 '연합기업소', '회사', '연합회사', '총회사', '관리국', '총국' 등 다양한 명칭으로 불린다.

표 2-7 북한 연합기업소의 유형

	형태 1	형태 2	형태 3
지리적 범위	일부 지역		전국
주요 산하기업	다른 부문	동일 부문	
생산기술적 연계	큼	작음	부문에 따라 다름
모체기업	있음	없음	
규모	대규모		
독립채산제	이중독립채산제		

    셋째, 전국적 범위에서 기업들을 통합한 형태(형태 3)로서, 여기에는 생산기술적 연계에 의한 통합(수직적 통합) 형태와 동일 부문의 통합(수평적 통합) 형태가 모두 다 있다. 전자는 주로 공작기계와 방직부문에서 나타나고, 기타 부문은 후자의 형태가 주를 이룬다. 예를 들어, 전자의 방식은 'OO 기계총회사'와 같이 전국의 공작기계공장, 베어링공장, 공구공장 등을 결합해 생산의 전문화와 협업화를 제고하는 방식이다. '형태 2'와 '형태 3'은 개별 기업들이나 지방당국이 전체의 이익이 아니라 자신의 당파적 혹은 지방적 이익만을 추구하는 기관본위주의, 지방주의를 극복하기 위해 고안된 것이다.[53]

    연합기업소는 북한만이 아니라 소련, 동독, 중국 등 대부분의 사회주의국가들에서 도입되었는데, 경제관리의 분권화를 목표로 한 것이었다.[54] 북한에서 연합기업소가 도입되기 시작한 것은 1974년부터다.

---

53 Lee, op. cit.; 나카가와 마사히코(中川雅彦), "북한 연합기업소의 형성", 《KDI 북한경제리뷰》(2003. 3.), pp.49~54.
54 연합기업소는 소련에서는 오브예지네니예(obyedineniye), 동독에서는 국가기업연합(VVB), 폴란드에서는 대규모경제조직(WOG), 중국에서는 기업집단(企業集團) 등으로 불렸다. 자세한 것은 최신림·이석기, 《북한의 산업관리체계와 기업관리제도》(산업연구원, 1998), pp.90~98.

1974년 '흥남비료연합기업소'를 시작으로 1983년까지 모두 38개의 연합기업소가 건설되었다.[55] 이 시기에는 주로 기간산업을 중심으로 연합기업소가 시범적으로 도입되었다면, 1980년대 중반부터는 전체 산업부문에 걸쳐 전면적으로 도입되었다. 이에 따라 1984~1986년 3년간 연합기업소가 폭증하여 1986년 9월에 이르면 이미 120여 개에 달하고 있었다. 또한 이 중 61개만을 중앙기관의 관리 아래 두고, 나머지 59개는 지방기관의 관할 아래 둠으로써 중앙통제의 축소 경향을 뒷받침하였다.[56]

연합기업소는 정무원(1998년 내각으로 확대 개편)의 부와 위원회가 갖고 있던 권한의 상당부분을 넘겨받아 경영활동에서 하나의 독자적인 "계획단위이자 생산단위이자 집행단위"로 등장했다.[57] 우선 연합기업소는 일정한 자율성을 가진 계획단위로서, '국가계획위원회'와 성, 위원회의 지도를 받아 자체적으로 계획을 작성하고 그 수행을 집행하게 되었다. 즉, 위에서 대체적인 계획이 하달되면 연합기업소는 그것을 바탕으로 연합기업소 차원의 계획과 그 하부 기업단위별 계획을 구체적으로 작성하고 집행하게 되었다. 이 과정에서 어느 기업에서 무엇을 얼마만큼 생산할 것인지, 어떤 재원을 어디에 얼마나 투자할 것인지 등은 연합기업소의 재량에 맡겨졌다. 과거 '국가계획위원회'가 말단 공장에까지 직접 "큰 못 몇 개, 작은 못 몇 개 생산하라"는 식으로 지령을 내리던 것에 비하면 분권화에서의 일대 진전이었다.

---
[55] '형태 1'이 10개소, '형태 2'가 25개소, '형태 3'이 3개소였다. 나카가와 마사히코, 앞의 글, pp.58-62.
[56] 나카가와 마사히코, 앞의 글, pp.63-69.
[57] 박영근 외, 《주체의 경제관리이론》(평양: 사회과학출판사, 1992), p.103; 박형중, 《북한의 경제관리체계: 기구와 운영, 개혁과 변화》(해남, 2002), pp.121-128.

또한 연합기업소는 중앙기관과 개별 기업을 연결하는 중간관리기관의 위상을 가지게 되었다. 이에 따라 중앙기관은 개별 기업소가 아니라 연합기업소만을 상대하게 됐고, 따라서 국가가 직접 관리해야 하는 기업 수가 대폭 감소하였다. 이는 사회주의의 고질병인 정보 왜곡을 완화한다는 의미가 있었다. 또한 연합기업소는 자재상사를 보유할 수 있는데, 스스로 해결하지 못하는 자재는 중앙자재상사를 거치지 않고 연합기업소 간에 직접 구매 및 판매계약을 할 수 있도록 허용되었다. 이에 따라 중앙자재상사에서 개별 기업까지 "자재를 직접 날라다 주는" '유일적 자재공급체계'의 경직성이 완화되었다. 요컨대, 연합기업소는 중앙통제의 이완과 하부단위의 자율성 확대라는 측면에서 중요한 분권화 개혁조치였다.[58]

노동 인센티브의 강화

북한은 기업의 자율성을 확대하는 조치와 더불어 근로자들에 대한 물질적 인센티브도 강화했다. 사회주의를 비롯한 개발도상국들은 노동력을 동원하기 위해 통상적으로 규범, 강제, 그리고 물질적 인센티브라는 세 가지 수단을 사용한다. 산업화의 초창기에는 비숙련노동자에 대한 격렬한 선동과 같은 규범적 수단과 제재나 처벌과 같은 강제적

---

[58] 북한은 1999년 4월부터 2000년 상반기까지 연합기업소를 상당부분 해체하고 대신 내각 성에 부문별로 관리국을 설치하는 재집권화를 추진하였으나, 2000년 9월부터는 다시 해체된 연합기업소 대부분을 복원하였다. 나카가와 마사히코, "북한 연합기업소의 형성과 변천", 《KDI 북한경제리뷰》 (2003. 4.).

수단이 선호되지만, 산업화가 진전되어 생산성이 향상되고 농촌으로부터 비숙련노동자의 유입이 감소되면 규범과 강제의 힘은 그 유용성이 감소한다. 이에 따라 점차 물질적 인센티브가 중요해진다.[59] 북한 역시 대체로 1970년대를 기점으로 규범적, 강제적 수단('정치사상적 자극') 위주의 동원정책에서 탈피하여 물질적 인센티브('물질적 자극')와의 균형을 추구하기 시작했다. 특히 1983년 김정일은 물질적 인센티브를 '노동의 양과 질에 따른 분배'라는 이름으로 사회주의라는 과도기(자본주의에서 공산주의로 가는 과도기)의 경제운영원리 중 하나로 격상시켰다.[60] 이런 차원에서 북한은 1980년대 중반부터 추가적 보수형태인 상금, 장려금, 우대제를 강화하기 시작했다.

북한의 보수형태는 기본적 형태와 추가적 형태로 구분된다. 기본적 형태는 노동력의 재생산비용이라는 개념으로 제공되는 것으로 생활비(국영기업소 노동자와 사무원의 경우)와 노력일에 의한 분배(협동농장 농민의 경우)로 나뉜다. 추가적 형태는 전적으로 노동의 양과 질에 따라 분배되는데, 여기에는 상금, 장려금, 우대제가 있다.[61]

첫째, 상금은 기업소에 조성된 이윤 중 일부를 생산 전반에서 모범을 보인 개인이나 직장·작업반에 지급하는 것이다. 즉, 상금은 개인에 대한 물질적 유인임과 동시에 집단에 대한 물질적 유인이기도 한 것이

---

[59] Richard Lowenthal, "Development vs. Utopia in Communist Policy", Chalmers Johnson ed., *Change in Communist Systems* (Stanford University Press, 1970); Alexander Eckstein, "Economic Development and Political Change in Communist Systems", *World Politics*, 22, 4 (July 1970).
[60] 김정일, "맑스-레닌주의와 주체사상의 기치를 높이 들고 나아가자(1983. 5. 3.)", 《김정일선집》7권 (평양: 조선로동당출판사).
[61] 이하 추가적 보수형태에 대한 설명은 김명렬, 앞의 책, 제8장 참조.

다. 또한 상금은 주로 '기업소상금기금'에서 지불되지만 '기업소기금'에서도 지불되는데, 전자는 개인과 집단 모두에게 지불되는 반면, 후자는 개인에게만 지급된다.[62] 이러한 개인대상 상금지급의 확대는 1980년대 개혁의 주요 내용 중 하나로서, 북한이 개인에 대한 물질적 인센티브 확대에 관심을 갖기 시작했다는 것을 보여주는 대목이다.

초과이윤을 원천으로 하는 (기업소)상금기금에서만 상금을 지불하는 제도는 기업소에 부과된 계획과제를 초과 수행하는 데서 일정한 의의를 가지지만, 개별 근로자를 자극하는 데서는 일정한 제한성을 가진다. 왜냐하면 이 경우 개별 근로자들이 많은 생산적 성과를 이룩하였음에도 기업소 범위에서 초과이윤이 조성되지 않으면 그에 상응한 평가를 줄 수 없기 때문이다. 상금지불의 원천은 기업소에 조성된 사회적 순소득, 이윤이며, 초과이윤이 조성되지 않더라도 이윤이 조성되는 한 상금지불을 위한 원천은 있다. 따라서 기업소상금기금에 의한 상금제도와 함께 기업소기금의 일부를 상금으로 지불하는 제도를 새롭게 내와야 한다.[63]

상금 규모의 확대는 물질적 인센티브의 확대 외에도 북한의 발전전략 수정과 관련하여 일정한 함의를 가진다. 상금의 원천은 기업의 유보이윤이므로 그 크기는 기업이윤의 총량만이 아니라 기업이윤의 국

---
[62] 흥미로운 것은 이러한 개인단위로만 지급되는 상금이 '투자'로 인식되고 있다는 점이다. "기업소기금은 생산 확대(를 위한 투자)와 기술발전, 종업원들의 문화후생사업을 개선하는 데 쓰며, 생산 확대에 쓰게 되어 있는 기업소기금의 일부를 사회주의경쟁 부상금과 혁신자들에게 주는 상금 등으로도 쓸 수 있다." "〈국영기업소 독립채산제에 관한 규정〉에 대하여", 《민주조선》(1985. 4. 4.).
[63] 김명렬, 앞의 책, p.274.

가기업이익금(국가납부 몫)과 기업 유보이윤으로의 분할비율에도 의존한다. 즉, 상금 규모를 확대하기 위해서는 국가기업이익금의 비율을 축소해야 할 개연성이 있다. 그런데 국가기업이익금은 결국 투자로 전환되는 것이기 때문에, 그 비율의 축소는 곧 중공업 우선의 불균형 투자정책에 수정이 가해질 수 있음을 시사하는 것이다. 반면, 기업 유보이윤비율의 증대는 결국 기업 자체 투자의 비율과 상금 규모의 증대를 의미하므로, 산업 전반의 균형투자, 나아가 소비증대를 통한 성장촉진이 추구될 수 있음을 시사하는 것이다.

기업소상금기금의 원천은 기업소 초과이윤이며 그 크기는 중앙집중적 순소득(국가기업이익금)과 기업소 소득(기업 유보이윤)으로의 분할비율에 적지 않게 의존한다. 사회적 순소득, 초과이윤의 분배는 국가수입의 끊임없는 증대를 보장하는 원칙에서 진행되어야 한다. 그러나 이는 중앙집중적 순소득 몫을 절대적으로 크게 하고 기업소상금 몫을 절대적으로 작게 해야 한다는 것을 의미하지는 않는다. 왜냐하면 이럴 경우 근로자들의 물질적 이해관계를 옳게 자극할 수 없고 결국 국가축적도 높일 수 없기 때문이다. 초과이윤 분배에서 국가에 더 많은 몫을 돌리는 것도 중요하지만, 적립되는 상금이 물질적 자극을 통해 생산의 끊임없는 빠른 발전과 절약 제도에 기여하게 하는 것이 '보다' 중요하다.[64]

둘째, 장려금은 특정 지표의 수행에서 모범을 보인 개인에게 지급된

---

[64] 김명렬, 앞의 책, pp.271-272.

다. 상금은 불특정 다수지표의 향상을 목적으로 한다면, 장려금은 생산계획 실행정형, 노동정량 향상정형, 제품의 질 제고와 설비자재의 이용정형 등 특정 지표의 향상을 목적으로 한다. 또한 상금은 개인이나 집단 모두에게 주어지지만 장려금은 개인에게만 지급된다. 그리고 상금은 기업소 이윤 전반에서 지급되지만 장려금은 원가저하와 관련하여 발생한 이윤에서만 지급되며, 이외에 국가가 직접 지급할 수도 있다. 북한에서는 상금과 장려금이 중복되어 개인에게 지나친 물질적 보상이 주어지는 것을 피하기 위해, 장려금은 협동생산 제품을 생산하는 공장이나 기업소들과 인민경제적으로 중요한 제품을 생산하는 기업소에 국한해 적용하는 것이 합리적이라고 보고 있다.

셋째, 작업반우대제는 협동농장에 지급되는 상금의 일종이다. 즉, 계획을 초과달성한 작업반에 대해서 우대기준[65] 초과분을 작업반원들끼리 나누어 가지게 하는 제도다. 이런 의미에서 공업부문의 상금이 개인에 대한 물질적 자극임과 동시에 집단에 대한 물질적 자극이라면, 작업반우대제는 집단에 대한 물질적 자극이다. 반면 공업부문의 상금은 개인이나 집단이 속한 기업소 전체에 대한 물질적 자극으로도 작용하지만, 작업반우대제는 오직 해당 작업반에 대해서만 물질적 자극으로 작용한다.

사실 작업반우대제는 1960년부터 실시되었다. 그러나 작업반은 구성원이 140여 명이나 되기 때문에 물질적 자극의 효과가 크지 못했다.

---

[65] 우대기준은 보통 생산계획의 90%다. 그런데 이 우대기준에 미달할 경우에는 그 미달분만큼 기본분배에서 공제한다. 고승효(高昇孝), 《현대 북한경제 입문》, 이태섭 역 (서울: 대동, 1993), p.219.

이에 따라 1966년부터는 작업반을 10~25명 정도의 분조로 개편해서 작업반우대제에다 분조별 노력성과에 따라 분배하는 '분조관리제'를 연결시켰다.[66] 분조관리제란 "협동농장의 작업반 밑에 있는 기층 작업 단위인 분조에 일정한 면적의 포전과 노력, 역축, 기타 생산도구를 고착시키고 소출기준을 정하여준 다음, 그에 따라 노력일수를 평가함으로써 농촌경리에서 노동 및 생산조직의 마지막 단위와 집단생활의 단위를 통일시키는 것"이다. 이는 "농장원들에게 명확한 임무와 책임한계를 제시해줌으로써 모든 사업에 더욱 성실하게 참가하게 하며 공동경리운영에서 높은 열성을 발휘하게 한다"라는 것이다.[67] 그러나 작업반우대제와 마찬가지로 분조관리제 역시 개인에 대한 물질적 자극으로 기능하기에는 분조의 규모가 너무 컸다. 이에 따라 북한은 1996년부터 '새로운 분조관리제'라는 획기적인 인센티브 제도를 도입하였다. 새로운 분조관리제가 기존의 제도와 달라진 점은 다음 세 가지다.[68]

첫째, 분조의 구성과 규모가 작아졌다. 종래에는 하나의 분조가 개개인의 능력과 요구를 고려하고 연령층을 배합하여 10~25명으로 구성된 데 비해, 새로운 분조관리제에서는 가족, 친척을 단위로 7~10명으로 분조를 구성했으며, 경우에 따라서는 5~8명으로 구성하기도 했다.

둘째, 생산계획 목표치를 낮추어 분조가 추가 분배를 받을 수 있는

---

66 고승효,《북한사회주의 발전연구》, 김한민 역 (서울: 청사, 1988), pp.232-238.
67 《경제사전》 1권, p.765.
68 이일영·전형진, "북한 농업제도의 전개와 개혁전망에 관한 연구: 분조관리제를 중심으로",《통일문제연구》 9권 2호 (1997); Woon Keun Kim, "Food Problem and Agricultural Reform in North Korea",《전환기의 북한과 정책선택: 국내구조와 대외관계》(경남대 극동문제연구소, 1998).

표 2-8 북한의 협동농장 분조관리제와 '새로운 분조관리제'

	분조관리제(1966~1995)	새로운 분조관리제(1996~)
구성	• 10~25명 • 농장원들의 능력·요구·연령을 고려하여 인원배치	• 7~10명 • 주로 가족, 친척으로 구성
생산계획	• 해당연도 국가 전체의 생산 목표에 따라 분조에 제시된 계획치	• 최근 3년간의 평균 수확고와 그 이전 10년간의 평균 수확고의 평균치
농산물처분	• 초과생산물은 국가에서 수매	• 초과생산물은 분조 자유처분

여지, 즉 계획 초과분의 규모를 확대했다. 종래에는 해당연도의 국가 생산 목표에 따라 계획치가 각 농장, 작업반, 분조에 주어졌다. 그러나 새로운 분조관리제에서는 과거 3년간(1993~1995)의 평균 수확고와 1993년 이전 10년간의 평균 수확고를 합해 나눈 평균치보다 약간(통상 10%) 적은 양을 생산계획으로 설정했다. 식량 생산량이 크게 감소했던 1993~1995년의 생산량이 반영됨으로써 목표생산량이 낮아진 것이다. 따라서 종전에 비해 생산 목표량의 달성이 용이해졌으며, 동시에 추가 분배로 돌려지는 계획 초과분이 커지게 되었다.

셋째, 가장 주목해야 할 것은 초과생산물의 처분권한을 이양한 점이다. 종래에는 초과생산물을 국가가 일정액을 지불하고 수매했는데, 식량값이 매우 저평가됐다는 점을 감안하면 강제수매나 다름이 없었다. 이에 반해 새로운 분조관리제에서는 초과생산물을 전부 현물로 농민들에게 나눠주고 그 처분권을 허용하였다.

초과생산물을 현물로 나눠 갖게 한 것은 협동농장 생산에서 도급제의 성격이 가미됐다는 것을 의미한다. 더욱이 불법이기는 하지만 1990년대 중반 이후부터는 당국의 묵인 아래 농민시장에서 식량이 거래되었기 때문에 추가로 분배받은 식량을 현금을 받고 판매할 루트도 있었다. 이 때문에 당국이 제한적이나마 시장 메커니즘을 농업부문에 도입하려는 의도가 있는 것은 아닌가, 중국식 '분조계약제' 혹은 '가족도급제'로 조심스럽게 이행하고 있는 것은 아닌가 하는 해석이 제기되기도 했다.[69]

그러나 북한당국이 새로운 분조관리제를 어떻게 생각했든 간에 실험은 실패로 끝나고 말았다. 무엇보다 새로운 분조관리제는 강원도 등 일부 지역에서만 실험적으로 실시되다 중단되었다. 또한 근본적으로 농기계나 원자재 등 인프라가 절대적으로 부족한 상황에서 농업 인센티브의 강화만으로는 식량증산에 한계가 있었다. 그러나 뒤에서 살펴보겠지만, 이 새로운 분조관리제는 2002년 〈7.1경제관리개선조치〉 이후 보다 강화된 형태로 재등장하였다.

투자구조 조정의 모색과 실패

1993년 12월 8일, 김일성은 조선노동당 중앙위원회 제6기 21차 전원회의에서 사회주의시장의 붕괴에 따른 위기대응책으로 농업, 경공업, 무역의 '3대 제일주의'를 제기했다. 그리고 1994년 신년사에서는 이를 "향후 3년의 완충기 동안 추진될 3대 제일주의 + 선행부문"으로 정

---

[69] 실제 1996년 7월부터 일부 지역에서 농가별로 경작권을 주는 가족도급제가 시범적으로 실시되고 있다는 보도도 있었다.《조선일보》(1996. 11. 28.)

식화했다.

앞으로 3년 동안을 완충기로 하고 이 기간에 농업제일주의, 경공업제일주의, 무역제일주의 방침을 철저히 관철하여야 합니다. 이와 함께 인민경제의 선행부문인 석탄공업과 전력공업, 철도, 운수를 확고히 앞세우며 금속공업도 계속 발전시켜야 합니다.[70]

북한에서는 이것을 '혁명적 경제전략'으로 명명하고 있다. 여기서 제기되는 의문은 북한이 과연 기존의 중공업 우선의 발전전략을 폐기했는가, 아니면 3차 7개년 계획(1987~1993)에서 달성하지 못한 목표를 완수하기 위한 완충기전략, 즉 임시방편일 뿐인가 하는 것이다.[71] 이러한 의문은 경제의 물질적 토대를 내부에 두는 자립적 민족경제 건설노선이 폐기되지 않는 한 중공업 우선의 발전전략이 수정될 수 없는데도, 분명 혁명적 경제전략은 선행부문, 즉 중공업보다 농업·경공업·무역 등 소비재부문을 앞세우고 있기 때문이다. 이에 대해 리기성은 '중공업 우선, 경공업·농업 동시발전' 노선은 사회주의 경제건설의 전 기간에 걸쳐 견지하여야 할 전략적 노선이지만, 완충기의 혁명적 경제전략은 '3대 제일주의 우선, 선행부문의 결합'이라고 설명하고 있다.

혁명적 경제전략의 주 되는 특징은 소비재 생산을 힘 있게 틀어쥐고 나

---

[70] 김일성, "당면한 사회주의 경제건설방향에 대하여(1993. 12. 8.)",《사회주의경제관리문제에 대하여》7권, pp. 493-511.
[71] 북한은 6년 또는 7년 단위로 설계되는 장기 경제계획이 목표를 달성하지 못할 때마다 매번 '완충기'를 설정하고 취약한 부분을 보완해왔다.

가는 데 있으며, 소비재 생산을 힘 있게 틀어쥐고 나간다는 것은 생산수단 생산부문보다 소비재 생산부문의 발전에 더 큰 힘을 넣는다는 것을 의미한다. 이것은 곧 농업과 경공업에 대한 투자를 늘리며 경제발전의 속도와 균형을 조절하면서 농업과 경공업의 발전 속도를 더욱 높여 나간다는 것을 의미한다.[72]

다시 말해서 북한의 투자 우선순위가 '당분간' 농업과 경공업에 있다는 점을 인정한 것이다. 한대성 역시 혁명적 경제전략은 "중공업 위주의 경제구조를 경공업, 농업 위주의 경제구조로 개조하여, 속도와 투자에서 경공업과 농업에 큰 힘을 돌리는 인민생활 향상 전략"이라고 설명하고 있다.[73] 명백한 축적방식의 변화인 것이다. 이는 "기본건설 투자를 대담하게 줄여 여기서 나오는 자금과 자재, 설비들을 농촌경리를 발전시키고 인민소비품 생산과 수출품 생산을 늘리는 데 돌릴 것을 기본요구"로 하며, 이를 통해 "소비재부문의 발전속도를 생산수단 생산부문보다 더 높이고 그 투자비를 상대적으로 늘여 인민경제부문들 사이의 균형을 변화된 환경에 맞게 합리적으로 개조하는 것"을 필요로 한다.[74] 한마디로 혁명적 경제전략은 "기본건설 투자의 규모를 대폭 줄이고, 축적폰드의 부문별 구성에서 경공업과 농업, 대외무역 부문의 비중을 높일 것을 요구"한다는 것이다.[75]

---

[72] 리기성, "위대한 수령 김일성 동지께서 신년사에서 제시하신 사회주의 경제건설의 완충기와 우리 당의 혁명적 경제전략", 《경제연구》 (1994년 1호).
[73] 한대성, "인민경제 선행부문과 금속공업부문에서 혁명적 앙양을 일으키는 것은 인민생활을 높이기 위한 중요 담보", 《경제연구》 (1995년 2호).
[74] 리준혁, "혁명적 경제전략의 관철과 사회주의 경제적 진지의 공고화", 《경제연구》 (1996년 3호).
[75] 김상학, "우리 당의 혁명적 경제전략과 축적과 소비 사이의 균형", 《경제연구》 (1996년 2호).

나아가 리기성은 완충기가 고정된 것이 아니라 "환경과 현실에 따라" 설정된다고 주장하는데, 이는 그 기간이 상당히 길 수 있음을 시사하는 것이다. 또한 혁명적 경제전략에서 선행부문을 확고히 앞세운다고 한 것은 "무엇보다 농업과 경공업을 발전시키기 위한 요구"라고 주장함으로써, 중공업 발전의 목적이 그 자체에 있는 것이 아니라 농업과 경공업 발전을 통해 "인민들의 물질·문화적 수요를 원만히 충족시키는 데 있다"라는 것을 강조하고 있다.[76]

서승환 역시 중공업 우선, 경공업·농업 동시발전 노선은 "중공업을 위한 중공업이 아니라 경공업과 농업 발전에 복무할 수 있는 중공업을 건설하자는 노선"이라는 점을 지적한다. 그는 더 나아가 경공업제일주의를 완충기 전략으로 국한시키지 않고, "사회주의 경제발전의 새로운 높은 목표를 점령하는 데서 나서는 중요한 문제인 인민생활 수준을 한 단계 올려"놓기 위한 전략이라고 주장한다.[77] 이러한 주장 자체는 1980년대 중반 '경공업혁명' 주창 당시의 논리와 별반 다를 것이 없다. 하지만 과거의 경공업혁명은 국가의 투자가 아니라 유휴자재와 폐기물 등의 내부 예비 동원을 통해 수행되어야 하는 것이었다면, 경공업제일주의는 국가 투자구조의 변경에 의해 보장된다는 점에서 질적으로 다른 것이다.

요컨대 발전전략의 견지에서 본다면, 혁명적 경제전략은 중공업 '우선', 농업·경공업 동시발전 노선에서 중공업 우선, 농업·경공업

---

[76] 리기성, 앞의 글.
[77] 서승환, "경공업제일주의 방침을 관철하는 것은 현 시기 사회주의 경제건설에서 나서는 중요 전략적 과업", 《경제연구》 (1994년 2호).

'동시발전' 노선으로 이행하기 위한 '일정 기간' 동안의 농업·경공업 '우선', 중공업 동시발전 노선인 것이다. 즉, 중공업 우선의 불균형성장에서 균형성장으로 축적정책을 변경하기 위한 과도적 정책인 것이다.[78]

혁명적 경제전략은 1994년 신년사에서 천명된 이후, 1997년까지 신년공동사설에서 어김없이 재현되었다. 그러나 그 어조는 해가 거듭될수록 퇴조했다. 예컨대 1995년에는 "농업과 경공업, 대외무역을 발전시키는 데 계속 '첫째가는' 힘을 넣어야 한다"라고 주장했으나, 1996년에는 "농업과 경공업, 대외무역을 발전시키는 데 더욱 큰 힘을 넣어야 한다. …… 석탄공업과 금속공업은 당의 혁명적 경제전략 관철을 위한 '최전선'이며 돌파구다", 1997년에는 "우리는 농업제일주의, 경공업제일주의, 무역제일주의 방침을 계속 철저히 관철해 나가야 한다. …… 석탄공업과 전력공업, 금속공업의 노동계급은 인민경제의 '최전선'을 지켜선 영예 드높이……"라고 주장함으로써 상대적으로 중공업에 대한 비중이 증가하고 있음을 알 수 있다.

그리고 1998년부터는 혁명적 경제전략이라는 표현이 완전히 사라졌다. 1998년에는 "혁명적 경제전략을 관철하자"라는 표현 대신 "사회주의 경제건설의 기본노선을 틀어쥐자", 농업과 함께 "선행부문은 현 시기 사회주의 경제건설에서 가장 중요한 과업이다"라는 표현이 등

---

[78] 이러한 노선 변경은 1994년도 예산에서도 어느 정도 확인할 수 있다. 북한의 1994년도 예산은 전체적으로는 전년 대비 3.2% 증가하였는데, 농업부문은 6%(전년에는 2.1%), 경공업부문은 5.4%(전년에는 4.1%), 무역부문은 4.1% 증가하였다. 민족통일연구원, 《북한최고인민회의 제9기 제7차 회의 결과분석》(1994. 4.), pp.10-11.

장했다. 반면에 무역제일주의에 대한 언급은 발견할 수 없고, 경공업제일주의는 매우 낮은 비중으로 언급되고 있을 뿐이다. 특히 이 시기부터 몇 년간 찾아볼 수 없었던 "계획경제의 우월성을 발양시켜야" 한다는 표현이 다시 등장했다. 1999년에도 농업과 선행부문에 대한 강조는 여전하지만 무역에 대한 강조는 발견되지 않으며, 경공업에 대해서는 '지방예비'를 동원하는 방식을 강조하고 있어 1980년대의 경공업혁명 수준으로 되돌아간 느낌이다. 다시 말해서 '3대 제일주의+선행부문'이라는 혁명적 경제전략은 1997~1998년을 기점으로 기존의 중공업 우선발전 전략으로 회귀하고 말았던 것이다. 물론 북한은 중공업에 농업을 더해 '선행부문+농업'을 '혁명적 경제정책'이라고 강조하고 있지만,[79] 그것은 식량난이라는 현실적 위기를 반영한 중공업 우선주의일 따름이다. 북한은 마침내 1998년 9월 17일《로동신문》,《근로자》공동논설을 통해, 1990년대 초반부터 모색해온 투자구조 조정에 대해, 나아가 개혁·개방 정책 일반에 대해 최종적인 사망선고를 내렸다.[80]

자립의 길은 민족경제를 활성화시켜 나가는 길, 참다운 번영의 길이다. …… 외자는 아편과 같은 것이다. …… 자체의 경제토대에 의거하는 굳센

---

79 북한은 2000년 신년공동사설부터 기존의 '혁명적 경제전략'을 대체하여 '혁명적 경제정책'이라는 용어를 사용했다.
80 북한 경제정책이 재보수화의 길로 접어든 이유는 다양하겠지만, 핵심원인은 김일성 사망 이후 김정일체제가 성립되는 과정에서 겪은 정치적 위기와 관련이 있는 것으로 보인다. 정치적 위기는 선군정치라는 정치방식의 변형을 초래했고, 이 과정에서 경제-국방 병진노선이 다시 부활하는 등 경제적 보수화가 초래되었다고 보아야 할 것이다. 이에 대한 자세한 분석은 장달중·임수호, "김정일 체제와 강성대국론: 선군의 이데올로기와 경제적 실용주의", 백영철 편,《한반도 평화프로세스》(건국대출판부, 2005); 이태섭, "1990년대 북한의 경제위기와 군사체제로의 전환에 관한 연구",《2001년 신진연구자 북한 및 통일 관련 논문집》3권 (통일부, 2001) 참조.

각오와 결심을 가지고 이미 마련된 경제적 잠재력을 최대한으로 동원 이용하는 것, 이것이 우리 당이 제시한 자력갱생의 방략이다. …… 인민생활을 높인다고 하면서 중공업을 소홀히 하거나 외화가 있어야 경제문제를 풀 수 있다고 하면서 대외무역에만 치중하는 것은 옳은 해결방도가 될 수 없다. …… 물론 현실발전의 요구에 맞게 경공업도 발전시키고 대외무역도 확대해 나가야 한다. 그러나 이 모든 사업은 자립적인 중공업을 발전시키는 기초 위에서만 가능하다. …… '개혁', '개방'에 대한 우리의 입장은 명확하다. …… 우리에게는 이제 와서 새삼스럽게 더 개혁할 것도 없고, 개방할 것도 없다. …… 사상에 공백이 없는 것처럼 경제 분야에서도 공백지대가 있을 수 없다.[81]

---

81 "자립적 민족경제를 끝까지 견지하자",《로동신문》(1998. 9. 17.).

개혁의 유산과 제2경제의 맹아

이로써 1980년대 중반부터 추진되어온 분권화 개혁의 10년 실험은 좌절되었다. 그러나 좌절된 개혁일지언정 그 흔적은 남기 마련이다. 첫째, 독립채산제와 연합기업소의 확대·강화에 따라 당국가체제(party-state system) 내의 중하층 관료들에 대한 중앙의 통제력이 다소나마 약화되었을 것으로 추정된다. 공식적인 제도는 당국의 정책에 따라 집권화와 분권화를 반복할 수 있지만, 개혁을 통해 형성된 비공식적인 관성은 상대적으로 오랜 기간 지속되기 때문이다. 1980~1990년대의 개혁조치들이 2002년 7.1조치를 통해 상당부분 확대재생산된 형태로 부활한 이유도 이와 무관하지 않을 것이다.

둘째, 노동자들에 대한 개인적, 물질적 인센티브의 강화는 집단주의적 세계관을 침식하였다. 북한은 공식적으로는 정치·도덕적 자극을 앞세우고 여기에 물질적 자극을 결합해야 하며, 물질적 자극에서도 개인적인 자극보다는 집단적인 자극을 앞세워야 한다고 주장해왔다. 그러나 1980년대 중반 이후 정치·도덕적 자극보다는 물질적 자극이, 집단적인 자극보다는 개인적인 자극이 점차 확대되었으며, 이에 따라 개인주의적 세계관이 확산될 수 있는 토대가 마련되었다.

셋째, 이하에서 살펴보듯이 1980년대 분권화 개혁의 일환으로 소비품에 대한 사적 생산과 농산물 사적 경작, 그리고 그 생산물을 유통시킬 농민시장과 개인상업이 광범위하게 확산되었다. 또한 1990년대 초반에는 무역제일주의의 일환으로 무역의 분권화조치가 단행되면서 중국산 상품이 북한시장을 잠식할 수 있는 통로를 열어주었다. 이는 북한의 시장 규모 자체를 키워놓았다. 이로써 제2경제의 맹아가 형성되었으며, 그것은 1990년대 중반 이후 경제난을 배경으로 급속히 확산되어 계획경제를 대체해버렸던 것이다.

또한 사적 경제활동의 확산은 그간 당국가체제 내부의 수직적 인센티브구조에 구속되어 있던 중하층 관료들에게 하나의 대안적 소득원천을 제공하였다. 즉, 주민과 중하층 관료 간에 부패와 뇌물을 매개로 한 '수평적 이익네트워크'가 형성된 것이다. 이는 분권화 개혁과정에서 느슨해진 당국가체제의 응집력과 통제력을 더욱 침식시켰을 것으로 보인다. 요컨대 계획을 보완하려는 정부 차원의 개혁조치가 오히려 계획을 침식하는 '의도하지 않은' 결과를 초래했던 것이다. 시장사회주의적 개혁의 맹아는 위로부터의 제한적 분권화 개혁에 의해 뜻하지 않게 잉태되었다.

사적 생산 및 농민시장의 확대 허용

북한에서 사적 생산의 확대 허용 조치는 부식 및 생필품 생산을 배가한다는 이른바 소비재혁명 차원에서 도입되었다. 앞서 살펴보았듯이, 북한은 1950년대부터 중공업을 우선 발전시킨다는 소비에트형 발전전략을 채택하고, 거기에 소요되는 투자재원은 농업 및 경공업 분야에서 발생한 잉여를 수탈하는 방식으로 충당해왔다. 장기간 재투자가 이루어지지 않음에 따라 농업과 경공업의 생산성은 지속적으로 하락했고, 어느 순간부터는 주민들의 기본적인 수요도 충족시키지 못하는 상황이 도래했다.

대체로 이러한 상황이 발생한 것은 1980년대 들어서였다. 1970년대까지만 해도 북한은 사회주의국가들 중에서는 비교적 소비재가 풍부한 나라에 속했다. 그러나 1980년대 들어서부터는 배급제로 운영되는 주식(쌀, 옥수수 등 곡물)을 제외하면 국영상점에서 채소, 육류 등 부식이나 일반 소비품이 점차 희소해지기 시작했다. 이에 따라 사회주의국가의 전형적 풍경인 '줄서기'가 연출되기 시작했다.

그런데 이러한 상황은 당시 북한당국이 야심차게 시도하고 있던 분권화 개혁에 지장을 초래했다. 당시 개혁의 주된 목표 중 하나는 인센티브를 강화하여 노동생산성을 향상시키는 것이었으며, 이런 차원에서 기업의 이윤유보율을 증가시켜 그 재원으로 노동자들에게 상금이나 장려금을 확대 지급하도록 했다. 그런데 문제는 그에 따라 소득은 증가했으나 살 물건이 없다는 점이었다. 김일성의 표현에 따르면, "물질적 자극(인센티브)이 제대로 은(효과)을 못 내는" 상황이었다. 따라서

"근로자들에 대한 물질적 자극을 강화하기 위해서는 기업소이윤 중 국가납입분을 줄여 기업소상금기금을 확대하는 것만으로는 부족하고, 상품, 서비스 공급이 확대되어 늘어난 화폐소득이 실질구매력으로 전환되어야" 했다.[82] 요컨대 개혁을 성공시키기 위해서는 소비재 생산이 늘어야 했다.

소비재 생산을 늘리기 위해서는 발전전략을 수정하여 농업과 경공업에 대한 투자를 확대하는 것이 최선이다. 그러나 중공업 우선주의는 김일성의 확고부동한 신념이었다. 김일성은 "강철은 산업의 쌀"이라는 스탈린의 명제를 죽을 때까지 의심해본 적이 없었다. 그뿐만 아니라 남한과의 군비경쟁 차원에서도 '자립적 국방공업'의 토대인 중공업 우선주의를 포기할 수 없었다. 따라서 '투자 없는 소비재 증산,' 곧 대중적 노력동원만이 유일한 대안이었다.

북한은 이미 1950년대에서 1960년대에 이르기까지 '천리마운동'이라는 노력동원운동을 통해 상당한 생산성 증가를 경험한 바 있었다. 그런데 당시 노력동원의 수단은 애국심이나 계급투쟁에 호소하는 이른바 '정치사상적 자극'이었다. 반면 1980년대 북한은 이미 내부적으로 '전투상황'을 종료하고 체제안정기에 접어들었기 때문에 동원을 위해서는 정치사상적 자극에 더해 충분한 '물질적 자극'이 도입되어야 했다. 따라서 김일성은 해결하기 힘든 딜레마에 봉착했다. "물질적 자극이 은을 내기 위해서는" 소비재가 증산되어야 하는데, 소비재가

---

[82] 김일성, "독립채산제를 바로 실시하는 데서 나서는 몇 가지 문제에 대하여(1984. 11. 13.)", 《사회주의경제관리문제에 대하여》 6권, p.355; 김일성, "연합기업소를 조직하며 정무원의 사업체계와 방법을 개선할 데 대하여(1985. 11. 19.)", 위의 책, pp.426-483.

증산되기 위해서는 다시 물질적 자극이 강화되어야 했던 것이다. 이 딜레마는 사적 생산을 부정하는 사회주의의 본질에서 기인하는 것이기 때문에, 기존 계획 시스템 내부에서는 해결이 불가능한 문제다. 그렇다고 계획 시스템 내부로 사적 생산을 끌어들이는 것은 사회주의 자체를 허무는 일이 된다. 따라서 다른 모든 사회주의국가들이 그랬던 것처럼 북한 역시 계획 시스템 '바깥에' 은근슬쩍 사적 생산을 확대 허용함으로써 딜레마를 해결하고자 했던 것이다. 이것이 김일성이 '경공업혁명'으로 명명한 1980년대 소비재 증산운동의 요체였다.

경공업혁명은 무엇보다 1984년 8월 3일 김정일이 발기한 '8.3인민소비품생산운동'으로 구체화되었다. 여기서 8.3인민소비품이란 가내작업반이나 부업반 등에서 만든 조악한 생필품을 말한다.[83] 그런데 가내작업반이나 부업반은 직장이 없는 가정부인이나 노인들로 구성되며, 이들은 인근 공장 등에서 나오는 폐기물이나 부산물을 이용하여 제품을 만들기 때문에, 8.3인민소비품은 '국가계획에 없는 노동력'이, '국가계획에 없는 자재'를 이용하여 만든 '국가계획에 없는 제품'으로 분류된다. 더욱이 세 명만 되면 가내작업반이나 부업반으로 등록할 수 있기 때문에, 실제 가족이나 친지단위로 제품을 생산하는 것이 가능하여 다분히 사적 생산의 성격을 띨 수밖에 없다.

또한 8.3인민소비품은 기본적으로 각 시·군에 설치되어 있는 8.3상

---

[83] 각 공장·기업소에 조직되는 생필품직장이나 생필품작업반에서도 8.3소비품을 생산하지만, 주된 생산단위는 가내작업반과 부업반이다. 최수영, 《북한의 제2경제》(민족통일연구원, 1997), pp. 27–28.

점 혹은 8.3직매점에서 판매하도록 규정되어 있지만, '계획에 없는 제품'인 관계로 통제가 느슨하여 쉽게 농민시장으로 흘러들었다. 8.3직매점 등에서 판매하는 경우 수입금의 3분의 2를 국가납부금으로 내야 하지만, 농민시장에서 판매하면 수입을 자신이 가질 수 있기 때문이다. 국가의 입장에서도 8.3인민소비품이 농민시장으로 흘러드는 것을 강하게 단속하는 경우, 주민들이 생산 자체를 중단해버릴 수 있기 때문에 형식적인 단속에 그칠 수밖에 없었다. 8.3인민소비품생산운동의 기본취지는 소비재 증산이지 국가재정 확대가 아닌 까닭이었다.

이러한 사적 생산의 성격 때문에, 가내작업반과 부업반은 빠르게 확산되었다. 경제난이 본격화되기 이전인 1993년도에 그 숫자가 이미 4만 7,000여 개에 달했다.[84] 반원 수를 평균 다섯 명으로만 잡더라도, 경공업 제품의 사적 생산에 종사하는 사람의 수가 당시 이미 25만 명에 달했다는 계산이 나온다.[85] 나아가 경제난이 본격화된 1990년대 중반 이후에는 '계획에 없는' 노동력과 자재만이 아니라 '계획 내부의' 자원과 노동이 유출되는 통로가 되기도 했다.

가내작업반, 부업반과 더불어 사적 생산의 확산에 기여한 또 하나의 요소는 사적 경작이다. 북한에서 사적 경작은 합법적 형태인 텃밭, 개인부업밭과 비합법적 형태인 개인뙈기밭 세 종류가 있다. 텃밭은 이미 1960년대부터 존재했던 것이지만, 개인부업밭과 개인뙈기밭은 1980년

---

[84] 《조선중앙년감 1995》 (조선중앙통신사, 1996), p.158.
[85] 가내작업반과 부업반을 북한의 시장지향적 개혁의 징표로 보는 학자도 있다. Hee Sang Lee, "The Economic Reform of North Korea: The Strategy of Hidden and Assaimiable Reform", *Korea Observers*, 23 (Spring 1992), p.473.

대 들면서 나타났다. 1980년대 중반 분권화 개혁을 뒷받침하는 차원에서 소비재 증산을 독려하던 북한당국은 8.3인민소비품생산운동과 더불어 식량부식 증산을 위해 개인부업밭을 공식적으로 허용하고, 개인 뙈기밭을 암묵적으로 묵인하는 조치를 취했던 것이다. 자세한 내용은 제3장에서 살펴보기로 하고, 여기서는 간단하게만 검토한다.

김일성은 텃밭 등 소규모 사적 경작에 대해서는 처음부터 소극적 관용의 태도를 보였다. 즉 "텃밭을 너무 많이 준다면 그들에게 자본주의적 요소를 조장할 수" 있지만, 50평도 안 되는 땅에다가 "담배 몇 포기 심는다고 해서 그것이 자본주의적 경영으로 되는 것은 아니"라는 것이다.[86] 그러나 사적 경작지에서의 생산성은 집단농장에 비해 2~3배나 높았기 때문에, 전반적인 농업생산성 향상을 위한 강력한 물질적 유인이 되었다. 북한당국은 이 점을 알고 있었기 때문에 1980년대 들어 식량부식 증산 차원에서 사적 경작지를 확대 허용하는 조치를 취했다.

원래 부업밭은 국가가 작업반이나 직장 등의 집단단위별로 척박한 땅을 주어서 경작하게 하는 것이었는데, 그 규모는 작업반당 1,000~2,000평 규모였다. 그러나 이러한 집단적 경작은 그리 강력한 물질적 자극이 되지 못했다. 이에 따라 북한은 1987년부터 개별 노동자에게도 50평 정도의 부업밭을 허용하고, 그 경작물을 개인이 전부 처분할 수 있도록 함으로써 부업밭의 성격을 사적 경작으로 전환시켰다.

한편, 개인뙈기밭은 텃밭이나 부업밭과 달리 개인이 화전 등을 일궈 불법적으로 경작하는 형태다. 그러나 당국은 이런 불법적인 사적 경작

---

86 김일성, "사회주의경제의 몇 가지 리론문제에 대하여(1969. 3. 1.)", 《김일성저작집》 23권, p.467.

까지 묵인했으며, 이에 따라 농민만이 아니라 노동자와 공무원, 군인, 심지어 당간부까지 그 경작에 매달렸다. 사실 계획경제가 붕괴되기 이전인 1980년대에 불법적 사적 경작이 가능했다는 것 자체가 당국의 묵인을 전제로 하는 것이었다.

가내작업반, 부업반, 텃밭, 개인부업밭, 개인뙈기밭 등이 확산되어 사적 생산물이 늘어남에 따라 자연히 그 유통통로인 농민시장(장마당)도 확대되었다. 농민시장은 북한에서 유일하게 허용된 합법적 시장으로 원래는 농민들이 텃밭에서 생산한 농산물(쌀, 옥수수 등 곡물은 제외)의 일부를 주민들에게 직접 파는 상행위 혹은 그 공간을 지칭한다. 김일성은 농민시장을 자본주의의 잔재로 보면서도, 국가가 모든 물건을 넉넉히 생산, 공급할 정도로 생산력이 발전될 때까지는 일시적으로 허용될 수 있다고 보았다.[87]

농민시장은 1958년 8월 처음 도입되었지만, 유통체계에서 차지하는 비중은 극히 미약했다. 더구나 1960년대 후반부터 북한에서 식량배급제와 생필품 저가 공급제가 완성되자 농민시장의 기능은 더욱 위축되었다. 이에 따라 김일성의 지시로 1969년부터 농민시장은 1개 군에 1개소만 허용되었으며, 동시에 그간 1일장 형태로 운영되던 것이 10일장 형태로 전환되었다.

농민시장이 새로운 전기를 맞이한 것은 1984년 북한이 분권화 개혁에 착수하면서부터다. 1984년 김일성은 농민시장을 다시 1일장 형태

---

[87] 《경제사전》 1권, p.367.

의 상설시장으로 되돌릴 것을 지시했고, 같은 해 정무원은 군마다 1~2개소의 일일시장을 추가로 설치하는 조치를 단행했다. 이에 따라 각 시·군별로 3~4개의 일일시장이 들어서게 되었다. 이는 '소비재혁명'을 실현하여 "물질적 자극이 은을 내는" 상황을 만들려는 김일성의 구상에 의한 것이었다. 사적 생산물이 증가하더라도 그것이 유통되지 않는다면 늘어난 화폐소득이 실질구매력으로 전환되지는 못하기 때문이다.

그러나 1980년대 후반부터 농민시장은 당국의 통제를 벗어나 점차 암시장으로 변질되어갔다. 거래가 금지된 곡물이 거래되기 시작했고, 가내수공업 제품만이 아니라 국영기업에서 생산된 소비재나 수입품이 국영유통망을 벗어나 농민시장으로 유입되었다. 이에 따라 당국은 1987년, 1988년, 1992년, 1994년, 그리고 1999년 농민시장을 통제하기 위한 대대적인 단속조치를 취했으나 그때마다 주민들의 반발과 중하층 관료들의 비협조로 수포로 돌아가고 말았다.[88] 이 과정에서 농민시장의 규모와 거기에 참여하는 주민의 숫자는 점점 확대되었으며, 거래 품목과 거래유형 역시 더욱 다양해지고 대범해졌다. 그리고 이러한 토대 위에서 1990년대 중반 배급제와 국영유통망이 붕괴되자 농민시장은 일거에 식량과 소비재 영역에서 계획을 대체해버렸던 것이다.

---

[88] 농민시장의 역사에 대해서는 통일시론 편집부, "북한의 농민시장", 《통일시론》 8호 (2000. 10.) 참조.

무역의 분권화

1991년 도입된 '새로운 무역체계' 역시 제2경제 활성화의 토대가 되었다. 사실 농민시장을 확산시키는 데 결정적으로 기여한 것은 사적 생산의 확대라기보다는 이 '새로운 무역체계'가 초래한 의도하지 않은 결과들이었다.

북한의 무역은 1980년대부터 소련, 중국 등 사회주의권에 편중되기 시작했는데, 1980년대 말에 이르면 70%가 대(對)사회주의무역일 정도로 의존도가 심화됐다. 전통적으로 사회주의무역은 경화결제가 아니라 바터무역으로 진행됐다. 그런데 1990년 7월 소련을 필두로 모든 사회주의국가들이 갑자기 바터무역을 폐지하고 경화결제를 요구하기 시작했다. 이에 생산에 필요한 주요 원자재들을 수입하지 못하면서, 북한은 곧 유례없는 경제위기에 직면했다.

이제 수입을 하려면 달러가 필요했고, 달러를 확보하자면 수출이 돼야 했다. 과거 바터무역 시절에는 미리 국가 간에 체결된 계약에 따라 해당 물량만 생산해서 보내면 제품의 질은 크게 문제가 되지 않았다. 왜냐하면 소련의 조정에 의해 각국은 국제사회주의시장(COMECON)에 내놓을 수 있는 상품이 특화되어 있어 자기 분야에서는 경쟁자가 없는 독점적 공급자였기 때문이다. 그러나 이제는 국제시장에서 경쟁을 해야 하기 때문에 제품의 질, 다시 말해서 '팔릴 수 있는 물건'을 만드는 것이 중요했다. 따라서 생산과 수출의 유기적 연계를 확보하는 것이 과제로 제기됐다.

원래 북한에서 무역은 정무원 산하 대외경제위원회(1998년 무역성으로 개칭)를 통해서만 이루어지도록 중앙집권화 되어 있었다. 바터무역 체제에서 대외경제위원회는 생산을 알지도 못하고 알 필요도 없었으며, 다만 협상과 계약을 대행하는 행정기관일 따름이었다. 따라서 국제시장에 민감하게 대응하면서 팔릴 수 있는 물건을 만들어야 하는 상황에서는 오히려 생산단위의 창발성을 가로막는 관료기관이 될 소지가 다분했다. 이에 따라 김일성은 "생산을 담당하는" 정무원의 각 위원회 및 부, 그리고 각 도의 행정경제위원회로 하여금 독자적인 무역회사를 가지고 스스로 수출입계획을 세우며, 그 계획에 입각하여 외국과 계약을 체결하고 계약에 따라 수출품을 생산, 수출할 수 있도록 허용했다. 이것이 새로운 무역체계였다.[89] 각 분야별 생산을 총괄하는 정무원의 부서가 수출을 담당하면 생산과 수출의 연계가 확보될 수 있다는 기대였다. 새로운 무역체계는 이러한 제한적 분권화조치였다.

문제는 분권화조치가 "생산을 담당하는" 정무원 직속 혹은 도급 경제지도기관으로만 한정되지가 않았다는 점이다. 우선 권력기관인 당과 인민무력부를 비롯해 생산과 관련이 없는 정무원의 모든 부서들도 각자 자기 무역회사를 차리고 무역에 나서기 시작했다. 그 뒤를 이어 개별 기관·기업소들과 하급 지방기관들도 각자 자기 무역회사를 차리고 무역에 나섰다. 마지막으로 개인들의 밀수가 성행하기 시작했다. 이에 따라 새로운 무역체계는 무역의 분권화가 아니라 사실상 무역체계가 해체되는 결과를 초래하고 말았다.

그러나 당국은 외화벌이를 위해서, 그리고 가중되는 경제난 속에서

---

[89] 리신효, "새로운 무역체계의 본질적 특징과 그 우월성", 《경제연구》 (1992년 4호).

각 기관·기업소와 개인들이 각자 알아서 먹고 살 수 있는 '자력갱생'의 루트를 열어준다는 차원에서 이를 묵인했다. 이에 따라 합법, 불법의 구분 없이 달러나 식량이 되는 것이면 무엇이든 내다파는 형태로 무역이 변질됐다. 중국과의 변경지역에서는 간부들이 골동품이나 공장자재, 심지어 공장설비까지 빼내 파는 무역이 성행했다. 상층에서는 마약과 위폐유통에까지 손을 댔다.

불법무역 자체가 제2경제의 한 형태이지만, 더 중요한 것은 이 과정에서 수입물자의 일부(대부분 중국산 밀수품)가 농민시장으로 흘러들기 시작했다는 점이다. 장마당에 나오는 북한 제품은 질도 나쁘거니와 물량도 얼마 안 됐기 때문에, 중국산 상품은 점차 북한산 상품을 밀어내면서 점유율을 높여 나갔으며, 이 과정에서 농민시장의 규모 자체를 확대시켜놓았다. 이에 따라 점차 장마당 내수판매를 위한 수입이 독자적인 영역으로 자리잡기 시작했다. 이는 수입물품을 장마당으로 유입시키는 중개상인들을 등장시켰고, 이들은 다시 밀수의 확대를 가져왔다.

밀수가 확대되고 장기화됨에 따라 중개상인들은 점차 부를 축적하여 상인계급으로 성장했다. 그 수가 얼마나 되는지는 알 수 없지만, 몇몇 거상들은 현재 북한 전역의 소비재 공급을 지역별로 조절하는 역할까지 하고 있다. 또한 그 하부의 '달리기꾼들'(도매상인)과 시장소매상까지 포함하면 국가유통망과 구별되는 하나의 독자적인 유통체계가 등장했다고 해도 과언이 아니다.[90] 나아가 이들 거상들은 축적된 '자본'으로 국내에서 개인사업을 벌이거나 국영 기관·기업소나 국영상점에 투자하는 형태로 점차 계획 영역에까지 침투해 들어가고 있다.

'수평적 네트워크'의 형성

사적 생산과 유통이 점차 확대됨에 따라 그 행위에 가담하는 일반주민과 그것을 통제해야 하는 입장에 놓인 중하층 관료들 간에 뇌물을 매개로 한 '수평적 네트워크'가 형성되었다. 이는 제2경제가 급속히 확산될 수 있는 토대를 마련해주었다. 식량을 비롯한 소비품의 극단적인 부족은 장사 등 시장경제 행위가 확산될 수 있는 강력한 동기를 부여하지만, 그 동기가 현실화되기 위해서는 국가의 통제라는 장벽을 넘어야 한다. 물론 북한 정부는 주민들의 생존을 위한 시장경제 행위를 어느 정도 묵인해주었지만, 지나친 확산은 체제적 위기를 초래한다고 보고 적절한 선에서 통제하려는 의도를 가지고 있었다. 배급제의 붕괴와 이에 따른 자생적인 시장기제의 작동이 심각한 정치적 위기요인이라는 점은 김정일 스스로도 잘 알고 있었다. 1996년 7월 김정일은 당간부들에게 다음과 같이 연설한 바 있다.

> 지금처럼 층층으로 내려가면서 식량을 자체 해결하라고 하는 것은 사회주의원칙에도 맞지 않습니다. …… 식량문제를 자체로 해결하라고 하면, 농민시장과 장사꾼이 번성하게 되고 사람들 속에 이기주의가 조장되어 당의 계급진지가 무너질 수 있습니다. 그렇게 되면 당이 대중적 기반을 잃고 녹아날 수 있습니다. 이것은 그 전에 뽈스카(폴란드)나 체스꼬스로벤

---

90 생계형 장사를 제외한 전문장사꾼의 숫자가 70만~80만 명(북한인구의 3~4%)에 달한다는 추정도 있다. 임금숙, "북한 자영업의 특징과 발전방향", 《통일경제》(2002. 3.), p.59.

스꼬(체코슬로바키아)에서 일어났던 사건들이 잘 말해주고 있습니다. ······
지금 협동농장과 농장원들이 이러저러한 구실 밑에 적지 않은 식량을 숨겨두고 있습니다. ······ 일부 사람들은 돈벌이를 하느라고 식량을 밀매하고 있습니다. 이것은 인간의 양심마저 저버린 행위가 아닌가라고 내놓고 말해주어야 합니다.[91]

이러한 인식하에 북한당국은 주기적으로 단속에 나섬으로써 시장의 지나친 확산을 막고자 했다. 그러나 이러한 의도는 성공하지 못했다. 단속의 주체인 중하층 관료들이 주민들과 결탁되어 있었기 때문이다.

경제난 이후 북한의 간부들 사이에서는 제2경제에 빌붙어 개인적 이익을 추구하려는 경향이 두드러지고 있다. 북한 간부들이 광범위하게 뇌물수수에 가담하고 있다는 것은 이미 잘 알려진 사실이다. 입당, 대학 입학, 직장 배치, 주택 배정, 여행증명서 발행 등의 대민업무에서부터 당, 행정관리들이 재량권을 행사할 수 있는 공간이 있는 곳이면 어디나 뇌물이 매개되어 있다고 한다. 심지어 기차표 판매원까지도 뇌물을 받고 기차표를 팔며, 기차에 여행객의 짐을 실어주는 짐꾼까지도 뇌물을 받아야 여행짐을 기차에 실어준다. 오죽하면 사회가 "뇌물 없이는 한순간도 돌아가지 않는다"라는 말이 나올 정도다. 심지어 주민들 사이에서는 사형선고를 받은 사람도 뇌물을 쓰면 살아남으며 처벌을 당하는 사람은 뇌물을 줄 능력이 없는 약한 자들이라는 인식이 팽배한 상황이다.[92]

---

91 김정일의 김일성대학 비밀연설(1996. 12.), 《월간조선》 (1997. 4.), pp.310-313.

간부들의 부정부패는 경제난이 심화되면서 더욱 성행하고 있다. 중간층 간부(각 도·시·군·구역지도원, 정무원 부부장, 중앙당 과장)들은 북한 체제에 문제가 많고 장래가 불확실하다는 것을 인지하고 있으며, 이 때문에 조금이라도 "풀기가 있을 때"(권력이 있을 때) 이윤을 챙겨두려는 경향이 강하다. 심지어 일부 권력층 내에는 남한에 의해 통일이 될 경우를 대비하여 "살아남으려면 돈을 마련해놓아야 한다"라는 등의 의식도 확산되고 있다고 한다.[93]

이러한 간부들의 부패는 제2경제가 확산될 수 있는 토양이 되었다. 장사를 희망하는 주민들은 간부들에게 뇌물을 제공하고 직장을 이탈하여 장사를 하는 채널을 개발해냈다. 그뿐만 아니라 장마당에서 장사하는 과정에서도 통제하는 요원들에게 뇌물을 주고 각종 편의를 얻는다. 예컨대 뇌물을 받으면서 공생관계를 유지하고 있는 안전원들은 검열이 있는 날에는 "오늘 검열 나왔으니 팔지 말고 들어가라"라고 귀뜸을 해준다. 군부, 당, 국가보위부, 사회안전부가 한 덩어리가 되어 암시장에서 장사하는 사람들을 보호해주는 것이다.[94]

조선에서 장사를 하려면 당국의 승인을 받아야 한다. 나는 평북도 도보위부 외사과 사람들과 친하다. 나는 도강증만 가지고 다니기 때문에 보위부에 가서 도장만 받으면 중국에 다니는 데 아무런 불편이 없다. 보위부 사람들과 친해놓으면 통행증 발급이 쉽고, 안전부 사람들과 친하면 도둑

---
[92] 김난희 면담. 서재진, 《7.1조치 이후 북한의 체제변화: 아래로부터의 시장사회주의화 개혁》 (통일연구원, 2004), pp.26-27 재인용.
[93] 임복신 면담. 서재진, 위의 책, p.27 재인용.
[94] 서재진, 위의 책, p.26.

표 2-9 북한의 관료부패 유형

영역	차원	종류
경제적 영역	조직이익	자재조달 목적의 뇌물공여
		복지를 위한 기업소 간 물물교환
		기업소 간 수주경쟁
		허위보고
		목표달성을 위한 호혜
	개인이익	공공자원 횡령
		주민생활과 관련된 수뢰
		인사 관련 수뢰
비경제적 영역	조직이익	조직옹호를 위한 후원자 영입
		비공식집단의 형성
	개인이익	후원의 대가로서의 성관계
		생산 목표와 관련된 책임회피

자료: 김성철, 《북한 관료부패 연구》(민족통일연구원, 1994)

들을 막아주고, 당기관 사람들과 친하면 장사가 쉽다. 보위부나 안전부 사람들은 술과 담배, 옷가지를 가장 좋아한다. 특히 북한에는 강도와 도둑들이 많은데, 나와 친한 보안서 요원들은 전화 한 통이면 즉각 달려온다. 그리고 내 물건을 가져간 사람들이 돈을 갚지 않으면 같이 가서 받아오기도 한다. 그때마다 수고비를 잊지 않고 쥐어준다.[95]

간부들이 직장을 이탈하는 사람이나, 비사회주의적 행위를 하는 장사꾼들에게 뇌물을 받고 묵인하고 보호해주지 않았다면 현재 북한에서 거대한 체제변화의 동인이 된 제2경제가 발달할 수 없었을 것이다.

---

[95] 화교 상인 H씨 면담. 《데일리NK》(2005. 4. 27.)

역으로 이러한 '수평적 네트워크'는 국가가 변화를 역전시키려는 조치를 취할 경우 그에 수동적으로 저항하는 힘으로 작동하기 때문에 이미 시작된 변화의 '역전 불가능성(irreversibility)'을 만들어낸다.

물론 북한 지도부는 이러한 간부들의 부패를 방지하기 위해 다양한 노력을 기울여왔지만, 그 결과는 성공적이지 못했던 것으로 보인다. 예컨대 1992~1993년 북한은 2년에 걸친 '비사회주의 타파 그루빠' 활동을 벌였지만, 일반주민들만 처벌받음으로써 간부를 대상으로 한 부패단속이 무위로 그치고 말았다. 경제난으로 자력갱생이 일반화된 상황에서는 생존 차원의 부패를 엄격하게 단속하기도 힘들뿐더러, 부패를 대대적으로 단속하여 전모가 드러날 경우 체제 정당성에 치명적 손상이 올 수 있기 때문이다.[96]

한편 최근에는 특별단속반('연합 그루빠')을 자주 가동하는 식으로 간부와 일반주민들에 대한 통제메커니즘을 변경시켜 나가고 있지만, 이러한 방식으로 전체 중하층 간부와 주민을 감시하는 데는 한계가 있다. 일반적으로 사회주의에서 간부부패를 방지하기 위해서는 국가기구 내부에서 인센티브를 높여주거나 사적 경제활동을 합법화하는 수밖에 없다.[97] 그러나 경제난이 지속되고 있고 제2경제가 이미 광범위하게 확산된 상황에서 전자는 한계가 있을 수밖에 없다. 북한은 2002년 7.1조치를 통해 바로 후자의 방법을 선택했던 것이다.

---

96 김성철,《북한 관료부패 연구》(민족통일연구원, 1994), pp.86-90.
97 Michael Johnston, "The Political Consequences of Corruption: A Reassessment", *Comparative Politics*, 18, 4 (July 1986), p.468.

• 제3장 •

경제난과 제2경제의 확산 : 사례를 중심으로

북한 계획경제를 지탱한 두 축은 식량 배급제와 원자재의 중앙집중적 공급 체계였다. 김일성의 대중적 어법을 빌리자면 "공산주의는 쌀과 전기와 강철" 에 다름이 아니었다. 따라서 식량(쌀)난, 에너지(전기)난, 자재(강철)난이 중첩된 1990년대 이후 북한은 계획시스템의 붕괴를 경험하지 않을 수 없었다. 그리고 그 공백을 비집고 온갖 합법적, 불법적 형태의 사적 경제행위들, 제2경제(the second economy)가 급속히 확산되었다.

이 장에서는 1990년대 이후 북한의 경제난을 간략히 살펴본 후, 합법적 사적 경제활동, 불법적 사적 경제활동, 그리고 계획경제 내부의 불법적 활동으로 구분하여 제2경제의 양상을 구체적 사례를 중심으로 살펴보고자 한다.

경제난과 계획의 붕괴

북한 경제난의 배경에는 무엇보다 사회주의권의 붕괴가 가져온 경제적 충격이 놓여 있다. 물론 1970년대 이후 경제성장률이 지속적으로 쇠퇴해온 데서도 알 수 있듯이, 북한의 경제난은 비단 외부충격의 산물만은 아니었다. 그것은 이데올로기적 동기에 의해 추동된 추격발전노선과 그에 따른 경제의 연관성을 상실한 일방적 중공업 우선주의, 자립적 민족경제 건설노선에 따른 기술적 낙후성과 자본의 부족, 과도한 국방비 투자, 사회주의 계획경제 일반에 내재해 있는 경제적 비효율성, 경제의 정치화 등 다양한 요인들이 오랫동안 누적된 결과였다. 그러나 1990년대에 들어와 경제가 갑작스럽게 마이너스 성장으로 돌아서고 붕괴에 가까운 경제난에 처하게 된 것은 사회주의시장의 상실이라는 충격을 떠나서는 설명하기가 어렵다.[1]

북한이 사회주의권의 붕괴와 함께 치명적인 경제위기에 처한 이유는 사회주의권에 대한 무역의존도가 지나치게 높았기 때문이다. 북한

표 3-1 북한의 경제성장 및 무역성장 추세 (단위: %)

	1965	1970	1975	1980	1985	1990	1991	1992	1993
경제성장률	8.5	10.2	5.4	3.8	2.7	-3.7	-5.2	-7.6	-4.3
무역증가율	2.6	7.2	-14.3	23.2	11.6	-13.1	-38.1	-0.8	3.5
	1994	1995	1996	1997	1998	1999	2000	2001	2002
경제성장률	-1.7	-4.5	-3.7	-6.3	-1.1	6.2	1.3	3.7	1.2
무역증가율	-20.8	-2.4	-3.4	10.1	-33.9	2.8	33.1	15.2	-0.4

자료: 한국은행

은 1970년대 들어 경제성장률의 지체현상에 직면하자 그간의 외연성장방식이 한계에 달했음을 인정하고 경제발전 6개년 계획(1971~1976)부터는 기술혁명을 통한 내포적 성장을 꾀하였다.[2] 이에 따라 선진 자본주의권으로부터의 자본과 기술도입 수요가 급격히 증대되었다. 1972~1975년 선진 자본주의권으로부터의 차관도입액은 무려 10억 달러로, 같은 기간 사회주의권으로부터의 차관 및 무상원조액 2.8억 달러의 4배 가까이 되었다. 동시에 북한은 차관변제와 설비도입에 필요한 외화를 벌어들이기 위해 그간 물물교역 중심으로 진행되어온 사회주의권과의 무역에서 탈피, OECD 및 제3세계 국가들과의 무역을 적극적으로 발전시키고자 하였다.[3] 이에 따라 무역에서 비사회주의권이 차지하는 비중은 1970년 23.5%에서 1974년 51%로 증가되었고, 반면 사회주의권의 비중은 같은 기간 77%에서 49%로 격감하였다. 특히

---

[1] 1990년대 들어 북한경제가 갑작스럽게 주저앉게 되는 또 하나의 중요한 이유로는 평양축전을 빼놓을 수 없다. 평양축전은 서울올림픽에 대한 경쟁심리에서 시작된 것으로 이 단일행사에 쏟아 부은 돈은 당시 연간 무역총액을 넘어서는 46억 달러에 달했다고 한다. 박형중, "정상회담 전후 북한체제의 변화", 《통일문제연구》 34 (2000), p.196.
[2] "조선로동당 5차 대회 결정서: 조선민주주의인민공화국 인민경제발전 6개년(1971~1976) 계획에 대하여(1970. 11. 12.)", 《조선중앙년감 1971》, 〈김일성동지의 보고, 로작, 연설편〉.

소련의 비중은 52%에서 23%로 절반 가까이 축소되었다.[4] 서방경제와의 새로운 연계는 북한경제에 상당한 활력을 불어넣었지만, 차관 및 수입 급증과 그에 따르지 못하는 수출 부진으로 인해 무역수지는 급속히 악화되었다. 이러한 상황에서 석유파동이 터지자 무역수지는 더욱 악화되었고, 급기야 1975년에는 외채 원리금상황불능 상태에 빠지게 되었다. 이에 따라 북한이 처음으로 시도한 자본주의와의 연계는 완전히 단절되었고, 다시 사회주의시장에 의존하게 되었다.[5]

〈표 3-2〉에서 나타나듯이, 1980년대 이후 북한의 대소 무역의존도는 가파르게 증가하여 1990년 당시 53%에 달했다. 그런데 1990년 7월 고르바초프는 "형제적 사회주의라는 이름하에 대규모 원조를 제공하던 시대는 끝났다"라며, 향후 교역에서는 국제가격에 따라 경화로 거래한다는 포고령을 발표했다. 소련과의 무역은 대부분 물물교역 형식으로 이루어져왔기 때문에 갑작스러운 경화결제 요구는 무역의 단절을 가져왔다.

---

3 "지금까지 우리는 주로 사회주의나라들과 무역을 많이 하였는데 앞으로는 제3세계나라들, 자본주의나라들과도 무역을 많이 하여야 하겠습니다. 사회주의시장은 너무 좁습니다. 좁은 사회주의시장에만 의존하여서는 우리의 경제발전에 필요한 외화문제를 원만히 풀 수 없습니다." 김일성, "제2차 7개년 계획 작성방향에 대하여: 계획부문일꾼협의회에서 한 연설(1974. 7. 10.)", 《김일성저작집》29권 (평양: 조선로동당출판사), p.354.
4 김동원, "북한의 경제개발계획의 성과와 문제점", 서진영 편, 《현대중국과 북한 40년》II (고려대출판부, 1990), pp.324-327.
5 자본주의와의 무역을 강조했던 1970년대와 달리 1980년대의 김일성은 사회주의시장에 대한 강한 의존감과 유대의식을 나타내고 있다. "사회주의나라들은 대외경제관계를 발전시키는 데서 형제나라들과의 경제기술적 협조를 강화하며 사회주의시장을 잘 이용하는 데 선차적인 주의를 돌려야 합니다. 친선과 선린 관계에 기초하고 있는 사회주의시장은 자본주의시장에 비할 바 없이 안전하고 공고하며 여기에서는 장기적인 협정과 계약에 따라 경제교류와 협조가 이루어집니다." "꾸바 국내통신사 사장이 제기한 질문에 대한 대답(1985. 6. 6.)", 《김일성저작집》39권, p.77.

표 3-2 북한의 국가별 무역규모

(단위: 백만 달러, %)

	1980	1985	1990	1991	1992	1993	1994	1995	1996	1997	1998	1999	2000
소련 (러시아)	880 (26.3)	1,271 (39.9)	2,223 (53.1)	365 (13.5)	342 (12.5)	227 (8.0)	140 (6.1)	83 (3.5)	65 (2.9)	84 (3.4)	65 (3.9)	50 (2.8)	46 (1.9)
중국	677 (20.2)	484 (15.2)	483 (11.5)	610 (22.6)	697 (25.5)	900 (31.8)	624 (27.2)	550 (23.5)	566 (25.4)	656 (26.4)	413 (24.8)	370 (20.4)	488 (20.4)
일본	576 (17.2)	436 (13.7)	477 (11.4)	508 (18.9)	480 (17.6)	472 (16.7)	493 (21.5)	595 (25.4)	518 (23.2)	489 (19.7)	395 (23.7)	350 (19.3)	464 (19.4)
한국			13 (0.3)	111 (4.1)	173 (6.3)	187 (6.6)	195 (8.5)	287 (12.3)	252 (11.3)	308 (12.4)	222 (13.3)	333 (18.4)	425 (17.7)
홍콩			136 (3.3)	164 (6.1)	156 (5.7)	109 (3.8)	94 (4.1)	83 (3.5)	62 (2.8)	213 (8.6)	83 (5.0)	124 (6.8)	115 (4.8)
독일			104 (2.5)	120 (4.5)	140 (5.1)	121 (4.3)	119 (5.2)	81 (3.5)	75 (3.4)	86 (3.5)	54 (3.2)	56 (3.1)	78 (3.3)
인도			48 (1.1)	48 (1.8)	60 (2.2)	81 (2.9)	94 (4.1)	127 (5.4)	116 (5.2)	113 (4.5)	66 (4.0)	142 (7.8)	172 (7.2)
기타	1,220 (36.4)	996 (31.3)	699 (16.7)	768 (28.5)	680 (24.9)	735 (26.0)	536 (23.4)	533 (22.8)	574 (25.8)	536 (21.6)	367 (22.0)	388 (21.4)	607 (25.3)
계	3,352 (100)	3,185 (100)	4,183 (100)	2,694 (100)	2,728 (100)	2,832 (100)	2,295 (100)	2,339 (100)	2,228 (100)	2,485 (100)	1,665 (100)	1,813 (100)	2,395 (100)

자료: 대한무역투자진흥공사

이에 따라 1990년 22억 달러에 달하던 무역액이 1991년에는 3.6억 달러로 거의 10분의 1 규모로 위축되었고, 이후 지속적으로 감소해왔다. 북한은 대소무역의 단절을 무역다각화를 통해 보완하고자 했지만, 성과는 거의 없었다. 중국, 일본의 무역비중이 증가하기는 했지만, 그것은 절대규모의 증가가 아니라 대소무역의 단절에 따른 상대적 비중의 증가일 따름이었다. 이에 따라 1990년에 비해 1991년의 무역총액은 3분의 1 이상 격감했고, 이후에도 지속적으로 감소하는 추세에 놓여 있다.

북한은 자립적 민족경제를 표방해왔음에도, 주요 원자재와 에너지 자원을 주로 소련 등에 의존했기 때문에 갑작스런 교역의 단절은 경제에 파국적인 위기를 초래했다. 물론 북한의 생산능력은 이미 뚜렷하게 쇠퇴하고 있었기 때문에, 3차 7개년 계획(1987~1993)의 실패는 이미 예견되어 있었다. 그러나 계획의 중요한 부분을 구성하고 있던 사회주의권과의 교역이 단절됨으로써, 그 결과는 북한 역사상 최초로 당국이 스스로 실패를 자인하는 참담한 실패로 나타났다.

여러 사회주의나라들과 세계 사회주의시장의 붕괴로 이 나라들과 맺었던 장기 또는 단기 무역협정들이 헝클어지고 그 이행이 거의 중단되게 되었으며, 우리나라와 이 나라들 사이에 전통적으로 진행되어온 경제협조와 무역거래들이 부진되게 되었다. 이것은 우리의 경제건설에 큰 피해를 주었을 뿐 아니라 전반적 경제발전의 속도와 균형을 조절하지 않을 수 없게 하였으며 제3차 7개년 계획을 원래 예견한 대로 수행할 수 없게 하였다.[6]

경제난은 무엇보다 에너지부문에서 심각했다. 북한의 에너지난은 우선 채탄장비의 노후화, 탄광의 심부화(深部化), 자재공급 부족에 의한 석탄생산량의 저하에 기인한다. 석탄생산량이 저하됨에 따라 석탄에 의존하는 화력발전량이 감소되었기 때문이다. 계절적 요인에 크게 좌우되는 수력발전만으로는 전력소비를 충당할 수 없었으며, 더욱이 발전시설 및 송배전시설의 노후화 역시 전력난에 일조했다. 한편 구소련으로부터의 원유도입 중단 역시 에너지난을 가중시켰다. 북한이 소련으로부터 도입한 원유량은 1987년 80만 톤(원유 1톤 ≒ 7.4배럴)을 기점으로, 1988년 64만 톤, 1989년 50만 톤, 1990년 41만 톤으로 점차 감소

---

6 "제3차 7개년(1987~1993) 계획 수행정형과 당면한 경제건설방향", 《조선중앙년감 1994》, 〈국내편: 사회주의 경제건설〉.

표 3-3 북한의 에너지 생산 및 도입

	1990	1991	1992	1993	1994	1995	1996	1997	1998	1999	2000	2001	2002
석탄(만 톤)	3,315	3,100	2,920	2,710	2,540	2,370	2,100	2,060	1,860	2,100	2,250	2,310	2,190
원유(만 배럴)	1,847	1,385	1,114	997	667	806	686	371	369	233	285	424	438
전력(억 kWh)	277	263	247	221	231	230	213	193	170	186	194	202	190

자료: 한국은행

하다가 1991년에는 4만 톤, 1992년에는 3만 톤으로 급격히 감소하였다. 또한 1992년에 이르면 이란 역시 원유공급을 중단해버렸다. 이에 따라 원유수입의 대부분을 중국에 의존하는 상황이 초래되었으나, 그 양은 수요를 충족시키기에는 턱없이 부족했다.

전력과 원유의 부족에 따라 공장가동률이 격감했으며, 공장가동률 저하는 원자재생산을 감소시켜 다시 공장가동률을 저하시키는 악순환을 발생시켰다. 또한 전력에 의존하는 철도운수와 기름에 의존하는 도로운수 등 수송부문의 장애를 초래하여 산업 간, 기업 간, 지역 간 병목현상이 심화되었다. 이에 따라 1990년 평균 40%에 달했던 공장가동률이 1996년에는 평균 25% 수준으로 떨어졌고,[7] 현재까지도 그 수준을 탈피하지 못하고 있다.

공장가동률이 20%대라는 것은 계획경제가 붕괴되었다는 말과 같다. 이를 가장 잘 나타내주는 지표는 예산이다. 〈표 3-5〉에서 나타나듯이, 북한의 예산은 1995년에 전년 대비 거의 절반 규모로 축소되었으며, 이후에도 그 수준을 맴돌고 있다. 제1장에서 검토했듯이, 재정위기는 기업에 대한 국가의 통제력을 약화시킴으로써 생산물이 국영유

---

[7] 박형중, 《북한의 경제관리체계: 기구와 운영, 개혁과 변화》 (해남, 2002), p.29.

표 3-4 북한의 주요 원자재 생산 (단위: 만 톤)

	19991	1992	1993	1994	1995	1996	1997	1998	1999	2000	2001	2002
철광석	817	575	476	459	422	344	291	289	379	379	421	408
비철금속	23	18	16	16	15	12	11	10	12	10	9	9
강철	317	179	186	173	153	121	102	95	124	109	106	104
시멘트	517	475	398	433	422	379	334	315	410	460	516	532
비료	80	78	90	74	68	54	43	39	57	54	55	50

자료: 한국은행

표 3-5 북한의 재정예산 추이 (단위: 십억 북한원)

	1992	1993	1994	1995	1996	1997	1998	1999
세입(A)	39.6	40.6	41.6	24.3	20.3	19.7	19.8	20.4
세출(B)	39.3	40.2	41.4	24.2	20.6	–	20.0	20.4
재정수지(A-B)	0.3	0.4	0.2	0.1	-0.3	–	-0.2	–
GDP	44.7	44.8	33.0	27.4	22.7	–	–	–
세출/GDP(%)	88.6	90.6	126.1	88.7	98.4	–	–	–

자료: IMF

통망(소비재)이나 자재공급 시스템(생산재)을 벗어나 시장으로 불법 유입될 수 있는 여지를 만들어준다.

계획경제의 위축 가운데서도 일반주민들의 삶에 직접적인 영향을 미친 것은 식량난에 따른 배급제의 중단과 공장가동률 저하에 따른 생필품난이었다. 이는 자연스럽게 주민들을 시장경제행위로 이끌었다. 예컨대 식량난민 472명에 대한 설문조사에 따르면, 이들의 약 92%가 장사, 매각, 사적 경작 등의 제2경제 경험을 가지고 있는 것으로 나타났다. 1990년대 중반 당시 주민들은 주곡의 60%, 생필품의 70%를 시장에서 조달하고 있었다.[8]

표 3-6　북한의 식량수급 현황　　　　　　　　　　　　　　　　　　　　　(단위: 만 톤)

	1992	1993	1994	1995	1996	1997	1998
총수요	576	569	576	580	578	583	551
생산량	443	427	388	413	345	369	389
부족량	133	142	188	167	233	214	162
수입	83	109	49	96	105	163	98
지원	0	0	0	32	30	84	84
절대부족량	50	33	139	71	128	51	64

자료: 통일부

---

[8] 우리민족서로돕기불교운동본부, 《식량난민 472명이 증언한 북한식량난 실태보고》(1998. 3.); 동용승, "암시장 확산이 북한경제에 미치는 영향", 《삼성경제》(1997. 5.). 북한에서 장사를 하지 않고서는 살아갈 수 없게 된 시점이 함경북도는 1991~1992년, 여타 지역은 1993~1994년이었다고 한다. 다만 식량형편이 그나마 나았던 평양지역은 1998년부터였다고 한다. 이영훈, "농민시장", 이무철 외, 《북한의 경제》(한울, 2005), p.168.

제2경제의 정의

제2경제에 대해서는 다양한 용어와 정의가 존재한다. 오헤른은 제2경제의 가장 중요한 특징을 불법성에 두면서, 텃밭과 같이 국가에 의해 합법적으로 허용된 경제행위는 그 범주에서 제외하고 있다.[9] 같은 맥락에서 오승렬은 제2경제 대신 비공식부문이란 용어를 사용하면서 그것을 "북한의 법체계상 불법인 경제행위"로 정의하고 있다. 구체적으로 "암거래와 밀무역, 당·군·정 등의 권력기구 및 관리계층의 특권을 이용한 비생산적 이득 추구행위, 지역이기주의적 경제행위 등"을 그 예로 열거하고 있다.[10] 장원태는 지하경제라는 용어를 사용하면서 "국가가 통제할 수 없는 경제행위"라고 정의하고 있다.[11] 이들의 정의에

---

[9] Dennis O'Hearn, "The Consumer Second Economy: Siza and Effect", *Soviet Studies*, 32, 2 (April 1980), pp. 213-219.
[10] 오승렬, "북한의 경제적 생존전략: 비공식부문의 기능과 한계", 《통일연구논총》 5권 2호 (통일연구원, 1996), p. 116.
[11] 장원태, "날로 확대되는 북한의 지하경제", 《LG주간경제》 (1996. 10. 24.), pp. 21-22.

따르면, 북한당국이 공식적으로 허용하고 있는 사적 생산과 거래활동은 제2경제에 포함되지 않는다.

반면 그로스만은 직접적으로 사적 이익을 추구하거나 실정법을 위반하는 것 두 가지 중 하나의 항목에만 해당되더라도 제2경제에 포함된다고 보고 있다. 즉, 비록 합법적이라도 사적 이익 추구와 직접 관련된 생산 및 교환 활동은 제2경제 활동으로 파악되어야 한다는 것이다.[12] 마레스 역시 "제2경제에는 합법적이건 반(半)합법적이건 불법적이건, 모든 규제되지 않은 경제활동, 모든 보고되지 않은 경제활동, 그리고 모든 형태의 사적 경제활동이 포함된다"라고 정의하고 있다.[13] 같은 맥락에서 전홍택은 제2경제를 "계획경제 메커니즘이 적용되지 않는 유사경제"로 정의하고 "직접적으로 사적 이익을 추구하는 경제활동은 그것이 불법이든 합법이든, 또한 추가소득을 창출하든 단순히 기존 소득을 재분배하든 모두 제2경제 부문의 경제행위"로 보고 있다.[14] 김영윤은 지하경제라는 용어를 사용하면서, 거기에는 "신고되지 않은 재화와 용역의 합법적 생산"이 포함된다고 주장하고 있다. 예컨대 북한에서 "텃밭을 통한 자가 재배 생산물의 판매는 합법적이지만 계획경제의 산출로 신고되지 않기 때문에 지하경제"로 파악해야 한다는 것이다.[15]

김연철, 최수영, 정세진 등은 그로스만의 논의를 받아들여 경제행위

---

[12] Gregory Grossman, "The Second Economy of USSR", *Problem of Communism*, 26 (September/October 1977), p.25.
[13] Michael Marrese, "The Evolution of Wage Regulation in Hungary", Hugo Radice at al eds., *Hungary: A Decade of Reform* (Allen&Unwin, 1981), p.51.
[14] 전홍택, "북한 제2경제의 성격과 기능", 《통일경제》 (1997. 2.), pp.52-53.
[15] 김영윤, "북한 암시장의 경제사회적 영향", 《통일연구논총》 6권 1호 (1997), pp.192-193.

표 3-7 **북한 제2경제의 범위**

	계획 영역	비계획 영역
합법	① 계획경제	② 합법적 사적 경제활동
불법	④ 계획경제 내 불법적 경제활동	③ 불법적 사적 경제활동

를 합법/불법, 계획 영역/비계획 영역 여부에 따라 네 가지 영역으로 구분하고 그 중 〈표 3-7〉에서의 ②, ③, ④를 제2경제로 정의하였다.[16]

'합법적 사적 경제활동'(②)에 해당하는 것으로는 텃밭이나 개인부업밭 등의 사적 경작과 8.3인민소비품생산운동의 가내작업반과 부업반 등의 유사 사적 생산, 가내수공업, 개인 서비스활동 등이 있다. '불법적 사적 경제활동'(③)에 해당하는 것으로는 개인뙈기밭 경작과 소규모 지하공장, 밀무역, 사채거래(사금융), 외환암거래 및 주택거래 등이 있다. '계획경제 내부의 불법적 경제활동'(④)에 해당하는 것으로는 공식부문에서의 절취행위, 규정된 근무시간 내에 진행되는 제2경제 활동, 기업소 간 뒷거래와 생산재 시장, 각종 무역 관련 불법활동, 그리고 계획 외 생산 등이 있다.

그러나 합법과 불법의 경계는 임시적이라는 점을 미리 말해둘 필요가 있다. 예컨대 개인뙈기밭은 공식적으로는 불법이지만 당국의 묵인 하에 공공연하게 이루어지기 때문에 사실상 반(半)합법에 가깝다. 더욱이 2002년 7.1조치 이후에는 토지사용료(세금)가 부과되면서 합법화되었다. 따라서 이하에서는 개인뙈기밭을 텃밭, 개인부업밭과 함께 합

---

[16] 김연철, 《북한의 배급제 위기와 시장경제 전망》(삼성경제연구소, 1997), pp.25-30; 최수영, 《북한의 제2경제》(민족통일연구원, 1997), pp.3-16; 정세진, 《계획에서 시장으로: 북한체제 변동의 정치경제》(한울, 2000), pp.98-136.

법적 사적 경제활동에서 함께 다루고자 한다. 기업 간 뒷거래와 계획 외 생산 역시 명백한 불법으로 출발했지만, 관행화됨에 따라 반(半)합법화되었고, 최근에는 계획 외 생산의 경우 부분적으로 합법화되었다.

전반적으로 보면 제2경제는 불법적 영역에서 시작하여 관행화되면서 반(半)합법의 지위를 차지하고, 이것이 다시 당국에 의해 합법적 지위가 부여되는 방향으로 발전해왔다. 이는 제2경제의 확산과정이 아래로부터의 자생적 시장화와 당국의 대응이 교차하는 역동적 상호작용을 통해 점차 공식경제의 일부분으로 포섭되는 과정이기 때문이다. 역으로 이는 공식경제의 성격이 점차 경직된 계획시스템에서 계획과 시장이 공존하는 방향으로 희석되어감을 의미한다. 이하에서는 탈북자들의 증언을 중심으로 각각의 양상을 구체적으로 살펴보기로 한다.

3

합법적 사적 경제활동

사적 경작(텃밭, 개인부업밭, 개인뙈기밭)

텃밭(garden plot)은 원래 협동농장에 소속된 개별농가에만 허용되던 것으로, 농가의 앞마당이나 농가와 농가 사이의 빈 터에 만드는 것이 일반적이었다. 통상 가구당 30~50평 정도가 할당되지만, "집이 드문드문" 있어 빈 터가 넓은 경우에는 그보다 큰 규모의 텃밭도 허용되었다고 한다.[17] 그러나 식량사정이 악화된 1990년대부터는 농가만이 아니라 도시 단독주택의 빈 터나 아파트 베란다에도 텃밭이 조성되었다. 이러한 형태는 공식적인 텃밭은 아니지만 딱히 불법이라고 보기도 힘들어 그냥 묵인되어왔던 것으로 보인다.

텃밭에서는 채소 등 부식물만 경작할 수 있고 쌀, 옥수수와 같은 곡

---

[17] 예컨대 1991년 탈북한 고영환에 따르면, 드물기는 하지만 150평 규모의 텃밭도 있었다고 한다. 고영환, 《평양 25시》 (고려원, 1992), p.58.

물 경작은 금지되어 있다. 그러나 식량난이 심화되면서 대부분의 텃밭에서 주식인 옥수수 재배가 일반화되었다. 이 역시 불법이지만 당국의 묵인하에 관행화된 것이다. 한편 최근에는 지역에 따라 텃밭 규모의 확대 움직임도 발견되고 있다. 함경도 회령지방을 중심으로 텃밭이 400평 규모로 확대됐으며, 심지어 북중 접경지역에서는 1,000평 규모의 개인 밭으로 확대되고 있다는 소식도 들리고 있다.[18]

부업밭(side-job plot, 부업(농)지·비경지)은 1980년대 초반부터 나타난 것으로 당시는 개간되지 않은 척박한 땅을 협동농장의 작업반 단위(약 140명가량)로 개간하여 경작하던 것이었다. 텃밭이 개별 농가단위라면 부업밭은 집단단위였던 것이다. 규모는 대체로 1,000~2,000평이며, 텃밭과 마찬가지로 여기서 나온 생산물은 국가계획에 포함되지 않으므로 생산단위가 임의로 처분할 수 있었다. 통상 생산물의 60%는 생산단위가 공동소비하고, 40%는 개인에게 분배하여 자유 처분하도록 허용되었다. 따라서 이러한 형태의 집단 부업밭은 생산성 향상을 위한 인센티브가 높지 않았다.

이에 따라 1987년부터는 협동농장 작업반만이 아니라 기관·기업소의 개별 노동자에게도 부업밭 경작이 허용되었다. 규모는 1인당 50평 정도이며, 이를 위해 각 직장에서는 개인별로 연 2회 20일간의 영농시간이 배려되었다. 여기서 나온 생산물은 전량 개인이 처분할 수 있다. 한편 텃밭과 마찬가지로 개인부업밭에서도 곡물경작은 금지되어 있으나, 실제로는 광범위하게 이루어지고 있다. 나아가 김정일은 1995년부

---

[18] 남성욱, "북한의 7.1경제관리개선조치와 농업개혁 전망", 《농촌경제》 28권 1호 (2005), p.32; 《중앙일보》 (2000. 8. 8.).

터 군대의 부업밭 경작도 허용하는 지시를 내렸다. 군인가족은 가구당 100평, 인민군은 1인당 40평의 부업지가 허락되었다.[19] 그러나 실제로는 훨씬 많은 면적을 경작하고 있다고 한다. 특히 군관가족의 경우는 가을수확을 하고 나면 1~2톤의 강냉이를 수확하는 경우도 있다고 한다.[20]

한편 텃밭, 부업밭과 달리 개인뙈기밭(tiny patch of land)은 불법적 사적 경작이다. 원래 북한에서 뙈기밭(소토지)은 경작의 주체나 불법성 여부와 관련된 것이 아니라 매우 작은 규모의 농지를 지칭하는 용어다. 따라서 텃밭이나 농장·기관·기업소의 부업농지 중에서 작은 규모의 것은 모두 뙈기밭으로 볼 수 있다. 이 중에서 개인이 공식적으로 허용된 텃밭이나 부업밭 이외에 화전 등을 일궈 불법적으로 경작하는 것이 '개인뙈기밭'이다. 이러한 현상은 1980년대 초반부터 발생되어 식량난을 거치면서 점차 보편화되었다. 그러다 식량난으로 당국의 통제가 느슨해지면서 암묵적 묵인하에 그 규모가 점점 커져왔으며, 이에 따라 현재는 규모와 관련 없이 불법적 사적경작 일반을 지칭하는 개념으로 변화된 것으로 보인다.

최근에는 가구당 적게는 200~300평에서 많게는 5,000평 이상의 경작지를 개간하여 감자와 옥수수, 보리, 수수, 콩 등을 심고 있으며, 대체로 1년에 강냉이 300~400kg 정도의 곡물을 생산하고 있다고 한다. 이 정도면 한 가구의 1년치 필요 식량의 절반 정도에 해당한다.[21]

---

19 윤여운, 《키워드로 읽는 북한경제》 (비봉, 2003), pp. 179-180.
20 탈북자 C씨 면담 (2007. 6. 9.).
21 이영훈, "농민시장", 앞의 책, pp. 175-176.

그런데 개인뙈기밭은 공식적으로는 불법이지만, 실제로는 반(半)합법의 성격을 띠고 있는 것으로 보아도 무방하다. 예컨대 당국은 개인뙈기밭 경작을 적발하고 벌금 등의 처벌을 내릴 수도 있지만, 오히려 모르는 채 내버려뒀다가 수확시기가 오면 '뙈기밭 검열 그루빠'를 만들어 돌아다니며 수확량을 계산해서 협동농장에서 분배할 때 그만큼 공제하고 주는 경우도 허다했다. 이 경우 뙈기밭 경작자는 오히려 손해를 볼 수밖에 없으므로, 안면관계나 뇌물을 통해 단속을 회피하거나 수확량을 허위로 보고하면서 경작을 해왔다고 한다.²² 이에 따라 북한은 2002년 7.1조치를 통해 개인뙈기밭에 토지사용료를 부과하는 대신 그것을 합법화하였다. 중하층 관료와 사적 경작자 간의 결탁과 그로 인한 세수 결손을 방지하기 위한 조치였다.

이러한 텃밭, 개인부업밭, 개인뙈기밭 등 소규모 사적 경작은 북한만이 아니라 구소련이나 동구 사회주의 등 대부분의 사회주의국가에서 보편적으로 존재했던 것이다. 구소련의 경우 전국적으로 약 5,000만 개의 '초소형 농장(tiny farms)'이 있었는데, 총경지의 3%에 불과한 이 땅에서 구소련 농업생산물의 25% 이상이 생산되었다. 또한 이러한 사적 경작에 투입된 노동시간은 전체 농업에 투입된 노동시간의 약 3분의 1, 전체 경제에 투입된 노동시간의 약 10분의 1 수준에 해당됐다고 한다.²³ 이는 북한의 경우에도 마찬가지다. 정확한 통계는 알 수 없으나, 북한 주민의 약 60%가 가구당 평균 220평 정도의 사적 경작지를

---

22 윤여운, 앞의 책, pp.180-182.
23 Grossman, op. cit., pp.25-26.

운영하고 있으며, 여기서 매년 100만 톤 이상의 곡물이 생산되고 있다는 추정도 있다.[24]

사적 경작이 중요한 이유는 여기서 나온 생산물이 모두 개인 소유이며, 개인이 임의대로 처분할 권리를 갖고 있다는 데 있다. 따라서 협동농장에 비해 2~3배 이상의 생산성을 보이면서 북한 식량난 완화에 상당한 기여를 하고 있다. 그러나 개인주의 사상이 확산되는 온상이라는 점, 그리고 노동력 및 자재가 계획 이외의 영역으로 유출되는 경로 중 하나라는 점에서 계획 영역을 침식하는 요인으로 작용한다. 예컨대 농장원들이 협동농장에 기울여야 할 노력의 상당부분을 사적 경작에 쏟고 있으며, 비료 등을 빼돌려 텃밭에 사용하는 현상이 관행화되었다. 또한 부업밭의 경우에도 노동자들이 허용받은 공식시간 이외에 근로시간 중에 근무지를 이탈하여 경작에 매달리고 있다. 특히 공장가동률이 20~30%로 떨어진 1990년대 중반부터는 이런 일이 비일비재하여, 직장에 출근부만 찍고 부업밭으로 향하는 경우가 많아졌다. 계획으로부터의 노동력 유출의 한 형태인 것이다.

그런데 정부당국이 이러한 현상을 강제적으로 저지하는 데는 한계가 있을 수밖에 없다. 비료를 빼돌리거나 근무지를 이탈할 때 소속단위 간부에게 뇌물을 주거나 아예 소득의 일부를 농장이나 기업소에 정기적으로 납부하는 것이 관행화되어 있어 단속이 불가능하기 때문이다. 결국 유출되는 노력과 자재를 계획 영역으로 되돌리려면 계획 영역 자체에서 인센티브를 강화하는 수밖에 없다. 북한이 1996년에 '새

---

[24] 한상진, "북한 지하경제의 규모 추정과 경제변수들과의 관계 분석" (연세대학교 석사학위논문, 2002), pp.32-35.

로운 분조관리제'를 도입한 것이나 7.1조치로 그것을 더욱 강화하는 조치를 취한 것도 이와 관련이 있다. 이는 계획정상화를 위한 시도가 구체제로 회귀하지 못하고 변화된 현실을 수용하는 개혁적 조치로 나타날 수밖에 없다는 점을 보여주는 중요한 사례라고 하겠다.

가내작업반과 부업반

앞서 살펴보았듯이, 가내작업반과 부업반은 1984년 8.3인민소비품생산운동을 계기로 활성화된 것으로 직장이 없는 가정부인이나 연로자들이 공장 주변의 폐기물이나 부설물을 이용하여 생필품을 만드는 방식으로 운영된다. 그런데 구성원이 3~5명 정도에 불과하고 원료, 자재를 자체로 조달하기 때문에 사적 생산의 성격을 강하게 띠고 있다. 물론 이들은 당국에 등록을 해야 하고 일단 등록되면 생산물의 자유처분이 어렵지만 국가계획에 포함되지 않는다는 점에서 철저한 통제가 어렵다. 이에 따라 생산품이 장마당에 흘러나와 암거래되는 현상이 확산되었다.

가내작업반에서는 "고양이 뿔 외에는 못 만드는 것이 없다"라고 할 정도로 다양한 물건을 만들고 있는데, ① 과자류는 공장기계를 집에다 들여놓고 직접 제조하고 있으며, ② 약품류는 과거에 약품을 제조해본 경력이 있는 사람들이 경험을 살려서 민간요법으로 직접 원료를 추출하여 제조하고, ③ 맥주는 원료를 사다가 집에서 직접 제조하고 병과 뚜껑은 별도로 외부에서 사다가 만들고 있으며, ④ 신발은 가죽이 부족하여 구두보다는 운동화를 주로 만들고 있는데, 공장에서 만든 것과 차이가 거의 없을 정도라고 한다.[25]

1990년대 중반부터는 가내작업반보다 한 단계 나아간 가내삯가공이 유행하기 시작했다. 이는 공장 주변의 가정에서 그 공장에서 생산하는 물건을 주민들에게 만들어주고 삯을 받는 방식이다. 전력과 원자재 부족으로 공장이 돌아가지 않자 자연발생적으로 형성된 것으로 보인다. 가내삯가공을 하려면 '가내편의협동조합'의 허가를 받아 'OO 임가공 가내편의허가 1-0000호'라는 간판을 집 앞에 내걸어야 한다. 만드는 물건은 주로 신발, 우산, 옷 등인데 신발이 제일 많다고 한다. 매달 가내편의협동조합에 내는 조합비(20~25북한원)를 제외하고도 1년간 벌면 암거래 가격으로 TV 1대(7,000~8,000북한원)를 살 정도의 돈벌이가 된다고 한다. 가공을 위한 자재는 가공을 부탁하는 주민들이 들고 오기도 하지만, 공장에 다니는 가족이 몰래 빼내오기도 한다고 한다.[26]

또한 서비스와 관련된 가내작업반의 한 형태로서 사진점, 농민시장 내 개인식당, 밥공장 등이 운영되고 있다. 사진점은 개인형태로 등록이 가능해 인기이며, 밥공장 등은 전체 매출액의 10% 정도를 세금으로 내고 나머지 이익은 개인에게 돌아간다. 부업반 역시 직장이 없는 가정주부나 연로자들을 중심으로 조직되는데, 공업소비재를 생산하는 가내작업반과 달리 채소 생산, 축산, 물고기 생산, 산나물 및 약초 채취 등 주로 농수축산물을 생산한다. 예컨대 주부들이 집에서 콩나물을 기

---
25 이영훈, "농민시장", 앞의 책, p.173.
26 김연철, 앞의 책, p.38.

르거나 두부를 만들어 장마당에 내다 파는 것을 들 수 있다.[27]

앞서 살펴보았듯이, 원래 가내작업반 등의 생산물은 8.3직매점이나 8.3상점에서 판매하게 되어 있으나, 이 경우 이익이 크게 감소하기 때문에 생산품을 장마당으로 유출시켜 판매하는 경우가 허다했다. 1990년대 중반 이후 주민들이 좌판을 벌여놓고 집에서 만든 떡, 술, 두부, 사탕 등을 판매하는 현상이 광범위하게 확산되었는데, 이들의 뿌리를 찾아보면 결국은 가내작업반, 부업반으로 귀결된다. 또한 원래는 주부 등 유휴노동력과 폐기물 등 유휴자원을 활용한다는 차원에서 시작된 것이지만, 공장가동이 중단되면서 유휴노동력의 구분이 모호해졌고, 폐기물만이 아니라 공장 자재를 빼돌려 이용하는 경우도 많아지고 있다. 원래 계획을 보완하기 위해 계획 밖에 도입된 가내작업반과 부업반이 계획을 침식하는 기제로 작용한 것이다.

---

[27] 정세진, 앞의 책, pp.108-109.

불법적 사적 경제활동

소규모 지하공장

불법적 사적 경제활동 중에서 특히 주목되는 것은 1990년대 이후 증가하고 있는 "장부에 없는 불법공장", 소규모 지하공장(underground factory)이다. 과거 소련에서도 "수만 개의" 개인 지하공장이 있었는데, 노동자들을 몰래 고용하여 주로 여성의류나 가죽 재킷 등 수요가 높은 상품을 몰래 조금씩 만들어 팔았다. 이러한 형태의 생산은 명백한 불법이기 때문에 자재 구입, 노동력 확보, 생산된 제품의 유통, 그리고 적발됐을 때 처벌받지 않기 위해서는 온갖 형태의 연줄이 동원되어야 했다. 따라서 뇌물을 매개로 한 광범위한 수직적, 수평적 네트워크가 형성되었다.[28]

---

[28] Steven Sampson, "The Second Economy of the Soviet and Eastern Europe", *Annals of the American Academy of Political and Social Science*, 493 (September 1987), pp.129-130.

북한에서 지하공장은 간부층이 직접 운영하거나 간부층이 유통을 책임지고 일반주민이 운영하는 형태로 존재한다고 한다. 이는 가내작업반, 가내삯가공이 한 단계 더 진화한 형태로 공업분야에서의 사기업으로 볼 수 있다. 구체적으로 살펴보면, 간부층이 공장지배인, 당간부, 사회안전부 요원들과 결탁하여 통행증을 발급받아 하수인으로 하여금 전국을 돌면서 필요한 설비와 원자재를 조달하게 하고, 공장에서 물건을 만들어 장마당이나 국영상점에 판매하는 방식이다. 물론 설비와 자재는 계획 영역에서 불법적으로 빼돌린 것이고, 이 과정에서 뇌물이나 현금거래가 이루어진다.[29] 앞서 가내작업반, 가내삯가공과 비교해보면 몇 가지 흥미로운 점이 발견된다.

첫째, 가내작업반이나 가내삯가공은 당국에 등록을 하고 일정한 세금을 납부하는 조건으로 운영되는 형태인 반면, 지하공장은 당국의 통제로부터 완전히 벗어나 있다는 점이다. 물론 가내작업반도 생산물을 암시장으로 유출하거나 공장 자재를 빼돌려 사용하는 등 불법을 자행하고 있지만, 어쨌든 당국에 등록을 하고 세금을 내야 한다는 점에서는 지하공장과 큰 차이가 있다.

둘째, 가내삯가공은 개인주문에 의한 생산이었다면, 지하공장은 시장판매를 위한 생산이라는 점이다.

셋째, 가내삯가공에서는 조달자와 생산자의 네트워크가 존재하지 않았고 주문자가 자재를 들고 오면 가공만 해주는 형태였다. 반면 지하공장에서는 조달, 생산, 판매가 하나의 네트워크를 이루며 분업화되

---

[29] 김성철, "북한의 관료부패 유형 및 사회적 영향", 《월간북한》 (1995. 5.); 정세진, 앞의 책, pp.111-112 재인용.

어 있다. 이는 생산의 규모가 상당하다는 점을 암시한다.

넷째, 생산의 규모가 상당하다면 개인이나 가족단위 생산이 아니라 임금노동자를 고용하거나 하청을 맡기는 형태로 생산이 이루어질 것으로 추측된다.

마지막으로 다섯째, 간부층이 직접 관련된다는 점에서 중요한 체제쇠퇴 메커니즘이라는 점이다. 이는 하층 관료들이 주민들의 상행위나 사적 생산을 묵인해주는 대가로 현금이나 물품을 갈취하는 시장-관료의 느슨한 네트워크와는 다르다. 당, 정, 군의 간부들 간에, 그리고 이들과 일반주민 간에 생산과 유통을 매개로 직접적으로 형성된 네트워크인 것이다. 이것이 수평적으로 어디까지 확산되었고 수직적으로 어느 수준까지 올라갔는지 알 수는 없지만, 향후 정부 차원의 계획 복원 노력에 저항할 수 있는 강력한 기제가 될 가능성이 크다.

한편 7.1조치 이후에는 자재를 구입할 수 있는 경로가 많아지고 합법적으로 판매할 수 있는 종합시장도 개설됨에 따라 일반개인이 이러한 소규모 사기업을 운영하는 경우도 늘어나고 있다.

> 강선제강소로 유명한 강선지역에는 주로 의류를 만들어 팔아요. 거기는 일찍부터 개인상업이 발달했고 조선 돈으로 2,000만 원, 3,000만 원씩 가진 부자들이 많아요. 그 사람들은 어느 기관 또는 기업소 차를 돈을 주고 빌려서 신의주에 가서 천을 사옵니다. 그리고는 북에서 유행하는 옷을 제작하는 사람들에게 제작을 맡깁니다. 그리고 제작이 끝나면 도매가격으로 소매상에게 판매하게 되지요.[30]

특히 임금노동자를 고용하는 자본주의적 형태도 발견되고 있다. 탈북자 G씨의 예를 보자.[31] G씨(여성)는 원래 다른 사람이 운영하는 의류가게에서 비공식적으로 미싱사로 일하면서 임가공을 해서 옷을 만들고 임금을 받았다고 한다. 그런데 이런 방식으로는 돈을 버는 데 한계가 있다고 생각해서 본인이 직접 원재료(천)를 구입해서 옷을 만들기 시작했다. 그리고 시간이 지남에 따라 일감이 많아지면서 혼자 하기에는 벅차다고 판단, 본인은 재료 구입 및 견본생산만 하고 나머지는 다른 사람에게 넘겼다고 한다.

여기서 주목할 것은 자르는 사람(재단사) 1명과 가공하는 사람(미싱사) 3명을 '고용'했다는 사실이다. G씨와 재단사는 G씨 집에서 일을 했고, 미싱사들은 각자의 집에서 일을 했다. 하청인 것이다. 최종 제품은 G씨의 집으로 다시 넘어왔고, 이를 도매시장에서 장사하는 판매원이 가지고 나가서 소매상에게 팔았다. 이 판매원은 다시 소매상을 끌어들이기 위해 호객꾼을 고용했다고 한다. 생산과 판매에서 분업이 이루어지고 있는 것이다. 이는 초보적 형태이기는 하지만 노동력의 '상품화', 곧 노동시장이 싹트고 있음을 보여준다.[32] 또한 뒤에서 살펴보

---

30 탈북자 C씨 면담. 이영훈, "농민시장", 앞의 책, pp.174-175 재인용.
31 이하는 탈북자 G씨의 증언. 양문수, "북한에서의 시장의 형성과 발전: 생산물시장을 중심으로", 《비교경제연구》 12권 2호 (2005), pp.29-30 재인용.
32 최근 북한에서는 개인사업자가 노동자를 하루 단위로 채용해 노임을 주는 일용노동직이 점차 늘고 있다. 주로 폐광된 광산에서 금을 캐는 채굴노동(이 경우 사업자는 간부들에게 뇌물을 줘야 한다), 미장 등 도시 건축노동, 짐꾼, 가정부 등에 집중돼 있다. 북한에서는 이들을 '뻴뻴이,' '삯바리,' '일꾼'이라고 부른다. 대도시나 폐광 주변에는 이런 일용직노동자가 모여드는 인력시장까지 생겨났다. 이들의 일당은 업종에 따라 차이가 나는데, 금광채굴은 숙식을 제공받고 하루 1,500원, 도시 건축노동은 기술이 있을 경우 일당 2,000원, 기타 잡부는 1,000원 미만이라고 한다. 북한 노동자의 한 달 월급이 2,000원 수준임을 감안하면 적지 않은 보수다. 《데일리NK》 (2007. 12. 9.).

그림 3-1 G씨 의류가게의 생산 및 유통 과정

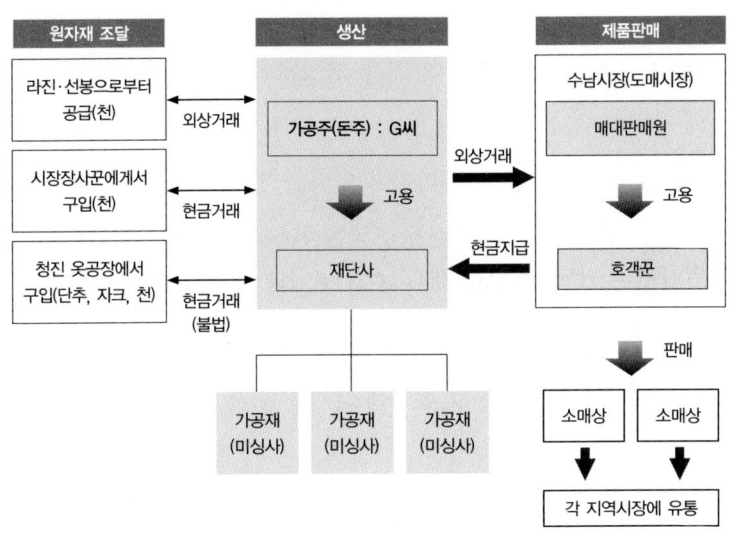

자료: 양문수, "북한에서의 시장의 형성과 발전: 생산물시장을 중심으로", 《비교경제연구》 12권 2호 (2005), p.30.

겠지만, 부를 축적한 상인계급이 국영기업이나 상점에 자본을 대는 경우도 있어 초보적인 자본시장 역시 형성되고 있는 중이다. 이러한 점은 북한에서 생산물시장(소비재·생산재)에 이어 미약하기는 하지만 생산요소시장이 등장하고 있다는 예증이다. 또 하나 지적할 것은 G씨든 G씨에게 고용된 사람들이든 모두 공식적인 신분은 기관·기업소의 직원 혹은 노동자라는 점이다. 기관·기업소에는 적만 걸어놓고 비공식적으로 의류생산에 종사하고 있는 것이다.

밀무역

밀무역은 주로 중국을 상대로 북중 접경지역에서 벌어지는 변경무역의 한 형태다. 그러나 일반적인 변경무역과 달리 통계에 잡히지 않으며, 대부분 불법적으로 이루어지고 있다는 점에서 독립적인 무역형태의 하나로 볼 수도 있다. 변경무역은 1950년대부터 존재해왔지만, 1990년대 북한의 경제난을 배경으로 급속히 확산되었다. 특히 1991년 북한이 '새로운 무역체계'를 도입한 이후 상급기관만이 아니라 개별기관·기업소나 주민들까지 무역에 나서면서 북중무역의 가장 중요한 형태로 자리 잡아 나가고 있다.[33] 밀무역은 이 틈을 타서 성행하기 시작했다.

밀무역은 크게 세 가지 형태로 구분해볼 수 있다. 첫째, 일제 중고자동차나 신차를 대상으로 한 '되거리(전매)무역'을 들 수 있다. 중국은 일제차 수입을 금지하고 있으나, 수요는 있기 때문에 밀무역이 성행하는 배경이 된다. 특히 중국 옌벤(延邊) 지역에는 북한에서 밀수된 일제 중고차들이 많이 운행되고 있다. 자동차 되거리는 두 가지 방식이 있는데, 우선 일본측이 중국측과 직접 판매계약을 하되 북한측을 거쳐 넘기는 통과무역 방식이다. 이때 북측은 대당 500달러의 통과비를 받

---

[33] 북중무역은 일반무역, 가공무역, 변경무역, 보세무역, 무상원조로 구분될 수 있다. 2005년의 경우, 일반무역 8.3억 달러, 변경무역 4.4억 달러, 보세무역 1.8억 달러, 가공무역 0.7억 달러, 무상원조 0.4억 달러로 변경무역이 두 번째 큰 규모를 자랑한다. 특히 통계에 잡히는 변경무역은 현금거래가 이루어지는 변경소액무역뿐이고, 물물교환 형식으로 이루어지는 변경호시무역은 제외된다는 점에서 실제 변경무역 규모는 훨씬 클 것으로 판단된다. 여기에 밀무역까지 포함하면 변경무역이 북중무역에서 가장 큰 비중을 차지할 수도 있다. 박명서,《북중 변경무역과 북한의 시장실태》(통일교육원, 2006), pp.17-23.

는다. 다음으로 북측이 직접 일본에서 자동차를 수입하여 중국측으로 넘기는 중계무역 방식이 있다. 이 경우 북한은 대당 7,000달러의 마진을 남긴다.[34] 자동차 되거리에는 주로 북한의 청진, 라진, 선봉 등 동해연안 항구들이 이용된다.

자동차 되거리는 워낙 이윤이 많이 남기 때문에, 개인장사꾼만이 아니라 무역기관, 외화벌이기관까지 가세하고 있다. 한창 성행할 때는 매일 500대 이상 들어온 경우도 있었으나, 점차 감소하다가 최근 일본의 대북제재 강화 이후에는 사실상 중단상태에 있다. 한편 담배 역시 되거리무역 대상인데, 중국에서 수입이 금지된 '말보로', '555' 등을 홍콩 등에서 북한으로 넘겼다가 다시 중국으로 넘기는 방식으로 판매되고 있다.[35]

둘째, 단둥(丹東) 등 북중 접경지역에서 물물교환 형식으로 이루어지는 밀무역이다. 주로 북측의 유색금속이나 약재와 중국측의 식량이나 생필품을 교환하는 방식이다. 북측 '수출품'으로는 주석, 구리, 약재, 인삼, 수산물, 수렵물 등이 대표적이고, 중국으로부터의 '수입품'으로는 쌀, 밀가루, 담배 등이 대부분이다. 그러나 1990년대 중반 이후부터는 유색금속만이 아니라 금과 골동품, 그리고 공장 자재, 심지어 공장 설비까지 뜯어 파는 경우도 자주 있었다. 이런 방식의 밀무역에는 상당부분 간부급들이 개입되어 있다.

예를 들어, 중국 단둥 시 압록강 하구의 대태자 지역에는 북중무역이 이루어지는 소규모 내항이 있다. 서해 썰물 시에는 북한 선박들이

---

[34] 정세진, 앞의 책, pp.114-115.
[35] 탈북자 K씨 면담 (2007. 4. 30.).

접근할 수 없기 때문에 거래가 없지만, 밀물이 되면 소형 북한 선박들이 대태자를 찾는다. 북한 선박에는 물고기를 비롯하여 골동품, 그림, 파철 등이 실려 있다. 중국 상인들은 쌀, 옥수수를 비롯하여 각종 생필품 등을 제공한다. 이른바 현지에서의 구상무역이 이루어지는 것이다. 이러한 거래들 역시 무역통계에는 잡히지 않는 밀무역이라고 볼 수 있다. 그렇지만 북한과 중국 당국은 이러한 거래들에 대해 특별한 단속을 실시하지는 않는다. 북한주민들의 생계수단이기 때문이다.[36]

셋째로 가장 중요한 형태는 북한의 상인이 중국제품을 밀수해 들여오는 경우다. 이는 보따리무역과 관련이 있는데, 불법적 형태로 이루어지는 보따리무역이 바로 소규모 밀수라고 보면 정확하다. 보따리무역은 중앙이나 지방의 무역기관이 아니라 개별 회사나 개인 차원에서, 그리고 신용장 없이 인적 거래를 통해 이루어지는 변경무역을 지칭한다. 통계에 잡히지 않아 정확한 규모는 알 수 없지만, 북중 변경무역의 약 70%를 차지하고 있다는 평가도 있다.[37]

보따리무역이 다 밀수는 아니다. 기관·기업소가 필요한 물자나 생필품을 구입하는 경우는 합법적으로 허용된다. 또한 개인 차원에서의 보따리무역도 다 밀수는 아니다. 중국 조선족들이 북한에 물건을 들여오거나 북한 내 화교들이 중국에서 물건을 사서 들여오는 경우는 예전부터 허용되어왔다. 북한의 남양, 회령, 무산 등에는 조선족들이 물건을 들여와 파는 '중국물품시장'이 개설되어 있으며, 양측 세관에서도

---
[36] 단둥 시 중국측 인사 면담 (2007. 4. 26.).
[37] 이찬도, "북한-중국 간의 변경무역 현황과 전망", 《인문사회과학논집》 4권 1호 (2000).

통과물품의 수량제한을 완화했다. 현재 중국 단둥에는 북한 보따리상들(화교)이 물건을 구입해갈 수 있도록 약 60여 개의 점포로 이루어진 '평양장터'가 개설되어 있다. 또한 최근에는 주 5회 운행하는 평양-단둥 간 버스노선이 개설되어 보따리장사가 편리해졌다.[38] 한편 북한의 일반주민들이 친척방문 등으로 중국에 갔다가 물건을 조금씩 사오는 것 역시 단속대상이 될지는 몰라도 밀수로 보기는 힘들다.

밀수는 북한의 상인들이 국내유통을 목적으로 중국 등에서 물건을 구매해 들여오는 경우를 의미한다. 밀수는 소규모 밀수와 대규모 밀수로 구분될 수 있다. 소규모 밀수는 압록강이나 두만강 인근에서 중국 측 사람들과의 직접거래로 이루어지며 이때는 현금만이 아니라 물물교환 거래도 이루어진다. 이러한 형태는 위에서 살펴본 두 번째 유형의 밀무역과 사실상 구분되지 않으며, 국경지역에 사는 주민들의 절반 가량이 이러한 방식의 밀무역에 가담하고 있다고 보면 정확하다.[39] 위의 두 번째 유형 중에서 물건을 들여와 북한 국내시장에 갖다 팔거나 되거리거래를 하는 경우가 소규모 밀수에 해당한다.

대규모 밀수는 국경경비대의 묵인 아래 이루어지는 것으로 당연히 뇌물이 매개된다. 밀수업자(중개상인, 巨商)가 대량으로 물건을 들여와 국내 도매상인(큰 규모는 '차들이꾼', 작은 규모는 '달리기꾼')에 넘기면 다시 소매상('되거리꾼')을 거쳐 장마당이나 종합시장으로 물건이 흘러들어간다. 북한 시장에서 팔리는 중국 상품의 상당부분이 이런 방식으로

---

[38] 박명서, 앞의 책, pp.31-38.
[39] 김영수, "최근 북한주민의 생활상 변화와 체제의 작동원리 분석", 통일부 용역보고서 (2006. 11.), p.57.

유입된다. 밀수업자들의 입장에서 보면, 조선족 등을 거쳐 북으로 들어온 상품이나 국경무역구[40]에서 물건을 사는 것보다 중국에서 직접 물건을 대량으로 들여와 도매상에 넘기는 것이 약 20~30%의 이윤을 더 남길 수 있다고 한다.[41] 이 때문에 최근에는 무역회사들도 중국 상품을 수입하여 도매상을 거쳐 종합시장에 팔 수 있도록 허용됐지만, 밀수가 근절되지 않고 있다.

한편 최근에는 시장의 돈주(錢主)들이 상품을 대량으로 확보하기 위해 중국을 경유하여 북측 공장에 역투자, 경영권을 확보한 후 무역회사들과 결탁하여 밀수를 하는 경우도 늘고 있다. 아래는 중국 인사가 북한 무역상으로부터 들었다는 이야기다.

최근 중국과의 무역이 늘어나면서 무역을 통해 돈을 번 사람들이 늘고 있다. 주로 화교 또는 조교(조선족 교포) 등과 연결되어 국내 시장에다 싼 값으로 물건을 조달하면서 돈을 버는 것이다. 이렇게 번 돈을 가지고 개인 또는 몇몇이 힘을 모아 중국 쪽에서 마치 북쪽의 공장에 투자하는 방식으로 역투자를 해서 합영공장을 만들고 자신들이 지배인으로 들어가는 경우도 있다. 그런데 북에서 공장·기업소를 돌리는 것은 돈이 되지 않는다. 그런데도 이렇게 투자하는 것은 공장·기업소의 경영권을 장악하면 무역회사와 결탁이 쉽기 때문이다. 이렇게 해서 물건을 대량으로 떼다가 시장

---

[40] '국경무역구'는 북중 변경지역에 설치된 무비자, 면세특혜의 북중 공동무역시장으로, 여기서는 중국측 상인들과 북한측 상인들이 자유롭게 물건을 매매할 수 있다. 현재 길림성 훈춘 권하와 함경북도 원정리, 길림성 용정 삼합과 함경북도 회령, 길림성 장백현과 북한 혜산에 국경무역구가 설립되어 있으며, 길림성 도문시와 함경북도 남양에 새로 국경무역구를 설치할 예정이다.
[41] 박명서, 앞의 책, p.44.

그림 3-2 중국상품의 시장유입 경로: 7.1조치 이후

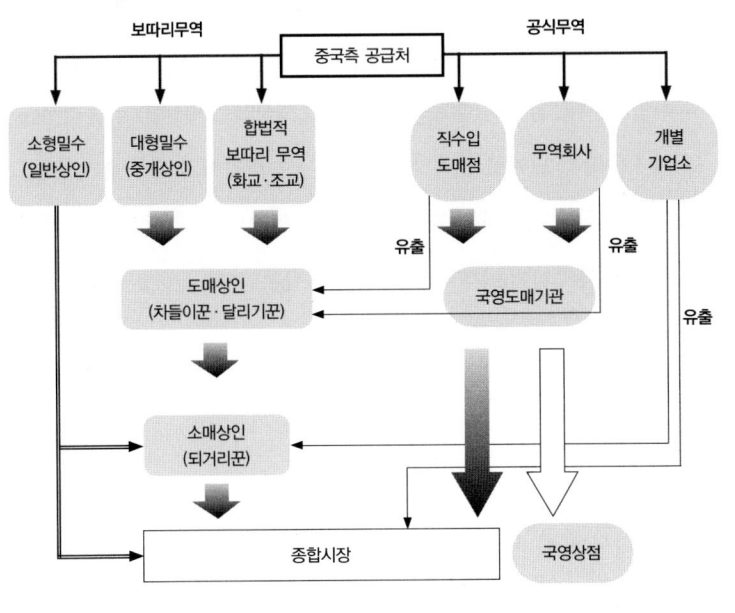

에 파는 것이다. 물론 이것은 불법이기 때문에 간부들에게는 일정한 뇌물을 제공해야 한다.[42]

〈그림 3-2〉는 현재 중국산 소비재가 북한 종합시장으로 유입되는 경로를 표시한 것이다. 대부분 설명이 됐지만, 직수입도매점에서 도매상인들에게 '유출'되는 경로가 흥미로운 점이 있어 한 가지 사례만 소개한다.

---

42 단둥 시 중국측 인사 면담 (2007. 4. 26.).

평양 대동강변에는 '황알론 센터'라는 것이 있다. 조광무역(경흥지도국)이 운영하던 대동강상점을 홍콩인 황알론이 인수하여 개설한 것이다. 외국인기업이면서도 북한에서 가장 큰 도매상점이다. 물건은 중국 등에서 수입하는데, 물건이 수입되면 북한 장사꾼들(도매상인)이 들러서 물건을 떼다가 다시 도매로 판매한다. 물론 이는 불법이기 때문에 서류상으로는 북한의 회사에게 파는 것처럼 꾸미고 실제로는 개인장사꾼들에게 파는 것이다.[43]

사채거래(사금융)

현재 북한에서는 사채거래가 광범위하게 확산되면서 비공식적인 금융관행으로 자리 잡고 있다. 사채거래가 활성화되고 있는 이유로는 두 가지를 들 수 있다. 우선 제도적 측면에서 보면, 개인은 금융기관에서 돈을 빌릴 수 없기 때문에 돈이 필요한 경우 자연스럽게 사채를 찾을 수밖에 없다는 점이다.[44] 또한 돈이 있는 사람의 경우에도 금융기관의 예금이자율(3~4%)이 낮고, 필요할 때 즉각 인출하기가 쉽지 않기 때문에 저금보다는 사채를 굴리는 편이 훨씬 이익이다. 현재 북한에서 사채이자는 약 10~30% 정도 된다.

다음으로 상황적 측면을 보면, 1990년대 이후 상행위의 필요성이 증

---

[43] 탈북자 K씨 면담 (2007. 6. 30.).
[44] 북한에서 대출은 기관·기업소에 한정되지만, 협동농장원의 경우에는 농촌신용기관인 '협동농장신용부'를 통해 부업자금이나 생활비자금을 대부받을 수 있다.

대하면서 남의 돈을 빌려서라도 장사를 하려는 사람이 늘었기 때문이다. 또한 보따리장사나 밀수 등 각종 제2경제활동으로 재산을 축적한 신흥부유층들이 돈을 굴리게 되어 사채거래를 가속화했다. 이들은 일단 충분한 자본을 확보하고 나면 직접 장사를 하기보다는 사채놀이를 통해 돈을 불리는 방식을 선호한다고 한다. 이에 따라 돈을 빌리고도 갚지 못해 빚더미에 앉는 사람이 속출하고 있다.[45] 2000년대 초반 탈북자들을 설문조사한 결과에 따르면, 신의주, 청진, 단천의 경우에 전체 가구 중 70~80%가 사채를 빌린 경험을 갖고 있다고 한다.[46]

한편 최근에는 사채거래가 개인만이 아니라 계획 영역의 기업소나 협동농장, 국영상점에까지 파고들고 있다. 이러한 현상이 어느 정도까지 확산됐는지는 불명확하다. 하지만 장기화될 경우 불법적이기는 하지만 초보적 형태의 자본시장이 등장할 가능성도 배제할 수 없는 것으로 보인다.

예컨대 원자재를 구매해야 하는 기관·기업소가 돈이 없는 경우 개인자본을 빌리는 경우가 그리 드물지 않게 발견된다. 또한 국영상점에서 팔 물건이 없을 경우 돈 있는 사람에게 자본을 빌려 중국이나 국내에서 상품을 구입하여 팔고, 판매수입의 일부를 사채업자에게 돌려주는 경우도 있다. 물론 계획 영역에서는 가능하면 개인보다는 무역회사나 외화벌이기관에서 돈을 빌리는 것을 선호하지만, 여의치 않을 경우 개인자본을 끌어들이는 것도 개의치 않고 있다.[47]

---

45 《중앙일보》(1997. 7. 1.); (1997. 9. 1.).
46 반면 평양이나 남포, 해주, 원산, 함흥 등 대도시에서는 그 비율이 10~30% 정도로 나타나고 있다. 박석삼, "북한의 사경제부문 연구: 사경제 규모, 유통현금 및 민간보유 외화 규모 추정", 《한은조사연구》(2002년 3호), p.14.

이러한 현상은 1990년대 중반 이후, 특히 7.1조치 이후 기업의 재정 자율성이 확대된 것과 관련이 있다. 과거에는 기업경영에 소요되는 유동자금이나 시설자금을 예산에서 지원해줬지만, 이제는 기업의 자체 판매수익이나 아니면 금융기관 대출로 충당해야 한다. 그런데 북한 기업들은 기업소 간 거래에서 현금사용이 금지되어 있다. 판매에서 수입이 발생하면 구매기업의 은행계좌에서 판매기업의 은행계좌로 이체될 뿐이다. 금융기관 대출도 현금이 아니라 계좌잔액의 증가로 이루어진다. 이를 무현금이라 하는데, 문제는 무현금이 국영부문에서만 쓰일 뿐 시장에서는 무의미하다는 점이다. 그런데 국영부문에는 원자재나 상품이 별로 없어 시장에서 구해야 하고, 시장에서는 현금거래만 이루어진다. 따라서 기업들도 사채를 빌릴 수밖에 없는 것이다. 최근 기업들도 생산품의 일부를 시장에서 판매할 수 있도록 허용되어 현금 확보의 길이 열렸지만, 그렇다고 기업을 상대로 한 사금융이 근절된 것은 아닌 것으로 보인다.

물론 사금융은 불법이기 때문에 당국에 적발되어 처벌받는 경우가 종종 있다. 이에 따라 최근에는 교묘한 형태의 사금융도 등장하고 있다. 대표적인 경우가 협동농장에 자금을 빌려주고 자본증식을 도모하는 방식이다. 농장에서 자금이 필요한 봄철에 농장 작업반장과 합의하여 영농자금을 빌려주고 수확기인 가을에 쌀 또는 강냉이를 현물로 받는다. 이때 강냉이 가격을 최저가로 계산한다. 그리고 회수한 곡물은 다음 해 7~8월경에 시장에 내다 판매하는데, 최초 투자금액의 2배 정도 이익을

---

47 양문수, 앞의 글, p.19.

볼 수 있다고 한다. 결국 1년 조금 넘는 기간에 자본을 2배로 증식하는 것이다. 이는 형식적으로 보면 사금융이 아니라 농산물을 구매해서 파는 행위이기 때문에 그만큼 법망에 걸릴 확률이 낮다고 한다.[48]

외환암거래와 주택거래

외화암거래가 확산된 것은 장마당의 가격폭등 등으로 북한원화의 가치가 지속적으로 하락하여 주민들이 달러나 위안화 보유를 선호하게 됐기 때문이다. 원래 북한 주민들은 외화를 보유할 수는 있지만, 사용할 수는 없다. 외화는 반드시 '외화바꾼돈표'나 북한원화(2002년 7.1조치 이후)로 바꿔서 사용해야 한다. 그러나 공식환율이 달러당 2.2원(7.1조치 이전)인 반면, 암시장환율은 그보다 100배 이상 높았기 때문에 암거래는 계속 확산되어왔다. 이에 따라 가뜩이나 부족한 달러가 지속적으로 암시장으로 유출되었다.

2000년대 초반 탈북자들을 설문조사한 결과에 따르면, 외화를 보유한 경험이 있다고 응답한 사람이 40%나 됐고, 보유액수는 대체로 100~750달러 정도였다. 이를 기초로 북한주민 전체의 외화보유액을 추정해보면, 가구당 186달러, 총 9.6억 달러에 달한다.[49] 2000년 수출입을 합한 북한의 무역총액이 24억 달러였다는 점을 감안하면, 민간보유 외화가 북한경제에서 차지하는 비중을 짐작할 수 있다.

---

48 김영수 앞의 글, pp.55-56.
49 박석삼, 앞의 글, pp.12-33.

이에 따라 북한당국은 7.1조치에서 공식환율을 암시장환율인 달러당 150원대로 올려 외화수거에 나섰다. 그러나 암시장환율은 그에 연동하여 1,000원대로 올라버렸다. 따라서 주민들이 보유한 달러를 회수하려는 조치는 성과를 거두지 못했다. 이에 2003년부터는 공식환율을 유지하면서도 '외화교환소'를 설치하여 암시장환율로 외화를 교환해주었고 비로소 외화암거래 관행이 누그러졌다고 한다. 물론 완전히 근절된 것은 아니다. 2007년 현재에도 여전히 외화교환환율과 암시장환율 사이에는 200원 정도의 차이가 나기 때문이다. 200원 정도 손해를 보더라도 안전한 외화교환소를 찾을 것인지, 아니면 200원이라도 더 이익을 보기 위해 외환암거래를 할지는 북한 주민들의 판단에 달려 있는 것이다.[50]

북한의 주택은 극히 일부분(구가옥이나 신가옥 중에서 개인주택폰드에 의해 건설된 주택)을 제외하고는 모두 국유이므로 거래대상이 될 수 없으나, 직장이동 등으로 배정받은 주택이 필요 없을 경우 암거래하는 사례가 있어왔다. 그리고 경제난을 배경으로 주택암거래는 더욱 확산되었다. 매매방법을 보면, 우선 당사자들끼리 살던 집을 돈을 받고 맞바꾸는 경우를 들 수 있다. 가령 어떤 사람은 한 칸짜리 집을 쓰고 어떤 사람은 세 칸짜리 집을 쓸 때, 세 칸짜리 집을 쓰던 사람이 돈이 필요해 돈을 받고 한 칸짜리 집과 맞바꾸는 것이다. 1990년대 중반 신의주의 경우 세 칸짜리 집으로 바꾸려면 약 7만 원 정도가 들었다. 한편 주택

---

[50] 탈북자 J씨 면담 (2007. 5. 21.).

이용허가증 매매방식도 있다. 주택이용허가증을 가진 사람이 이사할 경우, 아직 주택배정을 못 받은 사람을 물색해 허가증 양도를 전제로 동거인으로 입주시킨다. 그 뒤 해당 시·군 도시경영사업소에 가서 자신은 이사를 하게 되니 살던 집을 동거인에게 넘겼으면 좋겠다고 하고 약간의 뇌물을 주고 허가증을 양도하는 식이다.[51]

이밖에 실질적인 주택매매 행위들도 광범위하게 이루어지고 있다. 2000년대 초반 탈북자들을 설문조사한 결과에 따르면, 1998년도에는 북한 도시지역 주택의 약 10~20%가 거래됐으며, 가격은 방 한 칸 주택이 1만~2만 5,000원, 방 두 칸 주택이 2만 5,000~5만 원 수준이었다고 한다. 평양의 경우에도 약 10%의 주택이 거래됐는데, 방 두 칸 주택의 가격이 25만 원으로 다른 지역에 비해 거의 10배 정도 비싼 편이었다.[52] 평양에서 방 세 칸짜리 아파트는 2002년 25만~50만 원에 거래됐다고 한다. 그러나 2005년에는 150만~300만 원으로 무려 6배가 뛰었고, 현재 미화 2만 달러에 거래되는 아파트도 등장했다고 한다.[53] 주로 돈 많은 화교나 장사꾼, 외화벌이 일꾼들이 구입하며 주택배정 담당자와 결탁하기 때문에 단속이 어렵다고 한다. 이러다 보니 대도시를 중심으로 주택거래 중개인까지 생겨나고 있다.

중국처럼 무슨 '중개업소'를 차려서 하는 것이 아니라 그저 집을 팔겠다는 사람에게 살 사람을 소개시켜주고 몇 푼 챙기는 식이다. 지난번에는

---

51 정세진, 앞의 책, pp.118-119.
52 박석삼, 앞의 글, p.15.
53 김영수, 앞의 글, p.76.

1만 5천 원까지 받아봤다(북한 노동자의 월평균 임금은 2천 원). (함경남도) H 시의 도당 간부가 평양으로 들어가면서 판 집인데 한 60만 원 정도에 사고 팔았을 것이다. 나는 주로 파는 사람에게 돈(수수료)을 받는다. 매매가격의 1/200이나 1/100 정도를 받는 것 같다. 중개는 한 달에 한 번도 하고 두 번, 세 번도 한다. 8월에는 다섯 번을 해서 재미 좀 봤다. 이게 다 사람을 끼고 하는 일이라 아무나 할 수 있는 일은 아니다. 당 쪽이나 기업소 쪽에 아는 사람들이 많아야 한다. 그리고 최소한 시급(市級)이나 로동자구(勞動者區), 도급(道級) 단위가 돼야 큰집도 있고 매매도 있다. 그러니까 아직 중개하는 사람들이 많지 않다.[54]

개인사업

7.1조치 이후 북한 내에서는 상당 규모의 자본을 가지고 개인사업을 벌이는 사례가 점점 많아지고 있다. 주로 서비스분야에 많은데, 그래서 7.1조치 이후에는 이 분야에서 공적 영역과 사적 영역의 역전현상이 발생하고 있다. 여기에는 합법적 형태도 있고 불법적 형태도 있다. 합법적 형태는 지역 내 편의봉사관리소(서비스업관리소)에 적을 두고 당국의 승인을 얻어 자기 책임하에 업소를 차려서 영업하며, 이윤에 관계없이 일정액을 국가에 상납하는 방식으로 운영된다. 물론 주로 무역선을 타는 사람이나 간부, 외화벌이 일꾼의 부인이나 귀국자 출신 등

---

[54] 북한주민 W씨 면담. 《데일리NK》(2004. 12. 28.) 재인용.

으로 자금 여유가 있는 사람들이 운영한다. 탈북자들이 전하는 몇 가지 예를 들어보자.[55]

청진시 포항구역 청송동에는 컴퓨터 오락실이 문을 열었다. 10여 대의 컴퓨터가 배치돼 있고 게임비로는 1시간에 200원을 받는다. 또 손님들의 주문을 받아 상표디자인이나 출력, 문서작성 및 출력을 해준다. 같은 구역 남강 1동 소년궁전청사 1층에는 비디오방이 문을 열어 1인당 50원을 받고 입장시킨다. 그 옆 공간에 빠찡코 기계를 설치하여 같이 돈을 번다.

함경북도 회령시에는 5개의 당구장이 운영되고 있다. 설립할 때 특별한 규제는 없고 개인이 자본만 있으면 설비를 중국에서 구입한 후, 편의봉사관리소에 소속을 두고 매월 일정한 금액을 납부하면 된다. 당구비는 2003년에는 1시간에 200원을 받았으나 2004년 7월부터는 400원으로 올랐다. 황해남도 해주시에도 포켓볼 당구장이 급속히 늘어서 현재 약 50개가 운영 중이다. 게임비는 2004년 10월 현재 시간당 500원이며, 당구대는 약 40만 원에 거래되고 있다.

함경북도 회령시에는 2004년 4월부터 개인이 노래방을 설립하여 운영하는 경우가 성행하고 있다. 대개 자본이 있는 화교들이 투자하여 설비를 중국에서 들여와 편의봉사관리소에 소속을 두고 개인이 직접 운영한다. 2004년 10월 현재 4개가 운영되고 있었는데, 초기에는 시간당 천 원을 받았

---

[55] 김영수, 앞의 글, pp. 51-55.

으나, 2004년 7월부터는 약 2천 원을 받고 있다. 이는 한 달 노임에 해당하는 값이라서, 일반 주민들은 노래방 이용을 상상도 할 수 없는 형편이다.

한편 불법적 형태도 빠르게 확산되고 있다. 이는 주로 기업소에 돈을 주고 간판을 빌리는 편법으로 운영되고 있다. 합법적 형태보다 위험하기는 하지만 국가에 세금을 내지 않아도 되기 때문에 수익은 더 나은 편이다. 몇 가지 예를 들어보자.[56]

목욕탕을 공장이 운영하는데, 이는 명목일 뿐이고 실제로는 개인이 운영하는 경우가 허다하다. 즉 개인이 공장에 적을 두고 목욕탕을 만들면, 공장과 개인의 계약(물론 불법계약이다)에 따라 이윤을 나눠 가지는 것이다. 공장은 명판만 빌려주고 실제 운영은 개인이 하는 것이다.

돈 있는 개인이 중국 등에서 중고버스를 들여와서 여객사업을 하는 경우도 있다. 물론 ○○기업소의 출퇴근용 버스라는 간판을 걸어놓고 한다. 이런 것이 몇 개 모이니까 노선버스 비슷한 것이 됐다. 이런 현상이 확산되니까 당국에서 금지시켰지만, 여전히 성행하고 있다.

개인이 건설사업을 하는 경우도 있다. 우선 기업소가 노동자용 아파트를 짓겠다고 상부에 승인을 받는다. 그런데 실제 건설주는 기업이 아니라 돈 많은 개인들이다. 기업은 명패만 빌려주는 것이다. 이렇게 위장을 해

---
56 탈북자 K씨 면담 (2007. 4. 30.).

놓으면 개인이 아파트건설에 드는 비용을 다 대지 않아도 된다. 왜 그런가? 일단 설계도면을 가지고 선분양을 해서 돈을 먼저 모으고 그 돈으로 자재를 구해서 건설을 시작하는 것이다. 아파트 가격이 200㎡당 2만~3만 달러 정도 한다. 이러다 보니 분양으로 돈만 받고 실제로는 건설이 안 되는 경우도 종종 발생한다. 이런 사건이 몇 번 터지니까 내각에서 중단을 시켰는데, 최근 다시 시작하고 있다.

최근에는 개인이 주유소 사업에까지 나서고 있다. 북한의 기름은 국가기름과 기타기름 두 가지로 나뉜다. 국가기름은 국가에서 공식적으로 수입하는 기름으로 배급제로 이용된다. 반면 중국, 러시아 등의 브로커들이 북한으로 들여오는 기름(톤당 1,000달러)이 있는데 이는 주유소로 풀린다. 이 주유소는 물론 외국 기름 공급업자들이 돈을 대서 짓는 것이다. 북측은 단지 판매만 대행하는 형태다. 가장 유명한 것이 내각에서 운영하는 삼마스단다(삼마연유공급소)다. 여타 기관·기업소들도 외국에서 기름만 확보할 수 있으면, 얼마든지 승인을 얻어 주유소 사업을 할 수 있다. 이때도 기업은 이름만 빌려주고 실제로는 개인이 주유사업을 하는 경우가 허다하다. 외국과의 계약도 개인이 하고, 네트워크도 개인 중심으로 이루어진다. 이런 경우로 부흥기업소가 있다.

이러한 간판 빌리기식 사업 중에는 불법과 합법의 경계가 모호한 사업들도 있다. 국영기업인 '○○수산사업소'가 개인들에게 선박과 어장, 어업도구를 대여해주고 간판 값으로 돈을 받는 경우다. 중앙당국의 입장에서 보면 불법이지만, 개인업자의 입장에서 보면 국영기업소가 허용해준 것이기 때문에 합법인 셈이다. 아마도 북한당국이 묵인하고 있다고 보는 것이 타당할 것이다. 현재 북한에서는 연근해 고깃배의 90%가 이런 방식으로 개인업자들에 의해 운영되고 있으며, 간판 값은 약 100만 원가량 된다고 한다. 북한 근로자의 공식적인 월평균 임금이 2,000원인 점을 감안하면 엄청나게 비싸기 때문에, 사업에 참여하는 사람들은 주로 재일교포와 조교(조선족교포), 그리고 중국과 무역거래를 하는 상인들이라고 한다.[57]

---

[57] 탈북자 S씨 면담. 《데일리NK》 (2005. 4. 7.)

계획경제 내부의 불법적 경제활동

자재의 뒷거래와 생산재 시장

북한은 1960년대부터 독특한 방식의 생산재 유통시스템을 운영해왔다. '유일적 자재공급체계'로 불리는 이 시스템에서는 각 기업은 생산에 필요한 원자재를 구하기 위해 별도의 노력을 기울일 필요가 없고, 다만 당해연도 계획수립 과정에서 필요한 종류와 양만 국가에 보고하여 승인을 받으면 된다. 그러면 국가가 중앙자재상사를 통해 국내 생산분이나 수입분, 재고분에서 자재를 구해 "개별 기업까지 직접 날라다" 주게 된다. 소비재 유통에서 계획이 시장을 대체한 것이 배급제라면, 생산재 유통에서의 배급제가 바로 유일적 자재공급체계인 것이다.

그러나 이 시스템은 결정적인 약점이 있다. 만일 주요 원자재를 생산하는 어느 특정 기업에서 생산에 차질이 생기거나 수입에 문제가 발생할 경우, 자재부족 현상이 전국적인 판도에서 연쇄적으로 일어난다는 점이다. 예컨대 계획에 따라 김책제철소에서 100만 톤의 강철을 만들기로 했는데, 어떤 이유에서건 차질이 생겨 80만 톤밖에 생산하지 못했다고 가정해보자. 그러면 20만 톤에 해당하는 강철만큼 강철을 자재로 사용하는 기업, 예컨대 희천기계제작소의 공작기계 생산량이 줄어든다. 10만 대를 생산할 계획이었으나 8만 대밖에 만들지 못하는 것이다. 그러면 다시 공작기계를 사용하여 물건을 만드는 기업, 예컨대 베어링생산업체의 생산량이 계획된 100만 개에서 80만 개로 줄어든다. 이런 방식으로 어느 한 기업의 생산량 감소가 전국적인 자재부족 현상으로 확산되는 것이다. 물론 모자라는 자재를 수입하면 문제가 해결될 수도 있겠지만, 그것은 당시 소련이나 동구사회주의의 경제사정이나 양자 간의 정치관계에 달려 있어 항상 가능한 것은 아니었다.

그런데 진짜 문제는 그 다음에 발생한다. 일단 기업들이 자재부족 현상을 몇 번 경험하고 나면, 만일의 사태에 대비하기 위해 필요 이상의 자재를 보유하려는 경향이 발생한다. 이러한 경향은 사회주의 체제의 본질에서 기인하는 것이기 때문에 체제 자체가 변하지 않는 한 사라지기 힘들다. 자본주의기업은 시장에서 자재를 충분히 구하지 못하는 경우 생산량을 감축하면 된다. 또한 자재부족이 시장수급 상황을 반영한 것이라면 생산물의 전반적인 시장가격 상승을 초래해 생산량 감소에 따른 이윤손실이 보전될 수도 있다. 그러나 사회주의에서는 기업이 아니라 국가가 생산량을 결정해서 하달하며, 하달된 목표생산량을 채우는 것은 "당의 지령이자 법적인 의무"가 된다. 할당량을 채우지 못한 기업의 고위간부들은 중대한 인사상의 불이익이나 심지어 숙청을 감수해야 하기 때문에, 어떤 일이 있어도 하달된 목표생산량을 채워야 한다. 따라서 언제라도 자재부족 현상이 발생할 수 있다는 것을 알고 있는 기업의 지배인이나 당비서는 만일의 사태에 대비해 국가에 필요 이상의 자재를 요구하게 되고, 쓰고 남는 자재는 국가에 반납하는 것이 아니라 자신들이 보관하려 한다. 강철 1톤을 생산하는 데 5톤의 선철이 필요하다면, 기업들은 8톤이 필요하다고 보고하고 3톤은 자기 자재창고에 묵혀두는 것이다. 자본주의기업이라면 필요 이상의 자재보유는 과다비용을 발생시켜 이윤감소로 이어지겠지만, 사회주의 기업들에게는 이윤이 아니라 오직 목표생산량을 채우는 것만이 중요하다. 기업은 국가 소유이므로 아무리 채산성이 떨어지더라도 결코 파산하는 일이 없다. 따라서 설사 생산이 정상화되고 수입이 원활해져 국가 전체적으로는 충분한 자재가 존재하더라도 상당수의 기업들은 항상 자재부족 현상에 시달린다. 자재가 유통되지 않고 개별 기업들의 창고에 쌓여 있기 때문에 당장 필요한 기업으로 자재가 유통되지 않는 것이다. 코르나이가 병목과 '부족의 경제(economy of shortage)'[58]라고 규정한 이러한 현상은 북한에서는 이미 1960년대부터 '기관본위주의'라는 이름으로 불려왔다.

우리 일꾼들 속에서 기관본위주의적 현상이 좀처럼 없어지지 않고 있습니다. 함경북도의 어느 조선소 일꾼들은 다른 공장·기업소들에서 강재가 모자라 생산을 제대로 하지 못하고 있다는 것을 뻔히 알면서도 숱한 강재를 쌓아놓고 있었다고 합니다. 이러한 일꾼들은 당적, 국가적 입장에 서

---

58 Janos Kornai, *The Socialist System: The Political Economy of Communism* (Princeton University Press, 1992).

서 사업한다고 볼 수 없습니다. 자기에게 쓰고 남는 것이 있으면 응당 필요한 부분에 돌려주어야 합니다.[59]

생산은 해야 하는데 국가에서는 충분한 자재를 대주지 못하기 때문에, 기업들은 필요한 자재를 보유하고 있는 다른 기업을 찾아가 비공식적인 흥정(뒷거래)에 나서게 된다. 이러한 자재뒷거래는 '기관본위주의'의 역사만큼이나 오래된 것으로 불법임에도 불구하고 관행처럼 행해져왔다. 특히 경제난으로 중앙자재공급 시스템이 붕괴돼버린 1990년대 중반부터는 사실상 유일한 자재확보 경로로 기능해왔다. 부족한 원료나 자재확보를 위한 타 기업소와의 흥정은 주로 물물교환 형태로 발생하고 있다. 북한에서 기업소 자재조달원으로 일하다 탈북한 사람의 증언을 예로 들어보자.[60]

연말이면 연간계획을 세운다. 각 공장마다 생산계획과 그에 따른 분배계획이 수립된다. 그런데 계획에 의해 보장된 자재를 받은 적이 거의 없다. 공장을 돌리기 위해서는 스스로 자재를 확보해야 한다. 자재를 확보하는 방식은 다양하지만 일반적으로 필요물자를 공장끼리 서로 맞교환하는 방식을 취한다. 특히 자재를 확보하기 어려운 것은 철판이다. 철판 자재를 확보하기 위해서 자재조달 담당자는 옥수수를 등에 지고 철판 생산공장 앞에서 몇 날 며칠을 보내기도 한다. 필요자재를 적시에 조달하는 것

---

[59] 김정일, "인민경제 계획화사업에 대한 당적 지도를 강화할 데 대하여(1971. 10. 11.)", 《김정일선집》 2권 (평양: 조선로동당출판사), p.330.
[60] 탈북자 P씨 면담 (2007. 3. 14.).

이 지배인의 능력을 가늠하는 척도가 되기도 한다. 함(경)북도 지역에서는 공장 스스로 자재를 조달하지 못할 경우 중앙에서 검열을 나온 지도원 동무가 "그런 것도 조달하지 못하나"고 핀잔을 주곤 한다.

조그마한 안면이라도 있는 사람이 있으면 서로 줄을 연결해서 필요자재를 확보하려고 혈안이 되어 있다. 술도 사고 먹을 것을 조달해주는 것은 물론 집안일도 도와주는 경우가 있다. 그래도 공장 자재를 다른 곳에 주기는 쉽지 않다. 언제 배급을 받을 수 있을지 모르기 때문에 다소 남는 것이 있어도 높은 대가를 쳐주지 않으면 좀처럼 넘겨주기가 쉽지 않다. 차라리 공장 설비를 뜯어다가 중국 쪽에 내다 팔면 그나마 조금이라도 자재를 얻어올 수 있다.

그러나 이러한 기업소 간 뒷거래는 국가계획을 달성하기 위한 행위이기 때문에 당국에서도 묵인하고 있는 형편이다. 원래 '유일적 자재공급체계'에서는 국가가 책임지고 자재를 공급해줘야 하지만, 그것이 붕괴되었기 때문에 당국도 할말이 없는 것이다.

그러나 뒷거래는 반드시 간부들의 사적 이익 추구로 악용되기 마련이다. 뒷거래가 단순히 물물교환만으로 끝나지 않는 것이다. 수요는 많은데 공급은 현저히 달리는 자재의 경우, 수요자 간에 경쟁이 붙기 때문에 뇌물 없이는 물물교환할 기회조차 얻기 힘들다. 이때 공급자측의 간부들은 뇌물이라는 사적 이익을 취하게 되는데, 이러한 관행은 광범위하게 확산되어 있다. 뇌물 없이는 경제가 돌아가지 않는다는 말이 나올 정도다.

한 번은 평안북도 평원군에 있는 봉화공장(원유정제공장)에서 신포시 양화수산사업소로 디젤유 5톤, 모빌유 2톤을 싣고 가서 명태를 5톤을 받아 오기도 했다. 그런데 이러한 식의 기관 대 기관보다는 개인에게 직접 뚫고 들어가는 뇌물의 효과가 더 크다. 예컨대 평양 고려호텔의 한 자재인수원은 양화수산사업소의 지배인에게 달마다 일본 전자제품을 수시로 먹여서, 사람들이 이 수산사업소 지배인을 '고려호텔 명예지배인'이라 불렀다.[61]

공장 간 거래만이 아니라 아파트를 건설하면서 미리 몇 채를 뇌물로 건네주고 건설자재를 확보하는 경우도 허다하다. 최근 북한을 다녀온 중국 무역상이 북한의 지인에게 들었던 내용들을 정리해보면 아래와 같다.[62]

최근 평양을 비롯한 대도시에는 아파트를 짓는 경우가 늘고 있다. 아파트를 짓기 위해서는 해당 기관에서 노동자들의 숙소를 짓는다는 명분으로 건설사업부로부터 건설 승인을 받는다. 그런데 승인을 받는 단계에서부터 이미 완공 시에 몇 채의 아파트는 승인기관에 상납하겠다고 약속하는 경우가 있다. 또한 자재를 확보하기 위해 해당 자재를 공급할 수 있는 기관에 대해 10채, 20채의 아파트를 선분양 형태로 할당을 한다. 이렇게 자재공급이 확보되면 승인기관으로부터 승인받기가 훨씬 수월하다. 이렇게 해서 간부들은 몇 채씩 아파트를 확보하게 된다. 그리고 대리인을 내세워 아파트를 팔아서 많은 돈을 벌 수 있다.

---

61 고청송, "사회주의요? 꽉 썩은 뇌물천국이야요", 《신동아》 (1994. 2.), p446.
62 단둥 시 중국측 인사 면담 (2007. 4. 24.).

이상의 유형들은 기본적으로 1:1 물물교환에 그친다. 따라서 뇌물 등의 부패가 개입되더라도 계획경제의 병목현상을 치유하는 데 어느 정도 도움이 된다. 그러나 점차 물물교환은 현금을 매개로 한 시장거래로 발전했다. 기업 간에도 현금을 줘야 자재를 내주고, 또 일부 자재는 간부나 종업원들이 불법적으로 빼돌려 아예 가게를 차려놓고 장마당에서 판매하기 시작했다. 불법적 생산재 '시장'이 들어선 것이다. 탈북자들의 몇 가지 증언을 보자.

피대나 베어링 같은 자재는 장마당에서 구입했다. 장마당에는 원자재, 부품도 나온다. 장마당에 가면 이런 것들을 전문적으로 판매하는 사람들이 있다. 물론 장마당에 직접 내다 놓고 팔지는 못한다. 단속이 심하기 때문이다. 자기 집에 쌓아놓고 판다. 내가 무엇이 필요하다고 말을 하면, 자기 집으로 데리고 가서 자재를 준다. 지역에 따라서는 자동차 부품, 트랙터 부품도 있다.[63]

나의 기본 임무는 배터리, 전선, 벽지 등의 자재를 조달하는 것이다. 이 가운데 전선은 특정 개인에게서 공급받았다. 이 사람은 전선, 전지, 드라이브 등 각종 공구를 집에 쌓아두고 기업이나 개인에게 판매했다.[64]

평양 인근의 순안지역에는 평양비행장이 있다. 항공기의 이착륙이 빈

---

[63] 탈북자 B씨 면담. 양문수, "지방경제를 통해 본 북한의 변화: 1990년대를 중심으로", 《비교경제연구》 11권 2호 (2004), pp. 28-29 재인용.
[64] 탈북자 A씨 면담. 양문수, 위의 글, pp. 28-29 재인용.

번하지는 않지만, 한번 이용한 항공유는 폐기처분해야 하는 것을 이용하여 항공유의 판매가 이루어진다. 순안지역에는 기름을 구하기 위해 사람들이 모여들면서 항공유 이외에 기름거래와 관련된 각종 자재 및 뒷거래 형태로 석유판매의 중심지로 인식되고 있다. 화학, 강철 공장들의 경우에도 공장 주변에는 예외 없이 자재시장이 형성되는데 여기에는 가내수공업이나 지하공장에 필요한 자재나 중국 수입품 등 관련 자재들을 돈만 있으면 쉽게 구할 수 있다.[65]

원래 북한에서는 소비재의 현금거래는 허용하지만, 생산재는 엄격히 금지해왔다. 현금거래가 확산되면 상품유통량과 가치총액이 괴리되어 정확한 계획이 불가능해지기 때문이다. 따라서 북한은 생산재의 현금거래를 막는다는 차원에서 2002년 7.1조치를 통해 '사회주의 물자교류 시장'(국가의 중재하에 기업 간 필요자재를 물물교환하는 시스템)을 도입했지만, 현금거래는 중단되지 않고 오히려 확산되었다. 대규모 생산재 생산기업들은 아예 생산물의 일부를 현금거래용으로 떼놓고 있는 실정이다.

청진 이북은 80% 자본주의라고 보면 돼요. 함경북도 김책시 성진제강소라는 데서 규소강판을 생산하는데, 기업소가 그 생산품의 일부를 팔아요. 왜? 그렇게 해야 그 기업소를 운영할 수 있어요. 합법적인 장사 같아요.[66]

---
65 탈북자 J씨 면담 (2007. 5. 21.).
66 이영훈, "농민시장", 앞의 책, p.169 재인용.

모자라는 자재는 알아서 구해야 한다. 예를 들어, 건설직장에서 파라핀이 필요하다고 치자. 국가가 과거에 10kg 주던 것을 5kg밖에 안 준다. 5kg은 알아서 구해야 한다. 그러면 파라핀 생산공장이 봉화화학공장인데, 그 주변에 가면 이리저리 흘러나온 파라핀이 있다. 그것을 돈 주고 사는 것이다. 여기서 흘러나온 물자라는 것은, 원래 공장·기업소가 예비로 일부 떼어놓은 것이 흘러나온 것이다. 이때 구매가격은 야매가격(시장가격)이 적용된다. 국내에서 생산되지 않는 수입자재도 해당 자재를 취급하는 공장 주변에 가면 흘러나온 물자를 구매할 수 있다. 전부 이런 식으로 자재를 구한다.[67]

공식경제로부터의 절취

공식경제부문에서의 절취행위는 생산물이나 자재의 절취, 상품 유통과정에서의 물품유출 행위 등으로 나타난다. 그런데 여기서 유출된 물품들은 다시 가내수공업이나 지하공장, 혹은 암시장으로 유출되기 때문에 제2경제를 확대 재생산하는 중요한 원인으로 작용한다. 이러한 행위는 간부층만이 아니라 일반주민층 사이에서도 공공연하게 자행돼 왔다. 실제로 정부기관지인《민주조선》에서 주민들이 ① 연유, 석탄, 시멘트와 같은 연료와 자재, ② 완성품 또는 반제품, ③ 알곡을 비롯한 농업생산물, ④ 설비부품 등을 절취하고 있다고 고발할 정도였다.[68] 과

---

67 탈북자 K씨 면담 (2007. 6. 29.).

거 소련에서도 국가재산 절취행위는 가장 보편적인 경제범죄였다고 한다.

사실상 모든 사람이, 가능한 모든 형태의 국가재산 절취행위에 가담하고 있으며, 절취의 규모도 사소한 것에서부터 엄청난 것에 이르기까지 다양하다. 그런데 이러한 범죄행위는 사회적으로 당연한 일로 간주되어 비난의 대상이 되지 않으며, 오히려 절취행위에 동참하지 않는 사람들이 비난받곤 한다. 반면 사람들은 개인재산에는 민감하여 사유재산 절취행위는 비난의 대상이 된다. 좀 과장해서 말하자면, 소련에서 자기가 소속된 직장의 재산을 훔치는 행위는 그것이 과도하지 않을 경우, 고용의 암묵적인, 그러나 필수불가결한 요소라고까지 말할 수 있다.[69]

북한 내에서도 국가재산 절취행위는 도둑질로 인식되지 않는다고 한다. 그만큼 절취가 일반화되어 있다. 노동자들은 공장에서 생산되는 제품을 조금씩 훔쳐내 장마당에서 식량과 교환하고, 간부들은 보다 대량으로, 심지어 공장 자재나 설비까지 뜯어서 팔아먹는 실정이라고 한다. 설비까지 팔아먹게 된 것은 자재가 없어 공장이 돌아가지 않기 때문이다. 그러나 설비를 팔아먹고 나면 나중에 자재가 보장돼도 공장을 돌릴 길이 없다. 김책제철소가 대표적이다. 제철 원료는 무산철광에서 파이프로 받게 되어 있는데, 이 파이프들을 다 뜯어다 팔아먹어서 이제는 무산철광에서 철광석을 보내려고 해도 보낼 방법이 없다고 한다.

---
68 《민주조선》(1997. 8. 6.)
69 Grossman, op. cit., p.29.

탈북자들에 따르면, "안전부 사람들은 안전하게 뽑아먹고, 보위부 사람들은 보이지 않게 뽑아먹고, 당 간부는 당당하게 뽑아먹고, 노동자들은 노골적으로 뽑아먹고, 군단에서는 군데군데 뜯어먹고, 사단에서는 살금살금 뜯어먹고, 연대에서는 연대적으로 뜯어먹고, 대대에서는 대대적으로 뜯어먹고, 중대에서는 중요한 것만 뜯어먹고, 소대에서는 소소하게 뜯어먹는다"라는 것이다.[70] 오랫동안 배급제에 물들어 있던 북한 사람들에게 절취행위는 도둑질이 아니라 새로운 형태의 배급제인 것이다.

고등중학교 졸업 후 용접공으로 일했습니다. 하루는 동네아주머니가 석유통을 만들어주면 돈을 주겠다고 해서 예쁘장한 통을 하나 만들어주었는데, 재료를 어디서 구하겠습니까. 공장 것을 훔쳐내서 했지요. …… 도적질 못하는 것도 머저리라고 합니다. 예를 들면 알루미늄 공장에서는 알루미늄 내다가 팔아먹고, 강철공장에서는 주물 만든 것 내다가 팔아먹는 게 오히려 정상이 됐지요. 그걸 또 응당한 걸로 생각하고. 알루미늄을 훔쳐 내오면 kg당 8원씩 팔아먹습니다.[71]

농산물이나 공산품의 공식 유통과정에서 간부층을 중심으로 한 유출행위도 빈발하고 있다. 각 기업소에서 물품을 생산하여 중앙도매소에 넘기기 전에 일부를 간부들에게 상납한 것이 장마당으로 유입되는

---

[70] 서재진, "북한의 지하경제", 《북한의 경제정책과 지하경제》(인제대 인문사회과학연구소, 1996), p.27 재인용.
[71] 신준영, "新북한바로알기: 북한의 범죄, 부정부패, 밀수위폐제조, 아편밀매설의 진상", 《월간 말》(1996. 12.), p.70.

경우, 국영상점에서 물품을 분배하기 전에 상업관리소 근무자들이 유출시키는 경우, 공장·기업소 노동자들이 생산 과정에서 원천적으로 빼돌리는 경우 등을 들 수 있다. 일상 생필품 중 특히 공급카드를 통해 판매되는 배정품이 아닌 자유판매품은 유통 과정에서 80% 정도가 유출되어 약 20%만이 일선 상점에 도달한다고 한다. 이처럼 계획부문의 물자가 불법적으로 암시장 등으로 유입됨으로써 공식배급망의 물자부족 현상은 더욱 심화된다. 주민들은 생필품 수요의 70% 이상을 암시장이나 불법적인 수단으로 확보하고 있는 것으로 파악되고 있다.[72]

중앙도매소에서 근무하는 간부들은 중앙도매소 출하원과 출하도매소 물품 인수자가 물품을 빼돌리기 위해 허위전표를 작성하는 것을 눈감아주는 대가로 국영상점에 배분해야 할 물품의 상당량을 뇌물로 챙긴다. 또 식량사정이 다소 나은 군대에서는 사단장에서부터 경리지도원, 창고장 등이 병사들에게 돌아갈 배급을 빼돌려 암거래 장사꾼에게 넘기고 있다.[73]

석탄 같은 광물도 수송담당자를 비롯한 관리일꾼들이 몰래 빼돌려 암시장으로 유출시키고 있다. 현재 북한 장마당에서 판매되는 석탄은 모두 이렇게 불법적으로 빼돌린 것이라고 한다.[74] 군대에서도 상당량이 유출된다. 군부대 인근도시에 가면 군대 배급식량이 유출되어 팔리

---

[72] 정세진, 앞의 책, pp.131-132. 최근에도 이러한 현상은 시정되지 않고 있다. 생산물의 약 30%만이 국가유통망에 들어가고, 나머지 70%는 개인에 직접 판매되거나 시장으로 흘러들어가고 있다. 탈북자 K씨 면담 (2007. 6. 29.).
[73] 내외통신사, 《내외통신 종합판》 61, p.226; 정세진, 위의 책, p.132 재인용.
[74] 《데일리NK》 (2004. 1. 10.).

는 경우가 흔히 발견된다. 최근 탈북한 어느 여성에 따르면, 자신은 군대의 연유(휘발유)과장과 연계하여 휘발유와 디젤유 장사를 했다고 한다. 1리터에 2,100~2,200원에 넘겨받아 2,300원에 되거리로 판매했다는 것이다. 종종 철근이나 자동차 타이어를 빼내서 되거리판매를 하기도 했다고 한다.[75]

물품절취만이 아니라 시간절취도 빈번하다. 근로자들이 근무시간 중에 제2경제와 관련된 활동을 하는 경우다. 사실 현재 북한에서는 근무시간이라는 개념 자체가 무의미한 상황일지도 모른다. 공장가동률이 10%에 불과하기 때문에, 인력의 10%만이 공장에 남아 있고 나머지는 근무시간 중에 나가서 제2경제 활동을 벌이고 있다고 보면 정확하다. 회사는 이들이 벌어들인 소득의 일부를 상납받기 때문에, 이러한 행동을 묵인할 뿐 아니라 장려하는 형편이다.[76] 이런 돈을 '8.3돈'이라고 하는데, 근로자의 80~90% 정도가 이런 식으로 돈(한 달에 약 2,000원 정도)을 내고 결근하여 장사를 하고 있다. 이 중 50~70%는 장기결근자이며, 최근에는 통제가 느슨해지면서 자진 퇴직자도 증가하고 있다. 정상적으로 공장이 가동되는 기업의 근무자들도 근무시간 중 평균 하루 한 시간 정도는 시장에다 팔 물건을 만들고 있다고 한다. 특히 간부들은 통제가 약하기 때문에 근무시간을 할애하여 사적 업무에 매달리는 경향이 강하다.[77]

---

[75] 김영수, 앞의 글, p.43.
[76] 탈북자 J씨 면담 (2007. 5. 21.).
[77] 김영수, 앞의 글, pp.59-80.

계획부문 공장노동자들은 뇌물을 제공하거나 상부의 의도적인 묵인하에 근무시간을 이용하여 일용품 생산, 상거래 행위 등에 종사하고 있다. 노동자들은 공장의 물건보다는 개인 돈벌이를 할 수 있는 물건을 만드는 데 더 신경을 쓴다. 공장에서 생산한 부품을 빼다가 집에서 조립하는 방법으로 간단한 기계를 만들어 팔기도 한다. 예를 들어 대안중기계공장 노동자들의 평균노임은 60원이지만, 공장 자재로 변압기를 제작하여 팔면 개당 150원을 받는다.[78]

이러한 형태는 헝가리 사유화의 기초가 되었던 공장 내 사적 파트너십과 상당히 유사하다. 헝가리의 경우, 공장 내 사적 파트너십을 허용했지만, 대부분 개인이 자본을 투자한 것이 아니라 자신이 근무하는 공장의 기계설비, 자재를 이용하는 방식이었다. 즉, 이들은 정규 근무시간 외, 혹은 심지어 정규 근무시간에까지 국영기업의 기계와 자재를 이용하여 사적 파트너십의 경리활동을 벌였다. 물론 이것이 광범위하게 확산되었던 것은, 이들과 공장의 이해관계가 공장 내 사적 도급에서 일치하였기 때문이다.[79]

물론 북한은 이러한 사적 파트너십을 허용하지 않고 있으며, 공장 내 사적 도급도 허용하지 않고 있다. 그러나 북한 노동자들이 정규시간에 자신의 개인경리를 위한 생산을 하는 것이 확산되어 있다면, 그 실질적 효과는 헝가리의 경우와 별 차이가 없다. 물론 당국은 이들을

---

[78] 박성철 면담. 정세진, 앞의 책, p.131 재인용.
[79] Akos Rona-Tas, "The Second Economy as a Subversive Force: The Erosion of Party in Hungry", Andrew Walder ed., *The Waning of the Communist State* (University of California Press, 1995).

내쫓거나 제재조치를 취할 수도 있다. 그러나 이것이 기업소 관리인이나 간부들과의 네트워크하에서 일정한 상납을 조건으로 이루어지는 것이라면 강력한 지속성을 가지게 된다. 그리고 이것이 확산되면 결국 북한당국도 공장 내 개인도급이나 사적 파트너십을 묵인하거나 양성화하는 것을 고려하지 않을 수 없을 것이다.

무역 관련 불법활동

무역과 관련한 불법활동의 확산은 북한이 '새로운 무역체계'를 발표하면서 대외무역을 분권화한 데 중요한 원인이 있다. 생산과 관련된 내각의 각 성이나 위원회, 도 행정기관들이 무역회사를 두고 각 부문별로,[80] 지방별로 수출입 활동을 벌일 수 있게 됨으로써, 이 과정에서 간부들이 가격이나 물량을 허위로 보고하는 방법을 통해 사적으로 외화를 축적할 여지가 넓어진 것이다.

나아가 생산이나 무역업무와 관련이 없는 기관까지도 산하에 독자적으로 무역회사를 두고 경쟁적으로 외화벌이 사업에 나서고 있다. 특히 노동당, 인민무력부 등 권력기관은 각 부서별로 무역회사를 독자적으로 운영하고 있으며, 대표적으로 노동당 39호실은 자체의 은행을 보유하고 있을 정도로 비대해져 있다. 북한의 모든 금광, 은광, 아연광과

---

[80] 현재 북한 내각의 각 부서는 모두 무역회사를 거느리고 있다. 예컨대 교육성은 새날무역회사, 대외선전국은 진명회사, 이런 식이다. 현재 북한 내에 무역회사는 그 숫자가 수천 개에 달한다고 한다. 탈북자 K씨 면담 (2007. 6. 29.).

제련소 등을 독점하고 있을 뿐 아니라, 수산물과 송이버섯은 오직 39호실을 통해서만 수출이 가능하도록 제도화되어 있다.[81]

또한 1990년대 중반을 전후하여 북한당국이 외화벌이 사업을 통해 배급을 스스로 해결하도록 촉구하면서 각 지방, 기관, 기업소 차원에서도 외화벌이 사업소를 경쟁적으로 설립, 운영하고 있다. 외화벌이 일꾼들은 무역을 통해 돈을 만지기 때문에 자연히 시장거래의 논리에 익숙해지면서 동시에 일탈, 부패 행위에 노출된다.

> 39호실 산하 대성총국의 송이버섯 수매가격이 수출가의 1/10에 불과한 데다 그나마 수매대금을 현금이 아닌 텔레비전이나 경공업품으로 지급하기 때문에 무역상사나 개인거간꾼들이 송이버섯을 수산물 등으로 위장포장한 뒤 톤당 5천~1만 달러 정도로 조총련 상공인들과 직접 거래하는 사례가 빈번하다.[82]

그런데 더 큰 문제는 이러한 외화벌이 차원이 아닌 정상적인 무역과정에서의 불법행위다. 가장 기본적인 형태는 가격 부풀리기다. 원래 북한 무역은 무역성에서 대신해주는 시스템이지만, '새로운 무역체계'가 도입된 이후에는 각 기관·기업소들이 무역회사를 차려놓고 각자 무역을 하는 시스템으로 바뀌었다. 그러나 그렇다고 하더라도 기본적으로 국가계획위원회와 무역성의 승인을 받아야 한다. 예컨대 수입의 경우 미리 계획으로 정해진 품목과 수량만 수입할 수 있는데, 이것

---
81 강명도, 《평양은 망명을 꿈꾼다》 (중앙일보사, 1996), pp.181-182.
82 정세진, 앞의 책, p.136.

을 '와꾸'(국가계획위원회가 결정)라고 한다. 또한 수입품의 가격은 개별 무역회사와 외국회사가 협상을 하여 정하더라도 최종적으로는 무역성의 승인을 받아야 한다. A라는 물건을 톤당 10만 원에 수입하기로 합의했더라도 무역성이 8만 원에 수입하라고 결정하면 8만 원에 수입하거나 수입을 포기하는 수밖에 없다.

이 과정에서 가격 부풀리기가 등장한다. 즉, 실제로는 톤당 10만 원에 수입하기로 외국회사와 계약해놓고, 무역성에는 15만 원에 수입하기로 했다고 허위보고를 하는 것이다. 이렇게 되면 무역성이 12만 원에 수입하라고 지시를 내리더라도, 결국 2만 원의 이익이 남는 것이다. 왜냐하면 수입비용 12만 원은 국가에서 나오기 때문이다. 이런 식으로 기업은 수입을 통해 국가의 돈을 빼먹는다.

또한 와꾸 역시 거래대상이 된다. A라는 기업은 담배 1톤에 대해서만 수입와꾸가 있고, B라는 기업은 철강 1톤에 대해서만 수입와꾸가 있다면, A라는 기업은 돈을 주고 B기업의 와꾸를 구매하여 철강을 수입하는 식이다. 수출도 마찬가지다. A라는 기업은 철강수출 와꾸가 있지만 철강을 생산하지 못해 수출할 것이 없다고 하자. 그런데 B라는 기업은 자신이 가진 수출와꾸보다 더 많은 철을 생산했다면, A로부터 와꾸를 구입하여 자신의 와꾸보다 더 많은 철강을 수출하는 식이다. 보통 강철 1톤당 와꾸는 500달러 정도에 거래된다.[83]

---

[83] 탈북자 K씨 면담 (2007. 6. 30.).

계획 외 생산

원래 북한에서 기업은 생산물에 대한 처분권이 없다. 소비재의 경우는 모두 국영상점으로 가야 하고, 생산재의 경우도 중앙자재상사가 관리하는 자재공급 시스템으로 넘겨져야 한다. 그러나 1990년대 중반 이후 기업들이 생산물의 일부를 불법적으로 내다 파는 현상이 발생하기 시작했다. 그런데 이는 앞서 살펴본 절취행위와는 다르다. 절취행위는 기업의 간부나 근로자들이 자신의 사익을 위해 생산물을 빼돌리는 것인 반면, 이것은 기업의 이익을 위해 기업 차원에서 생산물을 빼돌리는 형태이기 때문이다. 그렇다면 왜 이러한 현상이 발생했는가?

원칙적으로 북한에서는 기업 간 자재거래가 무현금(계좌이체)으로 이루어져야 한다. 그런데 1990년대 이후에는 국영 자재시스템을 통해 자재를 구하기가 힘들어졌다. 따라서 자재를 보유한 기업을 찾아가거나 시장에서 흘러나온 자재를 구매해야 했는데, 이 경우에는 불법이지만 현금거래가 관행화되었다. 따라서 과거와는 달리 이제는 공장을 가동하려면 현금이 필요하고, 현금을 구하려면 결국 생산물을 시장에 내다 파는 수밖에 없는 것이다.

생산된 물자의 일부를 판매하여 현금을 확보하는 관행이 장기화되면, 결국 시장판매를 위해 공장 가동의 일부를 할당하는 현상으로 발전한다. 이것이 계획 외 생산이다.

자재를 사야 하는데, 그러려면 현금이 필요하다. 국가에서는 현금은 안 주고 매양 무현금행표만 준다. 이건 시장에 나가면 무용지물이다. 그러면 현금을 어디서 구하겠는가? 물건을 내다 파는 수밖에 없다. 이런 게 계속 되다 보니까 아예 한 달에 며칠, 하루에 몇 시간은 시장에 내다 팔 물건을 만드는 날이 됐다.[84]

1990년대 중반에는 전체 생산활동의 5～10%만이 이러한 계획 외 생산이었다고 한다. 그러나 수요가 증가하면서 점차 시장에 맞춰 생산하는 경향이 강해졌다.[85] 계획이 시장에 굴복하면서 "안으로부터" 붕괴되는 현상이 나타난 것이다. 더욱이 계획으로부터의 상품유출은 시장을 팽창시키기 때문에 이러한 붕괴 과정을 더욱 촉진하게 된다. 계획 붕괴-시장팽창의 자기강화적 과정인 것이다. 문제는 국가가 자재를 보장해주지 못하는 한 법적인 통제만으로는 한계가 있다는 점이다. 결국 북한 당국은 2002년 7.1조치를 통해 소비재 생산기업에 전체 생산의 30% 한도 내에서 시장판매용 물품생산을 허용했다. 나아가 2007년 들어서는 생산재 생산기업에도 생산물의 5%를 시장에 팔 수 있도록 허용했다고 한다.[86]

계획 외 생산이 물자생산에만 국한될 이유는 없다. 공장이나 기관이 서비스사업을 통해 돈을 버는 경우도 허다하다. 예컨대 공장에서 출퇴근용 버스를 이용해서 여객운송사업을 벌이는 경우가 그렇다. 처음에는 출퇴근시간 외에 기름값이나 벌려고 시작했지만, 점차 돈이 되니까

---
84 탈북자 Y씨 면담 (2007. 5. 22.).
85 탈북자 K씨 면담 (2007. 6. 29.).
86 탈북자 K씨 면담 (2007. 6. 29.).

여객운송이 주목적이 되었다. 또한 기계공장이 식당을 운영하는데 당국으로부터는 구내식당이라고 해서 허락을 받고는 실제로는 외부사람들을 대상으로 장사를 하는 경우도 많다. 지방은 물론 평양시에도 상당수 식당이 이런 식으로 운영되고 있으며, 심지어 술집, 가라오케 등을 운영하는 경우도 있다고 한다.

북송봉사소(빵공장)는 평촌구역 등에서 사우나를 운영하고 있다. 사람들은 이제 북송봉사소 빵은 물어보지도 않는다. 사우나가 더 유명해진 것이다. 또 이 빵공장에서는 상점을 차려놓고 컴퓨터도 팔고, 옷도 판다. 지배인은 갑부다. 국가에 이익금을 바친다.[87]

기업은 이렇게 돈을 벌어서 국가에 세금을 납부하기 때문에, 당국에서는 묵인해주고 있으며 심지어는 국가재정에 기여했다고 해서 훈장을 주는 해프닝도 종종 벌어진다고 한다.

---

[87] 탈북자 K씨 면담 (2007. 6. 30.).

• 제4장 •

계획과 시장의 공존 :
'7.1조치'와 제2경제의 수용

2002년 7월 1일을 기점으로 북한은 경제정책상의 획기적인 변화를 시도하기 시작했다. 〈7.1경제관리개선조치〉(이하 '7.1조치') 및 후속조치로 불리는 이 일련의 개혁·개방 정책은 북한 스스로도 1940년대의 토지개혁에 버금가는 사건으로 평가했을 만큼 큰 폭의 변화를 담고 있었다.

우선 가격, 임금, 환율이 현실화됐을 뿐 아니라 그 결정방식도 상당히 유연해졌다. 또한 기업과 협동농장 관리에서 실질적인 분권화 조치가 채택됐으며, 물질적 인센티브가 대폭 강화됐다. 이어 2002년 9월과 11월에는 신의주 특별행정구역 설치를 발표하고 〈금강산관광지구법〉 및 〈개성공업지구법〉을 공포하는 등 일련의 특구확대 정책을 취하였다. 나아가 2003년에는 기존의 농민시장을 확대해 종합시장을 설치했으며, 제한적이나마 국영기업과 협동농장이 시장에 생산품을 판매하는 것을 허용했다. 이러한 일련의 변화는 재정개혁으로 이어져 재정건전화 및 지방분권화의 방향으로 나아가고 있다.

북한당국이 7.1조치를 취한 이유는 경제난 속에서 확대되어온 제2경제를 공식부문으로 끌어들이고, 퇴장되거나 제2경제로 유출된 자본을 동원하여 붕괴된 중앙공급능력을 복원하기 위함이었다. 즉, 관료적 조정 메커니즘의 개선을 통한 계획정상화의 시도였던 셈이다. 그러나 이 과정은 구체제로의 복귀가 아니라 이미 확산된 시장에 적응하는 방식으로 이루어질 수밖에 없었으며, 이에 따라 북한경제는 계획과 시장이 공식경제 내부에서 공존하는 형태로 변화하였다. 이하에서는 이러한 시각에서 국내개혁에 한정하여 7.1조치 및 후속조치의 내용들을 분야별로 분석한다.

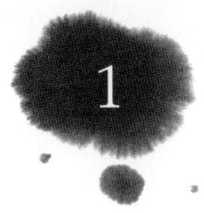

가격현실화와
가격 제정방식의 변화

가격의 현실화

7.1조치[1]에서 가장 주목할 부분은 가격개혁, 즉 가격의 현실화와 가격 제정방식의 변화다. 가격현실화는 국정가격을 농민시장, 암시장 수준으로 대폭 인상한 조치를 말한다. 가장 큰 폭으로 오른 것은 쌀값인데, 국가 수매가격이 kg당 0.8원(80전)에서 40원으로 50배 인상되었고, 판

---

[1] 7.1조치는 이미 2001년 벽두부터 예고되었다. 2001년 1월 4일자 《로동신문》에 따르면, 김정일은 "지난 시기에 마련한 터전에서 그 모양대로 살아나갈 것이 아니라 새로운 시대의 요구에 맞게 그 면모를 끊임없이 일신시켜"야 한다며, "모든 문제를 새로운 관점과 새로운 높이에서 보고 풀어나가야" 한다고 강조했다. 당시 국내에서는 이를 김정일식 '신사고' 발언이라고 평가한 바 있다. 또한 같은 해 10월 3일 발표된 "강성대국 건설의 요구에 맞게 사회주의경제관리를 개선강화할 데 대하여"라는 담화는 9개월 후 시행된 7.1조치의 골자를 담고 있었다. 이러한 사실은 7.1조치가 상당기간의 준비와 고심 끝에 나온 것임을 보여주는 것이다. 김용술 북한 무역성 부상에 따르면, 7.1조치는 2년 이상의 준비 끝에 나온 것으로, 가격개혁과 관련된 내부 정책 자료만 해도 수십 권에 이른다고 한다. 김용술의 발언은 방일 기간 중인 2002년 9월 2일 기업인들과의 비공개 세미나에서 나온 것이며, 원문은 《KDI 북한경제리뷰》(2002. 10.), pp.44-50에 실려 있다. 이하에서는 김정일 담화(2001. 10. 3.), 김용술 발언록 (2002. 9. 2.)으로 약칭한다.

매가격은 kg당 0.08원(8전)에서 44원으로 무려 550배가 인상되었다. 쌀과 함께 북한의 주식인 옥수수 역시 수매가가 kg당 0.49원(49전)에서 20원으로 41배, 판매가는 kg당 0.06원(6전)에서 24원으로 약 400배 인상되었다.

반면, 확인 가능한 품목 중에서 가장 조금 오른 것은 세숫비누와 남자 운동화로 각각 7배와 10배가량 인상되었다. 기타 대중교통 요금은 10~37배가량 인상되었고, 석탄, 전력, 휘발유 가격 등은 44~70배로 상대적으로 큰 폭으로 올랐다. 전반적으로 보면 북한 경제난의 핵심인 식량난과 에너지난을 반영하여, 식량값과 에너지값이 가장 많이 오른 것으로 보인다. 나머지 품목의 가격은 7.1조치 이전의 국정가격 수준을 알 수 없어 구체적인 인상 폭을 알 수는 없다. 다만 〈7.1조치 강연자료〉[2]에 따르면, 평균적으로는 전 품목의 가격을 약 25배 인상했다고 한다.[3]

북한당국이 가격을 현실화한 이유는 제2경제를 근절하기 위함이었다. 경제난으로 국영유통망의 물자가 절대적으로 부족해지면서 농민시장을 포함한 암시장의 가격이 큰 폭으로 올랐고, 이에 따라 고정된 국정가격과 수급상황을 반영하는 시장가격 간의 괴리가 구조화되어 실질적인 이중가격제가 형성되었다. 그 결과 계획 영역의 상당수 물품이 비싼 가격에 팔릴 수 있는 암시장으로 유출되는 현상이 지속되었다.

---

2 〈7.1조치 강연자료〉("가격과 생활비를 전반적으로 개정한 국가적 조치를 잘 알고 강성대국 건설을 힘 있게 앞당기자")는 7.1조치를 주민들에게 알리기 위해 북한당국이 직장이나 학교 등의 기관장에게 강연자료로 배포한 것으로 추정된다. 2002년 7월 조선로동당출판사에서 발간된 것으로 B5판 8쪽 분량이며, RENK라는 일본 NGO에 의해 입수되어 2002년 12월 19일 일본 마이니치신문에 소개되었던 것이다. 《KDI 북한경제리뷰》(2003. 1.), pp.40~45에 원문이 실려 있다.
3 그러나 조총련계 경제학자인 강일천은 25배는 전 품목이 아니라 공업제품에 국한된 평균가격 인상률이라고 보고 있다. 강일천, "최근 우리나라에서 실시된 경제적 조치에 대한 잠정적 해석(1)", 《KDI 북한경제리뷰》(2002. 10.), p.33.

표 4-1 7.1조치 이후 북한의 물가인상 현황

품목	인상 전	인상 후	인상 폭(배)
쌀	(수매가) 80전/kg	(수매가) 40원/kg	50
	(판매가) 8전/kg	(판매가) 44원/kg	550
옥수수	(수매가) 49전/kg	(수매가) 20원/kg	41
	(판매가) 6전/kg	(판매가) 24원/kg	400
콩		(수매가) 40원/kg	
돼지고기(지육)	(수매가) 7원/kg	(수매가) 170원/kg	24
닭고기		(수매가) 180원/kg	
평양-청진 철도 요금	16원	590원	37
버스·지하철 요금	10전	2원	20
전차 요금	10전	1원	10
무연탄	34원/톤	1,500원/톤	44
전력	35원/천kW	2,100원/천kW	60
코크스탄, 전등, 강판, 생고무			45
휘발유	923원/톤	64,600원/톤	70
남자운동화	18원/켤레	180원/켤레	10
세숫비누	3원/장	20원/장	6.7
빨랫비누	50전/장	15원/장	30
된장		17원/kg	
간장		16원/kg	
콩기름		180원/kg	
맛내기		300원/kg	
소주		43원/ℓ	
청어		100원/kg	
주택사용료(1개월)		78원/60㎡	
난방사용료(1개월)		175원/60㎡	
송도원 해수욕장 입장료	3원	50원	17
월간 잡지 《조선문학》	1.2원	35원	29

자료: 조명철, 《7.1경제관리개선조치 현황평가와 과제》 (대외경제정책연구원, 2003), p.131

가격현실화는 가격을 암시장 수준으로 올려 이중가격을 해소함으로써 암시장을 근절하고 계획 영역의 유통과 생산을 정상화하려는 의도였던 것이다.[4] 〈7.1조치 강연자료〉는 가격현실화의 이유를 다음과 같이 설명하고 있다.

> 최근 수년간 우리는 가격사업을 옳게 실행하지 않아, 나라의 경제사업에 전반적으로 중대한 나쁜 결과를 초래했다. 현재 국정가격이 농민시장 가격보다 낮아서 장사행위가 성행하고, 국가에는 상품이 부족한데 민간은 상품에 둘러싸여 있는 현상을 초래하고 있다. 농민시장에 가보면 쌀을 원료로 하는 식료품부터 공업제품에 이르기까지 생활에 필요한 대부분의 상품이 모두 있다. 그 대부분은 낮게 책정된 국정가격과의 격차를 이용해 국가물자를 모두 빼돌려서 농민시장에서 높은 가격으로 팔고 있는 것이다. 그래서 생산은 국가가 하고 있는데 상품과 돈의 대부분은 개인의 손에 들어간다. 따라서 이번에 국가에서는 사회주의 경제관리를 개선하기 위해 전 품목의 (국정) 가격을 종전보다 평균 25배 정도 끌어올리기로 개정하고, 이달부터 전국적으로 새롭게 개정된 가격에 따라 전체 생산과 경영활동이 진행되도록 했다.[5]

예컨대 "현재 개인 장사꾼들이 (축산농가로부터) 돼지고기를 kg당 60~80원에 사들여 농민시장에서 (비싸게 팔아) 폭리를 얻고 있지만, 이제부터는 국가의 수매가(kg당 170원)가 (개인 장사꾼들의 수매가보다) 더 높

---

4 "생산자 위주의 가격조정", 《조선신보》(2002. 8. 2.)
5 〈7.1조치 강연자료〉, pp.40-41.

기 때문에 (축산농가들이 개인 장사꾼이 아닌 국가에 돼지고기를 팔 것이므로) 자연스럽게 돼지고기 장사꾼들이 없어지게 된다"라는 것이다.[6] 이제는 국가가 인위적으로 단속하지 않아도 가격신호에 따라 생산품이 자연스럽게 국영유통망으로 유입될 것이기 때문에 암시장이 해소되고 계획 영역의 유통과 생산이 정상화될 수 있다는 기대인 것이다. 김용술 무역성 부상의 표현에 따르면, "소비자 위주의 가격에서 생산자 위주의 가격으로의 전환"인 것이다.[7]

그렇다면 가격현실화는 실제 암시장 근절의 효과를 가져왔는가? 7.1조치 직후에는 일정한 효과가 있었던 것으로 보인다. 예컨대 "국정가격과 장마당가격의 격차가 해소되면서 물자의 유통도 정상궤도에 오르고 있다. 국영상점 등에 고기와 닭알을 비롯한 식료품 등이 진열되기 시작했다", "톤당 40~50원이었던 무연탄의 가격도 1,600원으로 정해졌다. 지난날 가격이 낮은 탓에 평양화력발전소에 들어가야 할 무연탄이 다른 공장·기업소로 넘어가는 현상도 극복되어가고 있다"[8]라는 등의 보도가 그 예다.

그러나 얼마 가지 않아 농민시장의 가격은 다시 국정가격을 이탈하여 빠른 속도로 괴리되기 시작했다. 예컨대 7.1조치 직전 평양 농민시장의 쌀값은 kg당 48~55원이었는데, 7.1조치에서는 이를 반영하여 국정 판매가격을 44원으로 정했다. 하지만 불과 6개월 후 농민시장의 쌀값은 kg당 130~150원으로 올랐고, 그 이후 매년 2배 이상씩 상승했

---

[6] 〈7.1조치 강연자료〉, p.41.
[7] 김용술 발언록 (2002. 9. 2.), p.46.
[8] "나라가 허리 펴면 우리 생활도 풀리겠죠", 《조선신보》 (2002. 10. 9.); "일꾼이 많으면 나라가 흥합니다", 《조선신보》 (2002. 10. 11.)

표 4-2 7.1조치 전후 평양 (농민)시장[9]의 물가 비교 (단위: 원)

	2002.2	2003.2	2004.5	2004.8	2005.2
쌀(1kg)	48~55	130~150	240	420~680	650
옥수수(1kg)	20~32	75~85	120	200	450
두부콩(1kg)	60~70	180~190	250	450	550
식용유(1kg)	160~200	600~650	1,000	1,500	2,500
계란(1알)	10~13	22~25	40	45	-
명태(1마리)	100	300~400	500	-	-
돼지고기(1kg)	160~180	360~380	750	1,000	1,900
미원(453g)	180~190	420~430	600	850	1,200
설탕(1kg)	130~150	400~420	310	470	-
휘발유(1kg)	130~150	330~350	400~600	-	-
경유(1kg)	80~100	280~300	400~600	-	-
비누(450g)	60~70	165~175	100	-	-
외국산담배(1갑)	100~110	230~240	300	-	-
국산담배(1갑)	45~50	70~80	100	-	-
이발비	5~10	15~20	25	-	-

자료: 《데일리NK》

다. 더욱이 평양은 다른 지역에 비해 물가가 상대적으로 안정돼 있다는 점을 감안하면, 다른 지역에서는 더 빠른 속도로, 마치 "미사일을 탄 것 같이"[10] 물가가 올랐다고 봐야 할 것이다. 2007년 현재 평양 이외의 지역에서 쌀의 시장가격은 kg당 1,000원 내외에서 결정되고 있는 것으로 알려지고 있다.

사실 7.1조치 당시부터 북한 주민들 사이에서는 "식량도 부족하고 상품도 없는데, 국가에서 (국정)가격을 끌어올리면 시장가격이 더 오른

---

[9] 2003년 3월부터 농민시장은 종합시장으로 변경.
[10] 중국 거주 북한주민 J씨 면담. 《데일리NK》(2004. 12. 5.) 재인용.

다"라며 반신반의하는 사람들이 많았다고 한다.[11] 그러나 북한 당국은 "7.1조치에서 상품가격 총액보다 임금총액을 낮게 설정했기 때문에 인플레이션은 있을 수 없다"라고 반박했다. 그러나 이는 대부분의 주민들이 장사와 같은 제2경제 활동에서 수입을 얻고 있으며, 생계비에서 임금이 차지하는 비중은 높지 않다는 사실을 무시한 원론적인 주장일 따름이다. 돈이 있고 만성적인 물자부족이 지속되는 상황에서 인플레이션은 필연적인 것이다. 뒤에서 살펴보듯이, 이중가격의 현실이 부활함에 따라 2003년 3월 당국은 결국 농민시장을 공식경제 내부로 수용하여 종합시장을 개설하게 된다. 그러나 그 이후에도 시장가격은 빠른 속도로 상승했고, 이에 따라 국정가격과의 차이는 점점 더 벌어졌다.

가격제정 방식의 변화

7.1조치는 가격을 현실화했을 뿐 아니라 가격제정 방식에서도 상당한 변화를 가져왔다. 우선, 과거에는 석탄, 전력 등 기초 원자재를 가격제정의 기준으로 삼았으나, 앞으로는 "44원으로 정해진 쌀의 판매가격에 기초해서 모든 상품가격과 생활비(임금)를 결정"한다는 것이다.[12] 이역시 7.1조치의 핵심이 국영유통부문을 정상화하는 데 있다는 것을 보여주는 대목이다. 왜냐하면 농민시장의 핵심 거래물품이 바로 쌀을 포함한 식량이기 때문이다. 식량의 국정가격만 시장가격과 괴리되지 않

---

[11] 〈7.1조치 강연자료〉, p.44.
[12] 김용술 발언록 (2002. 9. 2.), p.46.

는다면 암시장의 확산은 충분히 통제할 수 있다는 판단인 것이다.[13]

더 중요한 것은 가격결정에서 정치적 관리가격제를 폐지하여 생산원가를 충실히 반영하며, 나아가 생산원가만이 아니라 국내적인 수요-공급과 국제시장의 가격 수준도 반영하기로 했다는 점이다. 원래 북한에서 가격결정은 두 가지 원칙에 따라 이루어졌다. 첫 번째는 해당 상품을 만드는 데 필요한 사회적 필요노동, 즉 가치에 의거하여 가격을 정하는 원칙이다. 여기서 가치는 해당 상품을 만드는 데 소요되는 사회적인 평균 생산원가로 측정될 수 있다. 두 번째는 상품가격을 가치(생산원가)로부터 의식적으로 괴리시키는 원칙이다. 이는 주민생활을 안정시키기 위해 식량 및 생필품의 가격은 가치보다 아주 낮게 책정하고, 기호품과 사치품 등은 인위적으로 높게 책정하는 정치적 관리가격을 의미한다.[14] 정치적 관리가격제의 폐지에 대해서는 이후 임금인상을 다룬 부분에서 살펴보기로 하고, 여기서는 수요공급을 가격에 반영한다는 부분만을 살펴보기로 한다.

가격결정에서 국내외 수급상황을 반영하기로 한 것은 제한적이나마 변동가격제를 받아들였다는 것을 의미한다. 과거의 경우 한번 정한 국정가격은 웬만해서는 변하지 않았다. 예컨대 쌀값은 1946년 kg당 8전으로 정해진 이후 2002년까지 50여 년간 불변인 채로 남아 있었다. 그러나 "앞으로는 상품의 수요와 공급이 변동하는 데 따라 상품유통과

---

[13] 나아가 강일천은 기초원자재 중심의 가격제정이 중공업 우선의 축적전략을 뒷받침하기 위한 것이었다면, 쌀값 중심의 가격제정은 농업 우대정책을 반영하는 것으로 해석하고 있다. 강일천, 앞의 글, p.36.
[14] 《경제사전》 1권 (평양: 사회과학출판사, 1985), p.42.

화폐유통을 원만히 보장하기 위해 (국정) 상품가격을 고정시키지 않고 능동적으로 계속 조절"하는 체제로 변화하였다.[15] 이와 관련하여 김용술 무역성 부상은 쌀의 판매가격이 가격결정의 '기초가격'이지만, "이 기초가격이란 것은 말 그대로 기초가격으로서, 국내 수요와 공급에 의해 생산자와 구매자가 독자적으로 가격을 설정하고 거래할 수 있다"라고 밝히고 있다. 물론 이것은 시장수급에 따라 가격이 자유롭게 변동하는 가격자유화(price liberalization)를 의미하는 것은 아니다. 만일 그렇다면 국가가 가격을 정하는 것 자체가 무의미하기 때문이다. 국정가격의 변동은 어디까지나 "국가가 조정"하는 것이다. 또한 김용술은 이 조정에서는 국내수급만이 아니라 국제 시장가격도 반영되며, 그 조정 폭은 대략 5~10% 범위가 되지 않을까 추측하고 있다.[16]

김일성종합대학의 리동구 교수에 따르면, 새로운 가격제정 방식에서는 국가가 가격을 "수요와 공급에 따라 능동적으로 조절"한다.[17] 실제 2003년 당시 종합시장에서는 "쌀, 기름을 비롯한 중요지표 상품의 한도가격을 설정하고, (그에 기초하여) 수요와 공급에 따라 10일에 한 번씩 '적절한 가격'을 산출하고 있다"고 한다.[18]

국가가 가격을 수시로 조절하는 것은 다분히 시장을 의식했기 때문이다. 일단 가격현실화로 시장가격에 근접시켰다고는 하나 아직 물자부족이 해소되지 않은 상황이므로 시장가격은 언제든지 오를 수 있고, 이에 따라 또다시 계획 영역의 물자가 시장으로 유출되는 현상이 발생

---

15 《7.1조치 강연자료》, pp.41-42.
16 김용술 발언록 (2002. 9. 2.), pp.46-47.
17 "변혁의 현장에서: 최고학부 대학생들이 배우는 실천적 경제학", 《조선신보》(2003. 11. 29.)
18 "변혁의 현장에서: 검증되는 개선조치의 생활력", 《조선신보》(2003. 12. 22.)

할 수 있는 것이다. 다시 말해, 가격의 수시변경제는 암시장을 막고 계획경제를 복원하는 데서 시장에 대한 가격신호를 본격적으로 활용하겠다는 의도의 표현인 것이다. 이와 관련하여 최홍규 국가계획위원회 국장은 유효수요를 보장하지 못하면 가격이 오르는 것은 당연하다며, "이제는 지불능력이 있는 수요(유효수요)에 따라 국가가 전반 가격을 능동적으로 조정" 할 것이라고 밝힌 바 있다.[19]

---

[19] "인터뷰: 국가계획위원회 최홍규 국장", 《조선신보》 (2003. 4. 1.)

환율인상과 외화관리제도의 변화

환율인상

북한은 7.1조치에서 가격현실화와 함께 환율인상도 단행했다. 북한의 환율은 크게 보면 국가가 정하는 공식환율과 암시장에서 자율적으로 정해지는 시장환율이 있다. 이러한 이중환율의 현실은 상당히 오랜 기간 지속되어왔다. 1990년대 초에 이미 시장환율이 공식환율의 약 30~40배에 달하는 달러당 80~100원 수준이었으며, '고난의 행군'(1995~1997년)을 거치면서 100배 수준까지 상승했다.

이러한 이중환율 구조는 가뜩이나 부족한 달러가 지속적으로 암시장으로 유출되는 상황을 초래했다. 이에 따라 북한은 7.1조치에서 달러당 2.2원 내외인 공식환율을 153원으로 약 70배 인상하였다. 그러나 이는 당시 암시장 환율인 900원에 여전히 크게 미달하는 것이어서 암시장으로의 달러 유출은 지속되었다. 이에 따라 북한은 2002년 11월

표 4-3 美달러 대비 북한환율 추이

(단위: 북한원)

	1992	1993	1994	1995	1996	1997	1998	1999	2000	2001	2002. 8~12	2003	2004	2005. 1~6
공식 환율	2.13	2.15	2.16	2.05	2.14	2.16	2.2	2.17	2.19	2.21	153	145	139	137
시장 환율	80~100		120~150		195		190~250		200~250		200~ 480	400~ 1,000	1,200~ 1,900	1,900~ 1,600
시장/ 공식 (%)	37~47		59~69		91		86~114		91~113		1.3~ 3.1	2.8~ 6.9	8.6~ 13.7	13.9~ 19.0

자료: 한국은행

달러화 사용을 금지하고 유로화로 대체하는 조치를 취했으나, 현실에서는 여전히 달러가 통용되었다. 또한 이러한 통제조치는 오히려 달러가 암시장으로 들어가야 할 동기만을 자극하여 암시장환율을 지속적으로 상승시켰고, 이에 따라 시장환율과 공식환율 간 격차는 다시 크게 벌어져버렸다.[20]

이에 따라 결국 북한은 다시 현실에 순응하는 정책을 취하게 된다. 2003년 중반부터 외화교환소를 설치하여 공식환율이 아니라 암시장환율로 외화를 교환해주기로 한 것이다.[21] 이에 따라 북한에서는 조선무역은행에서 발표하는 공식환율(무역환율),[22] 외화교환소에서 결정되는

---

20 2007년 현재 암시장환율은 3,000원 수준에 이르고 있다. 탈북자 J씨 면담 (2007. 5. 21.).
21 그러나 암시장환율은 계속 변화하는 반면 외화교환소 교환환율은 일정기간 동안은 고정되어 있기 때문에 일정한 괴리가 발생할 수밖에 없다. 예컨대 2007년 5월 현재는 달러당 약 200원 정도 암시장환율이 높은 편이다. 탈북자 J씨 면담 (2007. 5. 21.).
22 북한에서 무역환율은 상품수출입과 관련해서는 오직 대내결제에만 이용된다는 점에 유의할 필요가 있다. 무역회사와 외국회사 사이의 수출입계약은 외화로 체결되고 대금결제도 외화로 이루어지기 때문에, 대외무역에서 무역환율이 개입할 여지는 없다. 다만 무역은행이 외화표시 수출상품대금을 무역회사에 북한원화로 지불하는 경우나, 수입상품대금을 무역회사로부터 북한원화로 수납받는 경우에는 외화를 북한원화로 환산하게 되므로 이러한 대내결제 시에는 무역환율이 개입되는 것이다.

교환환율, 그리고 암시장환율 등 세 개의 환율이 존재하게 됐다. 이러한 삼중환율제도는 대외적인 공식환율은 그대로 유지하되 암시장으로 유출되는 외화를 계획 영역으로 끌어내기 위한 고육책인 것이다.

외화관리제도의 변화

한편 북한은 7.1조치로 그간의 고정환율제도에서 탈피하여 부분적으로 변동환율제도를 도입하였다. 원래 북한의 환율은 정부가 인위적으로 정한 공정환율(official exchange rate)로서, 사회주의권 붕괴 이전까지 사회주의국가들 간에는 협정을 통해 환율을 결정했고, 비사회주의권 통화와의 환율은 소련 루블화를 기준통화로 하여 기준환율을 정하고 (1961~1990년까지 1루블 = 1.33원 고정) 루블화와 해당통화 간의 환율을 감안하여 재정했다(裁定換率). 그러나 사회주의권 붕괴 이후에는 달러를 기준통화로 하여 기준환율을 정하고, 여타 통화와의 환율은 달러와 해당 통화의 환율(cross-rate)을 감안하여 재정해왔다.[23] 그런데 〈표 4-3〉에 나타나듯이, 북한의 대미 달러환율은 2.13~2.21북한원으로 거의 변동되지 않아 사실상 고정환율제도를 유지해왔다.

그러나 〈그림 4-1〉에서 보듯이 7.1조치 이후에는 공식환율이 매달

---

[23] 기준환율은 외화관리기관에서 정하며, 이에 근거하여 조선무역은행이 외화현금환율(현찰매매율), 외환결제환율(전신환매매율), 대외결제수수료율, 외화 예금·저금·대부 이자율 등을 결정, 고시한다. 외화관리기관은 무역성과 재정성으로 이원화돼 있었으나, 7.1조치로 재정성으로 일원화됐다. 《조선민주주의인민공화국 외화관리법 시행규정》(1994); 류승호, "북한의 경제개선조치 이후 환율동향 및 시사점", 《수은해외경제》 (2003. 12.), p.57.

그림 4-1 7.1조치 이후 북한원의 공식환율 추이

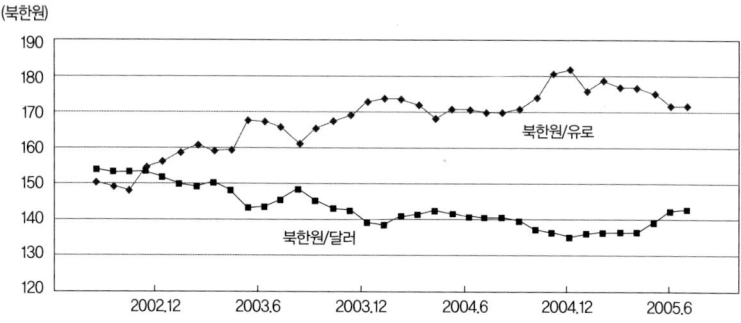

자료: 한국은행

상당수준 변동하고 있다. 이는 국제외환시장에서 거래되는 달러/유로 환율을 일정 기준에 따라 변환하여 기준환율을 결정하고 있기 때문인 것으로 추정된다.[24] 김용술 북한 무역성 부상 역시 7.1조치에서 달러 대 원화를 1:150으로 정했지만, 그것은 "고정된 것이 아니라 시장시세에 따라 200 혹은 120, 이런 조정이 있게 될 것"이라고 말한 바 있다.[25]

한편 외환관리제도도 변화가 있었다. 과거 북한주민은 북한 내에서는 2,000원에 상당하는 외화현금만 보유할 수 있고 나머지는 의무적으로 저금하거나 '외화바꾼돈표'[26]로 교환해야 했다. 또한 내외국인을

---

[24] 이는 IMF가 분류한 여덟 가지 환율제도 중 관리변동환율제도(managed floating)와 페그제도(peg arrangement)의 특성을 부분적으로는 가지고 있으나 본질적인 측면에서 차이가 있어 특정 제도로 분류할 수 없는 북한만의 독특한 제도로 판단된다. 문성민, 《북한 금융의 최근 변화와 개혁과제》(한국은행 금융경제연구원), p.50.
[25] 김용술 발언록 (2002. 9. 2.), p.50.

막론하고 외화현금을 사용하고자 할 때는 반드시 '외화바꾼돈표'로 교환하여 사용해야 했다. 물론 이는 외화를 국가의 수중에 집중시키려는 조치였다. 그러나 경제난으로 북한원화의 가치가 지속적으로 떨어지면서 주민과 기업들 사이에서는 외화를 보유하고자 하는 수요가 증가하였기 때문에 '외화바꾼돈표' 제도는 소기의 목적을 달성하지 못한 채 거래의 불편함만 가중시켰다.

이에 따라 7.1조치에서는 '외화바꾼돈표'를 전국적으로 폐지했다.[27] 또한 2005년부터는 북한주민의 외화현금 보유한도 역시 폐지했다. 그러나 외화현금의 국내유통은 여전히 금지되고 있으며, 반드시 외화교환소 등에서 북한원화와 교환하여 사용하도록 규정되고 있다. 하지만 실제로는 달러가 구매수단으로 이용되고 있어 이러한 규정은 명목상에 그치고 있는 것으로 보인다.

한편 과거 북한 내에서 기관·기업소는 외화를 보유할 수도 유통할 수도 없으며, 벌어들인 외화는 '외화바꾼돈표'와 교환하여 거래은행의 '외화원계좌'[28]에 입금하고, 그 계좌를 통해 외화 관련 결제를 진행해야 했다.[29] 그러나 7.1조치로 이제 기관·기업소는 벌어들인 외화를 거래은행 '외화계좌'에 직접 입금하되, 일정 부분을 국가에 납부하

---

26 7.1조치 이전까지 북한에서 현금은 조선중앙은행에서 발행하는 일반화폐인 은행권(지폐)과 주화(동전), 그리고 조선무역은행에서 발행하는 특수화폐인 '외화바꾼돈표'로 구분되었다. 북한은 1979년부터 내·외국인이 북한 내에서 외화를 사용하고자 할 때는 그것을 '외화바꾼돈표'와 교환하여 사용하도록 규제해왔다.
27 '외화바꾼돈표'는 1997년 6월 라진·선봉특구에서 먼저 폐지됐다.
28 원래 북한의 은행에는 조선원계좌, 외화계좌, 외화원계좌 등 세 가지 종류의 계좌가 있어 각기 북한원화, 외화, 외화바꾼돈표를 입금하게 되어 있었다. 또한 원칙적으로 외화계좌는 무역은행을 비롯하여 일부 외화거래를 허가받은 단위들만 가질 수 있고, 일반 무역회사나 기관·기업소들은 가질 수 없도록 제한하고 있었다. 류승호, "북한 외화관리제도 변경의 특징과 한계", 《수은북한경제》 (2004 여름), p.89.

는 조건에서, 또한 외화수입계획을 초과한 범위 내에서 자체적으로 외화를 이용할 수 있게 허용되었다. 그러나 이 경우에도 지정된 항목에만 사용이 가능하며, 대외결제는 여전히 거래은행을 통하도록 통제되고 있다. 다시 말해, 기업의 외화현금 보유와 유통은 여전히 금지되고 있는 것이다.

---

29 기관·기업소는 단 하나의 은행에만 계좌를 설치할 수 있고, 거래은행은 기관·기업소를 대신하여 대외결제를 진행하며, 이때 '외화원계좌'에 있는 돈을 외화로 전환하여 외국에 지급하고 '외화원계좌'에서 차감한다.

임금인상 :
차등임금제의 도입과 '공짜'의 폐지

임금인상

7.1조치로 물가가 대폭 인상됨에 따라 근로자들의 임금(생활비)도 그에 연동되어 인상되었다. 〈7.1조치 강연자료〉에 따르면, 평균 18배가 인상되었다. 이는 한 가정에서 평균 2명이 일한다고 가정하고 1인당 월급을 2,000원(가구당 근로소득은 월 4,000원) 정도로 기준을 정한 것이라고 한다. 그러나 이는 평균 인상률일 뿐이고, 실제로는 직종에 따라 큰 차이를 보이고 있다.

예컨대 탄광, 광산을 비롯해 어렵고 힘든 부문에서 일하거나 전략물자를 생산하는 근로자의 임금은 20~30배가 인상되었다. 특히 탄광, 광산 근로자의 1인당 임금은 월 6,000원으로 가장 높게 책정되었다고 한다. 또한 생산현장에서 일하는 기사나 연구사, 설계원, 대학교원 등 과학기술자의 임금은 약 19배 인상된 반면, 비생산부문의 노동자와 지도단위 일꾼은 17배 인상되는 데 그쳤다. 한편, 농민들의 보수도 임금(생활비)은 아니지만 한 달 환산으로 2,300원 정도가 되도록 수매가격 기준과 각종 지표를 조정했다. 강일천에 따르면, 이는 채취공업부문, 전략물자 생산부문, 과학기술부문, 그리고 농업부문을 우선 발전시키려는 당국의 의도가 반영된 것이라고 한다.[30]

그런데 북한은 7.1조치를 통해 직종별 임금을 조정했을 뿐 아니라, 기능별 임금격차도 확대시켰다. 일반적으로 북한 노동자는 기능 정도에 따라 무기능, 기능, 고급기능 노동자로 나누어진다. 과거에도 기능 정도에 따른 임금격차가 존재하였으나, 7.1조치에서는 그 폭이 확대되었다. 예컨대 7.1조치 이후 북한당국이 배포한 〈노동자 생활비 기준표〉에 따르면, 과거에는 무기능과 고급기능의 임금격차가 약 1.5~2배 정도에 불과했지만, 이제는 약 2~3배로 확대되었다. 이는 노동자로 하여금 숙련도를 높일 유인을 제공하여 생산성을 증대시키겠다는 의도로 보인다.[31]

차등임금제의 확대와 '공짜'의 폐지

임금조정에서 보다 중요한 것은 이른바 '분배의 평균주의'가 타파되었다는 점이다. 이는 차등임금제의 확대와 '공짜'의 폐지를 그 골자로

---
30 〈7.1조치 강연자료〉, pp.42-43; 강일천, 앞의 글, p.37.
31 조동호, 《북한 경제정책의 변화전망과 남북경협의 역할》(한국개발연구원, 2003), pp.133.

표 4-4 7.1조치에 따른 직업별·기능별 임금 수준

부문	기능 정도	월 임금(북한원)
석탄공업부문 굴진·채탄 노동자	무기능	3,140~3,770
	기능	4,400~5,040
	고급기능	5,680~6,000
임업부문 통나무 생산 노동자	무기능	1,330~1,740
	기능	2,160~2,570
	고급기능	2,980~3,200
금속공업부문 제철·제강 노동자	무기능	1,560~2,380
	기능	3,200~4,020
	고급기능	4,840~5,250
기계공업부문 공작기계운전 노동자	무기능	1,220~1,570
	기능	1,920~2,270
	고급기능	2,620~2,800
화학공업부문 합성섬유 생산 노동자	무기능	1,210~1,900
	기능	2,590~3,280
	고급기능	3,970~4,320
경공업부문 재단·재봉 노동자	무기능	1,200~1,400
	기능	1,590~1,790
	고급기능	1,990~2,090
농업부문 농산물 생산 노동자	무기능	1,320~1,570
	기능	1,830~2,080
	고급기능	2,340~2,480
철도운수부문 기관차·객화차 수리 노동자	무기능	1,200~1,500
	기능	1,800~2,100
	고급기능	2,380~2,530
문화부문 영화필름현상·완성 노동자	무기능	1,030~1,310
	기능	1,590~1,870
	고급기능	2,160~2,300
상업부문 구멍탄 생산 노동자	무기능	1,100~1,400
	기능	1,720~2,040
급양부문 요리가공 노동자	무기능	1,000~1,400
	기능	1,450~1,600
	고급기능	1,650~1,800

자료: 〈노동자 생활비 기준표〉

한다. 우선 차등임금제를 확대했다는 것은 "실제 자기가 일한 만큼 득을 볼 수 있도록" 임금지급제도를 변경시켰다는 것을 의미한다. 〈7.1조치 강연자료〉에 따르면, 과거에는 분배의 평균주의가 만연하여 개개인이 실제로 일을 얼마나 했는가와 무관하게 소속 기업소의 계획달성 정도에 따라 모두 똑같이 임금을 지불했다고 한다. 또한 협동농장원들도 개개인이 실제 얼마나 일을 했는가와 무관하게 가동일수만 보장하면 1년 식량을 일률적으로 다 지급했다고 한다. 이러다 보니 근로자들 사이에 '건달풍'이 조장되어 근로의욕이 저하됐다는 것이다. 이에 따라 이제는 "실제 자기가 일한 만큼, 번 것만큼, 생활비를 엄격히 주도록" 임금지급제도에서 차등임금제를 확대했다고 한다.[32]

따라서 〈노동자 생활비 기준표〉에 나와 있는 임금은 그야말로 '기준'일 뿐이다. "자신의 공헌도와 소속단위의 실적에 따라 (임금이) 그 이상으로도 그 이하로도 될 수 있는 참고적인 숫자에 지나지 않는다"라는 것이다.[33] 이와 관련하여 특히 주목되는 것은 도급지불제를 확대한 것이다.

북한의 임금형태는 도급지불제와 정액지불제로 구분된다. 도급지불제는 노동의 결과를 정확히 계산할 수 있는 부문, 즉 노동정량을 정해주고 그 수행 정도를 계산할 수 있는 부문에 적용되어 생산량 또는 작업량에 따라 보수를 지급한다. 정액지불제는 근로자들의 직제와 자격급수, 직종별 기능등급에 따르는 단위시간당 생활비 기준액을 생활비표에 미리 정해놓고 일한 시간에 따라 보수를 지급하는 방식이다.[34]

---

32 〈7.1조치 강연자료〉, p.42.
33 강일천, 앞의 글, p.37.

따라서 노동 인센티브의 면에서 도급지불제는 정액지불제보다 훨씬 강력한 기제다. 물론 과거에도 도급지불제가 없었던 것은 아니지만 개인주의적 경쟁심을 자극할 우려가 있어 제대로 시행되지 않았다. 그러나 7.1조치 이후에는 과거 정액지불제가 적용되던 부문과 직종에서도 최대한 도급지불제를 적용하는 방향으로 바뀌고 있다고 한다. 농업부문에서도 도급지불제가 확대되어 노동시간이 아니라 생산량에 기초해 분배받는 방향으로 개혁이 이루어지고 있다고 한다.[35] 《조선신보》에 나타난 몇 가지 사례를 살펴보기로 하자.

7.1조치에서는 탄부의 평균 생활비가 6,000원으로 설정되었지만, 평안남도 순천시에 있는 '2.8직동탄광'에서는 월평균 수만 원의 생활비를 타가는 탄부들이 많다. 예컨대 ○○중대에서는 탄부들이 평균 3만 원의 생활비를 받고 있고, 심지어 6만 원을 받은 탄부도 있다. 이는 '누진생활비' 제도가 도입되었기 때문이다. 이 제도에서는 정량계획의 70%를 달성하면, 기본생활비 전액을 지급하고 그 이상 석탄을 캐면 '누진생활비'가 붙는다. 그리고 계획을 120% 이상 수행한 다음부터의 생산실적에 대해서는 5배의 누진생활비가 지급된다.[36]

새로운 과학기술의 개발로 인해 발생된 이익의 70%는 그 기술을 창안한 개인 혹은 단위에게 현금으로 3년간 상금을 지급한다.[37]

---

[34] 《경제사전》 2권 (평양: 사회과학출판사, 1985), pp.192-193.
[35] 강일천, 앞의 글, p.38; 조동호, 앞의 책, p.136.
[36] "일꾼이 많으면 나라가 흥합니다"; "해설: 계획 120% 수행하면 5배의 '누진생활비'", 《조선신보》 (2002. 10. 11.).

○○식료품상점에서는 상점의 매상고가 오르자 종업원들이 매달 2,500~3,000원 수준의 노임을 받고 있다. 이는 7월에 설정된 기본노임의 약 2배다.[38]

요컨대 7.1조치 이후 북한에서는 과거 개인주의를 자극할 우려가 있다고 하여 터부시되던 차등임금제가 광범위하게 도입되고 있으며, 노동 인센티브에서 물질적 자극이 본격적으로 도입되기 시작했다고 봐도 무방할 것이다. 이는 아직 획기적인 자본도입 전망이 불투명한 상황에서 우선 노동생산성만이라도 증가시켜 생산증대를 꾀하고 계획경제를 복구해보려는 시도라고 보인다.

차등임금제의 확대와 함께 분배의 평균주의를 없애기 위해 도입된 것이 이른바 '공짜'의 폐지다. 앞서 살펴보았듯이, 북한에서는 주민생활을 안정시키고 체제에 대한 충성심을 유도하기 위해 식량이나 생필품, 공공요금 등의 가격을 생산원가보다 낮게 책정하여 "공짜나 다름없이" 제공하는 정치적 관리가격제를 실시해왔다. 따라서 해당 재화의 생산단위에는 손실을 보전해주기 위해 국가에서 보조금을 지급해줘야 했다. 그런데 제3장에서 살펴보았듯이, 1995년부터 재정규모가 절반으로 축소되는 재정난에 직면한 북한이 이러한 보조금제도를 유지하기는 힘들었을 것으로 보인다. 따라서 북한은 재정위기를 탈피한

---

[37] "변혁의 현장에서: 계승되는 평양 식료품 포장재 공장의 전통", 《조선신보》(2004. 10. 1.); 〈7.1조치 강연자료〉, p.43.
[38] "변혁의 현장에서: 된장, 간장 판매량 2배로 늘인 식료품상점", 《조선신보》(2003. 9. 27.).

다는 차원에서 각종 보조금을 폐지했으며(이에 대해서는 6. 재정개혁 부분을 참조), 이는 자연스럽게 정치적 관리가격제의 폐지와 가격인상, 그리고 주민입장에서는 '공짜'의 폐지로 나타났던 것이다. 따라서 이제 주민들은 기본적으로 국가의 보조 없이 "자기가 번 생활비로만 생활"해야만 하는 시스템이 도입되었다.[39]

한편, 당국이 공짜를 폐지한 데는 재정지출을 줄이겠다는 의도 이외에도 근로의욕을 자극하고 노력을 동원하겠다는 의도도 내재돼 있었다.

지난 시기 노동자, 사무원들의 실질생활비에서 식량값이 차지하는 비율은 불과 3.5%밖에 되지 않았다. 하루만 일하면 한 달치 식량을 사먹을 수 있었기 때문에 특별히 애써 일하지 않아도 살아갈 수 있게 되어 있었다. 일할 수 있는 많은 가정주부가 사회에 진출하지 않고, 일부 근로자들이 생산활동에서 열성을 내지 않은 이유는 바로 여기에 있었다.[40]

지난 시기에는 생산기업소에서 계획을 엄청나게 미달하여도 노임의 60% 정도는 탈 수가 있었습니다. 쌀 공급가격, 주택사용료, 물사용료 등이 헐값으로 되다 보니 주부들의 경우 직장에 나가지 않아도 최저생활비를 보장받는 데 큰 문제가 없었습니다. 이것은 '일하지 않는 자는 먹지 말아야 한다'라는 사회주의 원칙에서 멀리 떨어진 현상이었습니다. 그러나 이번에 취해진 조치로 생산의욕이 높아졌을 뿐만 아니라, 힘들고 어려운 부문에 마땅한 대우를 하게 됨으로써 서로가 승벽내기로(경쟁적으로) 막장

---

[39] "본격적으로 추진되는 경제관리개선: 경제부흥을 위한 창조와 변혁", 《조선신보》(2002. 7. 26.).
[40] 〈7.1조치 강연자료〉, p.43.

에 들어가거나 직장에 나가지 않았던 가정부인들도 수많이 직장에 입직하려고 애쓰고 있습니다.[41]

공짜의 폐지로 북한체제의 가장 기초적인 물질적 토대였던 배급제는 사실상 '포기'되었다고 봐도 무방할 것이다.[42] 물론 7.1조치 이후에도 배급대상 품목에는 변화가 없으나 이제는 그 값을 전적으로 수요자 자신이 지불해야 한다는 의미에서 더 이상 과거의 배급제는 아닌 것이다. 예컨대 의복의 경우 과거에는 대상에 따른 지급기준에 따라 국가가 무료 혹은 저가로 제공해왔다.[43] 그러나 7.1조치 이후 남자양복은 75배(90원에서 6,750원), 겨울내의는 80배(25원에서 2,000원)로 올라 개인의 능력과 수입에 따라 의류의 소비 수준이 달라졌다.[44]

주택의 경우에도 과거와 마찬가지로 사회적 신분이나 계층에 따라 달리 공급되고 있지만, 관련 사용료는 크게 인상되어 주민부담이 증가했다. 예컨대 7.1조치 이전에는 주택 사용료로 월 생활비의 0.3%만 부담했고 난방비 등 기타 사용료를 포함해도 생활비의 3%를 넘지 않았다. 그러나 7.1조치 이후에는 평양을 기준으로, 60㎡ 주택의 월 사용료

---

[41] 김용술 발언록 (2002. 9. 2.), pp. 47-49.
[42] 식량과 생필품을 싼 값에 주민에 제공하는 배급제는 집단의 이익이 개인의 이익과 배치되지 않는다는 것을 실생활에서 확인시켜줌으로써 공산주의체제를 지탱한 핵심적 기제였다. 나아가 북한에서 배급은 "수령님께서 주신 것"으로 선전되어왔다는 것을 감안한다면, 배급제는 수령에 대한 정치적 순응과 자신의 물질적 이익이 배치되지 않는다는 것을 확인시켜줌으로써 수령제를 정당화할 수 있는 기반이기도 했다.
[43] 노동자에게는 1년에 1~2벌의 작업복을 무상으로, 학생에게는 1년에 2벌의 교복을 염가로, 기사와 교원에게는 3~4년에 1벌의 양복을 염가로 제공해왔다. 이철수, 《북한사회복지: 반복지의 북한》(청목출판사, 2003), p.137.
[44] 남성욱, "2002년 북한의 임금과 물가인상에 따른 주민 생산·소비형태의 변화에 관한 연구", 《통일문제연구》 15권 2호 (2003), p.109.

가 78원, 난방비가 175원으로 인상되어 집 한 채의 사용료가 한 달에 수백 원에 달하게 되었다. 노동자 평균 임금이 1인당 2,000원인 점을 감안하면, 가구당 2명이 벌어도 약 10%에 육박하는 돈을 주택 관련 사용료로 내야 하는 상황인 것이다.[45]

배급제와 관련하여 가장 중요한 것은 식량이다. 7.1조치로 임금이 평균 18배 오른 반면 쌀의 국정가격은 550배, 옥수수는 400배나 올랐다. 〈7.1조치 강연자료〉에 따르면, 근로자의 실질 생계비에서 식량값이 차지하는 비중을 기존의 3.5%에서 50% 수준으로 올릴 계획이라고 한다.[46] 따라서 식량난이 완화되어 배급제가 부활하더라도 이미 국가의 시혜라는 과거의 의미는 많이 퇴색할 것으로 보인다. 북한당국은 2005년 10월 1일자로 "평양을 비롯한 전국적 범위에서 식량의 정상적인 공급(배급)이 이루어지고 있다"고 주장한 바 있다.[47] 그러나 식량의 시장판매는 여전한 상황이며, 설사 배급제가 정상화됐다고 하더라도 더 이상 과거와 같은 '공짜 식량'은 아닐 것이다.

과거 북한주민들의 생계비는 임금(생활비)과 국가에 의해 간접적으로 지급된 보조금, 그리고 제2경제로부터의 가외소득으로 구성되어 있었다. 7.1조치는 제2경제의 근절을 목적으로 하고 있다는 점에서, 그리고 국가에 의해 제공되던 '공짜'를 폐지했다는 점에서 주민들이 임금에만 의존하여 생활하는 체제를 목표로 한 것이다. 이는 경제난 속에

---
[45] 《연합뉴스》(2002. 8. 2.).
[46] 〈7.1조치 강연자료〉, p.43.
[47] 《조선신보》(2005. 10. 27.)

서 직장을 이탈한 주민들을 직장으로 복귀시키고 또한 직장 내에서 근로의욕을 고취하기 위해 취해진 조치였다. 따라서 이 목적이 달성되자면, 생활물가의 안정과 임금의 정상적 지불이라는 두 가지 요건이 충족되어야 한다. 그러나 앞서 살펴보았듯이 7.1조치 몇 달 후부터 시장물가는 다시 "미사일을 탄 것처럼" 올라버렸다. 더욱이 임금 역시 처음 두세 달은 정상적으로 지급되었으나, 10월경부터는 일부 대형기업소를 제외하고는 제대로 지급되지 않은 것으로 보인다.[48] 여전히 공장들이 제대로 가동되지 않으면서 임금을 지불할 능력이 없었기 때문이다. 이에 따라 주민들은 다시 직장을 이탈하여 장사 등 시장경제 행위에 나서게 되었으며, 상황은 7.1조치 이전으로 되돌아가버렸다.

---

[48] 양문수, "기업을 통해 본 북한의 변화: 최근의 경제정책에 대한 평가를 중심으로", 《국제지역연구》 8권 1호(2004), p.22.

기업관리의 분권화

기업관리 개혁과 이중전략

북한은 7.1조치를 통해 기업경영의 자율성을 획기적으로 증가시켰다. 북한 스스로도 7.1조치 중에서 "첫째가는" 지위를 차지한다고 할 만큼[49] 기업관리에서의 분권화는 중대한 개혁조치였다. 첫째, 중앙에서 하달하는 계획지표를 대폭 축소했을 뿐 아니라, 현물지표(생산량목표)의 지위를 격하시키고 '번수입지표'라는 순소득지표를 전면에 내세웠다. 이에 따라 이제 기업은 무엇을, 얼마나 생산해야 할지에 대해 상당한 자율성을 누리게 되었다. 둘째, 시장판매를 위한 생산을 부분적으로 허용하였다. 과거에는 국영상점이나 기업 등 국가에서 지정한 통로로만 생산물을 유통시킬 수 있었다면 이제는 생산물의 처분에서 일정

---
[49] 김용술 발언록 (2002. 9. 2.), p.45.

한 자율성을 확보한 것이다. 또한 시장판매는 현금의 확보를 의미하므로 국영은행을 통한 무현금유통만 허용되던 과거에 비해 기업의 재정적 자율성이 신장되었다. 셋째, 자재조달에서 기업 간 직접거래와 시장으로부터의 조달을 허용하였다. 마지막으로 넷째, 이러한 변화는 기업운영에서 당의 통제를 약화시키고 전문경영인인 지배인의 역할을 확대했다. 요컨대 7.1조치의 기업 관련 개혁은 다분히 시장지향적 분권화 개혁이었다.

그런데 여기서 주목할 것은 이러한 내용들이 대부분 이미 1990년대부터 기업들에 의해 행해지고 있던 것이며, 7.1조치는 그것을 공식적으로 승인한 것에 불과하다는 사실이다. 제3장에서 살펴보았듯이(〈5. 계획경제 내부의 불법적 경제활동〉 부분 참조), 기업들은 생산물의 상당부분을 시장으로 내다팔거나 아예 생산의 일부를 시장판매용 상품 생산에 할당했으며, 그 과정에서 현금을 확보하여 공장운영에 필요한 자재를 조달해왔다. 또한 김정일 스스로도 시인했듯이, 7.1조치에서 계획지표를 대폭 축소하기 이전에도 이미 계획은 "빈 종이장이나 다름없는" 상황이 지속되고 있었다.[50] 따라서 계획지표의 축소 역시 이러한 현실을 수용한 것에 불과하다. 다만 아래에서 살펴보듯이 '번수입지표'는 새로운 제도의 도입으로 볼 수 있다. 이러한 사실은 7.1조치라는 '위로부터의' 시장지향적 개혁이 '아래로부터의' 자생적 시장화에 의해 '강제' 된 결과라는 점을 보여주는 것이다.

그렇다면 북한 당국은 왜 시장지향적 분권화 개혁을 공식적으로 승

---
[50] 김정일 담화 (2001. 10. 3).

인했는가? 개혁의 내용을 본격적으로 살펴보기 이전에 이 점을 먼저 짚어보고 넘어가기로 한다. 여기에는 두 가지 목표가 있다고 판단된다. 하나는 배제를 통한 '선택과 집중' 전략이다. 김정일의 표현에 따르면, "모든 것이 부족하고 어려운" 상황에서 "경제건설의 선후차와 경중을 옳게 가려 관건적인 중요부분, 중심고리에 힘을 집중하는 원칙"이다. 김정일은 그러한 중심고리로 군수산업과 기간산업(전력공업, 석탄공업, 금속공업, 철도운수)을 들었으며, 여기에 긴박한 식량난을 감안하여 농업을 추가했다. 다시 말해서 부족한 자원을 가지고 경제를 재건하자면 "전략적 의의를 가지는 부문"에 자원을 집중해야 하며, 그러기 위해서는 자원배분에서 비전략적 부문(주로 경공업과 지방공업)에 대한 배제는 불가피하다는 것이다. 그런데 기존의 〈계획의 일원화, 세부화〉 체계에서는 국가가 모든 기업의 경영활동을 세부적으로 지시하는 만큼, 그에 대한 물질적 보장을 지게 되어 있었다. 그것이 국가에 의한 '유일적 자재공급체계'와 '유일적 자금공급체계'였다. 그러나 경제난으로 이러한 체계는 이미 불가능했다. 그뿐만 아니라, 거기에 발목이 잡히다 보니 주요 전략적 부문에도 "혼란과 막대한 손실"을 초래했다는 것이다.[51]

요컨대 비전략부문 기업들의 자율성 증대는 그들에 대한 국가적 책임의 방기와 동전의 양면인 것이다. 역으로 이는 전략적 부문에 대한 계획의 정상화 내지는 강화를 전제하는 것이다. 이런 의미에서 7.1조치는 전략적 부문과 비전략부문의 구획화(compartmentalization), 그리고

---

51 김용술 발언록 (2002. 9. 2.), p.45.

전자에 대한 국가적 통제의 강화와 후자에 대한 방임적 시장화가 동시에 추진되는 일종의 이중전략[52] 차원에서 이해될 수 있다. 이런 점에서 우리는 왜 북한이 경제개혁을 통해 시장 메커니즘을 확대하면서 동시에 군수공업과 중공업을 우선 발전시키자는 이른바 '선군경제노선'을 제창하고 있는지를 이해할 수 있다. 나아가 비전략부문에서 시장화의 진전이 곧 계획의 폐기를 의미하지는 않는다는 점에서 계획과 시장이 공존하는 이중경제[53]의 구조화를 의미하는 것으로 해석할 수 있다.

둘째, 비전략부문 기업들에 대한 국가의 책임 방기가 역으로 국가에 대한 기업의 의무 방기로 이어지는 것은 아니다. 기업은 여전히 국가의 소유물이기 때문이다. 다만 과거에는 국가에 대한 기업의 의무가 생산량목표를 채우는 데 있었다면, 이제는 금액상의 목표를 채우는 데 있을 따름이다. 비전략부문 기업에 대해 현물지표의 지위를 격하하고, '번수입지표'라는 순소득지표를 전면화한 것은 이제 국가에 현물적 의무보다 화폐적 의무를 다하라는 의미로 해석된다. 더욱이 자율성을 확대해준 만큼 그 의무는 더 커진 것으로 봐야 할 것이다. 이는 기업경영의 자율성을 확대시킨 목적이 재정난을 완화하는 데 있음을 의미한다. 비전략부문(경공업과 지방공업)으로부터의 세입확대를 통해 재정확충을 의도한 것이며, 그렇게 확충된 재정은 다시 전략적 부문(군수공업과 기간산업)에 대한 투자확대로 이어질 것이다. 7.1조치는 경제관리개선조치이지 축적전략의 변화는 아닌 것이다.

---

[52] 정영철,《북한의 개혁·개방: 이중전략과 실리사회주의》(선인, 2004).
[53] 김연철, "북한 경제관리 개혁의 성격과 전망", 김연철 외 편,《북한 경제개혁 연구》(후마니타스, 2002).

계획지표의 축소와 '번수입지표'의 도입

김정일은 7.1조치의 신호탄이 된 2001년 10월 3일의 담화를 통해, 국가계획위원회에서 하달하는 지표를 "전략적 의의를 가지는" 중요지표에만 국한시키고, 나머지 세부지표들은 각 기업과 지방이 스스로 설정하도록 했다. 또한 지방공장에서 생산되는 소비품의 가격과 규격은 국가가 제시한 기준과 감독 아래 "공장 자체로 제정"하도록 허용했다.

> 계획경제라고 하여 모든 부문, 모든 단위의 생산경영활동을 세부에 이르기까지 다 중앙에서 계획하여야 한다는 법은 없습니다. …… 국가계획위원회는 경제건설에서 전략적 의의를 가지는 지표들만을 담당하고, 그밖에 소소한 지표들과 세부 규격지표들은 해당기관, 기업소들에서 계획화하도록 하여야 합니다. …… 특히 지방경제의 (경우에는) …… 국가계획위원회에서 도별로 공업총생산액, 기본건설 투자액과 같은 종합지표와 필요에 따라 몇 가지 중요지표나 찍어주고, 국가적으로 '보장할(해줄) 수 있는' 설비자재를 계획화해주며, 계획의 시·군별 분할과 전개된 세부지표들의 계획화는 도와 시·군들에서 자체실정에 맞게 하도록 하는 것이 좋을 것 같습니다. …… 지방산업 공장들에서 생산하는 소비상품의 가격과 규격 같은 것은 국가적으로 제정원칙과 기준을 정해주고 상급기관의 감독 밑에 공장 자체로 제정하여 생산도 하고 판매도 하도록 하는 것이 좋습니다.[54]

---
54 김정일 담화 (2001. 10. 3.).

그런데 여기서 드는 의문은 국가에서 하달하는 중요지표는 무엇인가 하는 점이다. 이에 대해서는 구체적으로 알려진 것이 없지만 몇 가지 단서는 존재한다. 우선 2004년 12월 김용술 무역성 부상은 《조선신보》와의 인터뷰에서 "국가계획위원회에서는 전략물자와 기타 중요한 물자에 대한 생산지표만 주고, 이 물자를 맡지 않은 공장·기업소들에게는 금액상의 지표만을 준다"라고 밝힌 바 있다.[55] 이는 전략물자 및 중요물자를 생산하는 기업, 즉 '전략적 부문'에 대해서는 현물지표를 계속 할당하지만, 기타 '비전략적 부문'에 대해서는 금액지표(화폐지표)만 준다는 것으로 해석될 소지가 있다. 그러나 북한의 경제학자 오선희에 따르면, "현물지표별 계획을 수행하였을 때는 번수입계획수행률을 그대로 인정하고 현물지표별 계획을 수행하지 못하였을 때는 벌칙금률을 계산하여 번수입계획수행률에서 떼고 평가"한다고 한다.[56] 이렇게 보면 비전략부문에서도 현물지표가 완전히 사라진 것은 아니라고 보인다. 다만 오선희의 해석에서도 현물지표는 번수입지표를 보조하는 것으로 지위가 격하되어 있는 것은 사실이다. 분권화가 확대됐다고 해서 계획경제가 완전히 포기된 것은 아니기 때문에 비전략부문이라고 하더라도 계획성을 반영하는 현물지표가 완전히 사라질 수는 없는 것이다. 다만 현물지표, 즉 각 기업에 할당되는 특정품목의 생산목표량 자체는 낮아졌을 것으로 추정할 수 있다.[57]

또 하나 불명확한 것은 금액지표(화폐지표)와 관련된 것이다. 금액지표는 기존의 총생산액지표와 새로 도입된 번수입지표 두 가지를 다 가

---

55 "통일적 지도강화, 아래에 많은 권한: 조선무역성 김용술 부상 인터뷰", 《조선신보》(2004. 12. 13.)
56 오선희, "실리를 나타내는 지표의 합리적 리용", 《경제연구》(2003년 3호).

리킬 수 있다. 과거 국가계획위원회에서 기업에 내려 보내는 계획지표에서는 현물지표가 중심이고 여기에 총생산액지표가 보조적으로 결합되었다. 그런데 7.1조치로 번수입지표가 새로 도입되면서 이것이 총생산액지표를 대체한 것인지 아니면 총생산액지표도 그대로 사용되고 있는 것인지는 불확실하다. 이와 관련하여 2003년《조선신보》의 기사가 하나의 단서를 준다.

> 경제관리개선조치가 취해진 작년 이래 각 기업소들은 '번수입'에 의한 평가를 받게 되었다. 나라에서는 기업소가 번수입을 가지고 국가납부와 종업원들의 생활비를 우선적으로 보장할 것을 요구하고 있다. 생산계획을 달성하면 그에 상응하게 국가납부를 하고 노임을 지출하는 것은 별 문제가 없다. '총생산액'의 목표를 달성하지 못했는데 두 가지 선행항목(국가납부와 임금)을 충족시키려면 필연적으로 다른 부분에 영향을 미칠 수밖에 없다.[58]

위 기사에서 따르면, 번수입지표가 도입된 이후에도 총생산액지표 역시 사용되고 있음을 알 수 있다. 그러나 번수입지표는 총생산액지표가 가진 문제점, 즉 팔릴지 안 팔릴지는 상관없이 금액이 큰 것부터 만들고 보자는 식의 문제점을 극복하기 위해 도입된 면이 있다.[59] 또한

---

[57] 양문수 박사가 최근 탈북자 58명을 대상으로 설문조사한 데 따르면, 7.1조치 이후 국가로부터 직접적인 강제가 없는 한, 현물지표보다는 화폐지표(생산액 혹은 번수입지표) 달성에 더 신경을 쓰게 됐다는 답변이 93%에 달했다. 또한 기업들이 계획달성보다는 돈벌이에 더 신경을 쓰게 됐다는 답변도 93%에 달했다. 양문수, "7.1조치 5주년의 평가와 전망: 경제관리시스템을 중심으로",《수은북한경제》(2007 여름), p.9.
[58] "변혁의 현장에서: 과거의 부정이 아닌 체계의 재구축을",《조선신보》(2003. 10. 24.)

번수입지표는 매출액에서 원가(임금은 제외)를 제한 순소득을 의미하기 때문에 총생산액지표를 상당부분 대체하는 효과가 있다. 따라서 총생산액지표가 여전히 하달되고 있다고 하더라도 번수입지표가 보다 중요한 지표로 등장했다고 봐도 무방할 것이다.

결론적으로 최소한 비전략부문에 대해서는 국가에서 내려 보내는 현물지표와 생산액지표의 지위가 격하되고, 번수입지표가 중요해졌다. 또한 현물지표에서 특정상품에 대한 생산량목표 역시 보다 낮게 현실성 있게 책정되고 있을 것으로 보인다. 조총련계 경제학자인 강일천 역시 현물지표와 생산액지표는 생산의 절대량을 추구하는 국면에서 적합한 것이라며, 현재는 그 의미를 격하시켜 해석하고 있다.[60]

그렇다면 번수입지표('번수입에 의한 지표')를 도입한 이유는 무엇인가? 번수입은 총 '매출액'에서 생산비(임금 제외)를 제한 부분으로 임금(생활비)과 세전이윤의 합이다. 이윤은 국가납부몫(국가기업이득금)과 기업소유보분(기업소이득금=기업소이윤)으로 나뉘므로, 결국 번수입은 임금+국가기업이득금+기업소이윤으로 구성된다.[61] 번수입지표는 다음과 같은 특징을 갖고 있다.

첫째, 경영효율화의 측면에서는 판매수입(매출액)의 증대와 원가절감을 동시에 유도하는 효과가 있다. 총생산액지표에서는 팔리든 안 팔

---

59 김연철, "북한 기업관리의 변화와 전망", 조명철 외,《7.1경제관리개선조치 현황평가와 과제: 북한 경제개혁의 전망》(대외경제정책연구원, 2003), pp.109-111.
60 강일천, 앞의 글, p.38.
61 장성은, "공장, 기업소에서 번수입의 본질과 그 분배에서 나서는 원칙적 요구",《경제연구》(2002년 4호).

리든 생산만 하면 국정가격으로 환산하여 실적으로 인정이 됐지만, 매출액을 기준으로 하는 번수입지표에서는 "생산물이 최종적으로 도매되어야 번수입으로 인정" 된다. 이는 우선 기업으로 하여금 유통에 신경을 쓰게 하는 의미가 있다. 북한은 에너지와 인프라 부족으로 수송의 병목현상이 심한데, 이제 부분적으로 기업에도 그것을 극복할 책임이 부과되는 것이다.[62] 또한 생산물의 시장판매가 부분적으로 허용되었기 때문에 다른 상품, 특히 중국산 수입품과의 경쟁을 위해 제품의 질과 마케팅에 신경을 쓰게 하는 효과가 있다.[63] 한편 번수입은 매출액에서 원가(임금 제외)를 차감한 부분이기 때문에 다른 모든 조건이 같다면 원가를 낮출수록 번수입이 증대하게 된다. 따라서 총생산액지표나 판매수입지표에 비해 원가절감 효과를 기대할 수 있다.[64]

둘째, 분배 측면에서는 근로의욕을 자극하는 물질적 인센티브로 작용한다. 번수입지표를 도입한 이후 근로자의 임금(생활비)은 1인당 번수입 기준에 번수입계획실행률을 곱하여 계산된다고 한다. 번수입계획실행률은 번수입계획에 대한 번수입실적의 백분율로 계산된다. 따라서 기업단위 번수입의 증감에 따라 근로자의 생활비도 증감하게 된다. 이는 과거 생활비가 생산실적에 상관없이 사실상 고정적으로 지급되던 방식과는 상당한 차이가 있다.[65]

---

62 "생산물이 최종적으로 도매되어야 번수입으로 인정받게 되었다. 그래야 노동자들도 상응한 보수를 받게 되었다. 필연적으로 공장과 상점 사이의 송달공급이 정상궤도에 오르게 되었다." "변혁의 현장에서: 된장, 간장 판매량 2배로 늘인 식료품상점", 《조선신보》(2003. 9. 27.)
63 "평양의 상점들에는 두 개 공장에서 나온 제품이 나란히 진열되는 경우가 있다. 나라의 가격 정책에 의하여 비누나 치약의 가격은 비슷하게 설정되어 있기 때문에 결국은 제품의 '질'이 구매자들의 판단기준이다." "변혁의 현장에서: 평양·신의주 '화장품 질 경쟁'", 《조선신보》(2003. 9. 23.)
64 김상기, "번수입지표에 대한 소고", 《KDI 북한경제리뷰》(2004. 9.), pp.4-6.

기업운영의 자율성 증대

국가에서 하달하는 계획지표가 대폭 축소됨에 따라 생산과 판매, 자재조달, 재정운영, 그리고 내부관리에서 기업의 자율성이 증대되었다. 첫째, 생산 및 판매에서 자율성이 증대되었다. 국가에서 하달된 현물지표를 충족하고 나면 여분의 생산물은 시장(종합시장)에서 처분할 수 있도록 허용했으며, 또한 스스로 자재를 조달하여 국가계획에 의해 생산이 의무화된 제품 이외의 제품을 생산한 경우에도 시장판매를 허용하였다. 나아가 이외에도 생산계획을 세울 때 아예 일정 비율을 시장판매용으로 할당하고 있다는 보고도 있다.[66] 최근 인터뷰한 탈북자에 의하면, 소비재의 경우 계획의 30%, 생산재의 경우 5% 미만이라고 한다.[67] 더욱이 이 모두가 번수입에 포함되어 기업실적에 포함되게 되었다.[68] 이는 기업에 상품공급을 최대한 늘릴 유인을 제공하기 위한 조치로 보인다.

둘째, 자재조달에서도 자율성이 증대되었다. 북한당국은 7.1조치를 통해 유일적 자재공급체계의 붕괴를 공식 시인하고, 1990년대부터 음성적으로 행해져오던 자재조달 방식을 대부분 합법화해주었다. 우선 뇌물을 매개로 한 물물교환 방식의 기업 간 자재뒷거래는 사회주의 물

---

[65] 김상기, 위의 글, pp.6-8. 여기서 주목할 것은 앞서 차등임금제(도급지불제의 강화)가 개인적 인센티브로 작용한다면, 번수입지표는 집단적 인센티브로 작용한다는 점이다. 이는 번수입지표의 도입이 직장을 정상화하려는 의도도 내포하고 있음을 시사한다.
[66] 양문수, "기업을 통해 본 북한의 변화", 앞의 책, p.13 ; 조동호, 앞의 책, pp.151-152.
[67] 탈북자 K씨 면담 (2007. 6. 29.).
[68] "지금은 기업소가 자체로 일감을 찾아서 판매가 실현되면, 그것을 실적으로 인정하여준다." "인터뷰: 국가계획위원회 최홍규 국장", 《조선신보》(2003. 4. 1.).

자교류 시장을 통해 공식영역 내로 끌어들였다. 또한 불법적 생산재 시장, 즉 기업 간의 자재 현금거래에 대해서도 비명시적 형태로 합법화 해주었다. 마지막으로 2005년부터는 수입물자교류 시장을 개설하여 역시 자재의 현금구매를 허용하였다. 이러한 생산재 시장에 대해서는 다음의 〈5. 시장의 확대〉부분에서 자세히 살펴본다.

셋째, 생산과 판매, 자재조달에서의 자율성 증가는 기업의 재정자율성 증가에 의해 뒷받침되고 있다. 원래 북한에서는 국영기업의 원자재 구입비 등 운영자금('유동자금')을 국가재정에서 지급해왔으나 1990년대부터 이를 중단하였다. 또한 2002년 7.1조치에서는 대(大)보수자금과 단순재생산자금 지급도 중단하였으며, 확대재생산자금은 지급 규모를 축소하였다. 대신 그간 국가에 납부하던 고정재산 감가상각금을 기업에 유보하도록 허용하였다(〈6. 재정개혁〉부분 참조). 이에 따라 기업은 관련 재원을 은행대출이나 자체 경영활동을 통해 충당해야 했다.[69] 자금조달에서 기업의 책임이 증가함에 따라 동시에 조달된 자금을 사용하는 데서 기업의 권한도 증가하였다. 과거 국가가 자금을 공급하던 '유일적 자금공급체계'에서는 "기업이 번 돈을 어디에 써야 한다는 세

---

[69] 원가나 감가상각비에서 충당되는 원자재구입 비용이나 단순재생산자금과 달리 확대재생산을 위해서는 기업 유보이윤의 일부가 적립되어야 한다. 그런데 기업 유보이윤은 확대재생산만이 아니라 근로자 복지향상('후방사업')을 위해서도 사용되기 때문에 양자 사이에 긴장이 발생할 수 있다. 특히 7.1조치에서는 국가가 제공하던 '공짜'가 폐지되어 근로자 복지문제에서 기업의 역할이 증대되었기 때문에 이러한 긴장의 강도는 더 높아졌을 것으로 보인다. 《조선신보》에 나온 예를 보자. "종전에는 확대재생산을 위한 설비투자가 나라의 몫이었다. 각 단위는 나라가 새로운 설비를 해결해주는 것을 기다리면 되었는데, 작년부터는 확대재생산을 위한 자금을 공장·기업소의 결심에 따라 번수입에서 지출하게 되었다. …… 원래 노동자들의 후방사업은 공장이 맡아보게 되어 있는데, 지금은 거기에 큰 자금을 돌릴 수 없다. 지금은 미래를 위한 투자를 선행시켜야 할 때다." "변혁의 현장에서: 미래를 위한 선행투자", 《조선신보》(2003. 11. 28.).

부항목이 있었지만, 지금은 국가납부금을 제외한 나머지 돈은 기업이 자기 결심으로 쓸 수 있"게 되었다.[70]

기업의 재정자율성 증대에서 중요한 것은 현금거래가 확대 허용되었다는 점이다. 원래 북한에서는 주민 간 거래나 기업과 주민 간 거래에서는 현금거래가 허용되지만, 기업 간 거래에서는 무현금거래만 허용되었다. 기업이 국가에 세금을 납부하거나 국가로부터 자금을 받는 경우, 그리고 기업이 은행에서 대출을 받거나 갚는 경우도 모두 무현금이체만 허용되었다.[71]

〈표 4-5〉에서 알 수 있듯이, 7.1조치 이전에 기업이 현금을 거래할 수 있는 경우는 근로자에게 임금 등을 지급하는 경우(⑦)나 아니면 근로자의 후생복지를 위해 국영상점 등에서 현금을 주고 식료품 같은 것을 구매하는 경우(④)에 국한되었다. 따라서 기업은 그러한 용도 이상의 현금은 보유할 수 없었으며, 발생한 현금은 모두 은행에 입금시켜야 했다. 특히 당국은 현금유통구조 개선사업이라고 하여 정기적으로 집금원을 보내 현금을 수거, 은행에 예치시키는 제도를 운영해왔다.

---

[70] "통일적인 지도강화, 아래에 많은 권한: 조선무역성 김용술 부상 인터뷰",《조선신보》(2004. 12. 13.).
[71] 무현금거래란 현금(지폐·주화)의 개입 없이 은행계좌상의 잔액변동만을 통해 매개되는 거래로서, 네 가지 방식이 있다. 첫째, '즉시지불청구서에 의한 결제'란 공급기업이 은행을 통해 대금지불을 청구하면 즉시 돈을 받게 되는 방식으로 신용장방식과 유사하다. 둘째, '무현금행표에 의한 결제'란 공급기업이 수요기업으로부터 무현금행표(일종의 은행수표)를 받아 은행에 제출하면 즉시 대금을 받는 방식이다. 셋째, '지불청구서에 의한 결제'란 돈받을 기업이 은행을 통해 대금지불을 청구하고 돈을 지불할 기업이 이를 확인하면 돈을 받는 방식(일종의 추심방식)이다. 마지막으로 넷째, '지불위탁서에 의한 결제'란 돈을 지불할 기업이 은행에 지급을 위임하여 결제가 이루어지는 방식(일종의 송금방식)이다. 이 중에서 '즉시지불청구서에 의한 결제'(생산수단 거래 시)와 '무현금행표에 의한 결제'(소비재 거래 시)가 가장 많이 이루어지고 있다. 문성민, 앞의 책, p.10. 북한의 화폐금융제도에 대한 보다 자세한 내용은 리원경,《사회주의화폐제도》(평양: 사회과학출판사, 1986);《재정금융사전》(평양 : 사회과학출판사, 1995) 해당 항목을 참조.

표 4-5 거래유형별 현금거래 허용 여부

거래유형	내용	현금거래 허용 여부	
		7.1 이전	7.1 이후
기관·기업소 간 거래	① 기관·기업소 간 생산수단 거래	×	△
	② 기관·기업소 간 재생산과정에 들어가는 소비재 (도매유통 과정에 있는 소비재) 거래	×	△
	③ 기관·기업소 간 서비스 거래	×	△
	④ 기관·기업소 간 재생산 과정에 들어가지 않는 소비재(소매유통 과정에 있는 소비재) 거래	△	△
	⑤ 기업에 대한 국가의 자금지급, 국가에 대한 기업의 세금납부	×	×
	⑥ 기업과 은행 간 거래	×	×
기관·기업소와 주민 간 거래	⑦ 기관·기업소가 근로자에 임금과 보조금 등 지급	○	○
	⑧ 주민이 기관·기업소로부터 재화·서비스 구입	○	○
주민 간 거래	⑨ 농민시장(종합시장)에서 주민 간 재화·서비스 거래	○	○

주: 현금거래 전면허용(○), 제한적 허용(△), 금지(×)

　그러나 7.1조치 이후 사정은 많이 달라진 것으로 보인다. 국가에 대한 예산납부나 국가로부터의 자금수취, 은행과의 거래를 제외하고는 기업 간 거래에서도 현금거래 폭이 확대된 것이다. 물론 기업 간 거래에서 현금거래가 완전히 자유로워진 것은 아니다. 기업의 현금이용 한도를 증가시킨 2003년 5월 5일의 〈내각지시 제24호〉에 따르면, 중요 설비와 자재는 계속 무현금으로 거래하고, "부속품을 비롯한 생산정상화 물자와 경영용 물자, 계획에 맞물리지 못한 물자 등을 구입할 때"만 현금거래를 허용한다고 한다. 다시 말해서 과거 임금지급이나 후생복지용 소비재 구입 이외의 자재거래에서도 일부분 현금거래를 허용한다는 것이다. 그리고 그 이외의 현금은 모두 은행에 입금시켜야 하며, 위반 여부를 엄격히 단속 통제할 계획이라고 한다.[72]

그러나 실제로는 당국이 허용한 것보다 더 넓은 범위에서 현금이 사용되고 있는 것으로 보인다. 기업의 현금수입은 대부분 계획 외 생산품을 시장에 판매하여 얻는 것이므로 과거와 같은 엄격한 통제는 힘들기 때문이다. 또한 각종 음성적 현금소득이 있기 때문에 기업의 정확한 현금보유량을 파악하기도 곤란하다고 보인다.[73] 《조선신보》의 보도에 따르면, 이미 북한에서는 현금이 광범위하게 유통되고 있는 듯하다. "경제관리개선조치 이후 각 단위가 현금을 쥐고 자기 결심에 따라 확대재생산을 진행하게 되었다",[74] "경제관리개선조치 이후 현금 대 현물의 유통이 제도화되어 자금만 있으며 원자재가 떨어지는 일이 없어졌다"[75]라는 보도가 이를 뒷받침한다. 김일성종합대학의 리동구 교수에 따르면, 과거 재정금융학은 무현금유통을 전제로 했는데, 이제는 현금유통을 가르치는 과목으로 바뀌었다고 한다.[76]

과거 북한에서 기업의 현금거래를 엄격히 제한하고 무현금거래만 허용한 것은 실물경제와 화폐경제가 이반되는 것을 방지하여 계획의 정확성을 꾀하려는 목적과 함께 기업에 대한 통제를 용이하게 하기 위함이었다. 모든 기업은 조선중앙은행에 하나의 계좌만 개설할 수 있고, 모든 거래는 이 계좌를 통해 이루어졌기 때문에 국가는 중앙은행

---

[72] 〈내각지시 제24호〉(2003. 5. 5.).
[73] 음성적 현금소득의 유입은 두 가지 경로가 있다. 우선 근로자들이 직장에 출근하지 않는 대신 기업에 바치는 돈, 이른바 '8.3돈'이다. 둘째, 당국이 미처 파악하지 못하는 부업활동이 있다. 예컨대 빵공장에서 목욕탕을 운영하는 경우를 들 수 있다. 국가에 이익금을 바친다는 데서 알 수 있듯이, 이런 활동은 이제 사실상 합법화되었다. 물론 여기서도 현금수입에 대한 정확한 통제는 어렵다.
[74] "변혁의 현장에서: 검증되는 개선조치의 생활력", 《조선신보》(2003. 12. 11.).
[75] "변혁의 현장에서: 평양대극장봉사소 식당재건, 손꼽히는 인기점으로", 《조선신보》(2004. 2. 25.).
[76] "변혁의 현장에서: 최고학부 대학생들이 배우는 실천적 경제학", 《조선신보》(2003. 11. 29.).

을 통해 기업활동을 재정적으로 정확히 통제할 수 있었다. 이것이 '원에 의한 통제'였다. 따라서 기업의 현금거래폭을 확대해주었다는 것은 기업에 대한 재정적 통제가 완화되었다는 것을 의미한다.

마지막으로 넷째, 기업 내부관리에서도 자율성이 증대되었다. 김용술 무역성 부상에 따르면, "기업에게 인원을 조정할 수 있는 권한도 주어졌고, 부서의 통폐합 정리문제도 그것이 합리적이라면 할 수 있는 권한이 주어졌다"라고 한다.[77] 특히 주목할 만한 것은 기업운영에서 당의 통제가 약화되고 지배인의 입지가 강화되고 있는 점이다. 원래 북한은 소련식 제도를 받아들여 일장제(지배인 유일관리제)를 기업관리의 원칙으로 삼아왔으나, 1960년대 들어서부터는 지배인의 역할을 대폭 축소하고 공장 당위원회의 집체적 지도를 부각시켰다. 즉, 당비서의 정치적 지도하에서 기사장의 기술적 지도와 지배인의 행정적 지도를 결합하는 방식이다. 그러나 말이 집체적 지도이지 사실상 인사권을 쥐고 있는 당비서의 전횡체제나 다름이 없었다. 공장관리에서 당위원회의 집체적 지도는 유일적 자재공급체계, 계획의 일원화·세부화와 함께 기업에 대한 중앙의 통제를 뒷받침하는 가장 중요한 수단이었다.

그러나 최근에는 기업운영에서 경제적 합리성과 효율성이 중요시됨에 따라, 전문경영인인 지배인의 역할이 다시 주목을 받고 있다. 중앙에서 기업에 원자재 보장을 해주지 않고 목표달성만을 독려함에 따라 중앙의 통제력을 상징하는 당비서의 권위가 축소되고, 대신 원자재 및

---

[77] "통일적 지도강화, 아래에 많은 권한: 조선무역성 김용술 부상 인터뷰", 《조선신보》 (2004. 12. 13.).

운영자금 마련에서 책임을 지고 있는 지배인의 입지가 강화된 것이다. 탈북자들에 따르면, 현재 대부분(약 70~80%)의 기업에서 지배인과 당비서 간에 경영권 장악을 둘러싼 마찰이 확산되고 있으며, 마찰이 심각해져 두 사람 모두 철직을 당하는 경우도 있지만 절반 이상이 지배인의 승리로 귀결되고 있다고 한다.[78] 최근 탈북자 61명을 대상으로 설문조사한 결과에 따르면, 7.1조치 이후 기업운영에서 당비서보다 지배인의 권한이 강화됐다는 답변이 65%에 달했고, 그렇지 않다는 답변이 35%였다.[79] 특히 생산 및 판매, 자재조달, 재정운용 등에서 지배인의 권한이 확대된 것으로 보인다. 그러나 지배인의 재량권이 강화되었다고 해서 과거의 '지배인 유일관리제'가 부활한 것으로 보기는 힘들다. 왜냐하면 당은 여전히 인사권을 장악하고 있기 때문이다.[80]

농업개혁

7.1조치에서 농업부문과 관련된 내용으로는 식량의 국정 수매가격을 대폭 인상하여 현실화한 점, 목표를 초과한 초과생산물을 종합시장에서 판매하도록 허용한 점, 그리고 1996년경 추진되다 중단된 '새로운 분조관리제'를 확대 실시한 점을 들 수 있다. 이러한 조치들은 농업생

---

[78] 김영수, "최근 북한주민의 생활상 변화와 체제의 작동원리 분석", 통일부 용역보고서(2006. 11.), pp.64-65.
[79] 양문수, "7.1조치 5주년의 평가와 전망", 앞의 책, p.9.
[80] 서재진, 《7.1조치 이후 북한의 체제변화: 아래로부터의 시장사회주의화 개혁》(통일연구원, 2004), pp.47-48.

산의 기본단위인 협동농장에 생산동기를 유발하려는 의도로 분석된다. 제3장에서 살펴보았듯이, 1990년대 이후 텃밭, 부업밭, 개인뙈기밭 등 제2경제가 확산됨에 따라 계획 영역인 협동농장에서 노동력과 자재가 유출되는 상황이 지속되었다. 농업 분야의 개혁조치는 계획 영역의 인센티브를 강화함으로써 이러한 유출을 방지하고 계획을 정상화하려는 의도인 것이다.

북한은 7.1조치를 계기로 '새로운 분조관리제'를 확대 강화하는 조치를 실시했다.[81] 우선, 아직 실행 여부가 확인되지는 않고 있지만 새로운 분조관리제를 전국범위로 확대하기로 했다고 한다. 다음으로, 일부 지역에서 1인당 국유지 300평을 배분받아 스스로 경작한 뒤 (계획을 초과한) 생산물을 임의로 처분할 수 있는 개인 경작제도를 실험하고 있다는 소식이 들리고 있다.[82] 이와 관련하여 2004년 12월 13일 김용술 무역성 부상은 "분조를 더 작은 단위로 할 수 있는 권한을 (협동농장에) 부여했다. 더 적은 인원으로 포전을 담당하는 포전담당제가 도입됐다"라며 포전담당제를 시범적으로 도입했다는 사실을 밝혔다.[83] 포전담당제는 가족단위 영농을 의미하는데, 중국이 1978년 도입한 포산도호(包産到戶)와 유사하다. 북한이 가족도급제로의 이행을 실험하고 있는 것이다.[84]

아울러 협동농장 실적분배에서 작업반우대제를 폐지하고 기본단위

---

81 '새로운 분조관리제'는 제2장〈2.분권화 개혁〉을 참조.
82 《동아일보》(2004. 12. 6.).
83 "통일적인 지도강화, 아래에 많은 권한: 조선무역성 김용술 부상 인터뷰",《조선신보》(2004. 12. 13.)
84 남성욱, "북한의 7.1경제관리개선조치와 농업개혁 전망",《농촌경제》28권 1호 (2005년 봄호), pp.31-32. 그러나 농업 관련 일을 하다 최근 탈북한 L씨는 가족도급제로의 이행가능성을 매우 낮게 평가하고 있다. 탈북자 L씨 면담 (2007. 4. 26.).

를 작업반에서 그보다 작은 분조로 바꾸었으며,[85] 분조 간에 실적에 따라 차등분배를 강화했다. 마지막으로 그간 가동일 수에 따라 분배하던 것을 없애고 농장에 나가 실제 자기가 번 노력일에 따라 분배평가를 받게 했다. 분배의 평균주의 타파가 협동농장에서도 적용된 것이다.

지난날에는 작업반의 생산실적에 따라 분배된 몫이 그 아래에 3~4개 있는 분조에 고루고루 나누어졌지만, 이제는 분조도 실적이 계산되어 그에 따라 분배를 받게 되었다. 청산협동농장의 경우 생산실적을 계산하는 단위가 80~120명 단위(작업반)에서 10~15명 단위(분조)로 이행하였다. 농장원들은 1년에 한 번 결산을 하여 식량과 현금을 받는데, 2003년도 청산협동농장에서는 현금이 1인당 평균 6만 원, 가장 많이 받은 분조에서는 한 사람당 12만 원을 받았다.[86]

일한 것만큼 분배를 받게 되자, 안악군에서도 가족단위로 30만 원 이상의 돈을 받는 농장원이 나오게 되었다.[87]

이와 관련하여 주목되는 것은 실적평가의 기초가 되는 목표생산량을 보다 낮게 현실화했다는 점, 그리고 1996년과 마찬가지로 목표를 초과하는 부분은 분조가 자체 처분할 수 있게 허용했다는 점, 그리고

---

[85] 〈7.1조치 강연자료〉에 따르면, "작업반우대제는 폐지됐다." 《조선신보》 역시 "분배단위가 작업반에서 분조로 이동했다"라고 보도하고 있다. "변혁의 현장에서: 검증되는 개선조치의 생활력", 《조선신보》(2003. 12. 22.).
[86] 〈평양의 바람〉 변모되는 농촌풍경", 《조선신보》(2004. 1. 21.).
[87] "변혁의 현장에서: 정보농업으로 먹는 문제 해결을", 《조선신보》(2003. 4. 22.).

자체 처분물량을 종합시장에서 판매할 수 있게 허용했다는 점이다.[88] 1996년 분조관리제에서도 초과생산분을 자체 처분하도록 허용했고 그 공간인 농민시장이 있었지만, 당시에는 쌀 등 곡물의 시장판매는 불법이었기 때문에 충분한 인센티브가 되지 못했다. 그러나 이제는 종합시장에서의 판매를 합법화했기 때문에 강력한 인센티브로 작용할 것으로 보인다. 곡물의 시장판매를 허용해서라도 농업생산성을 향상시키려는 당국의 의도가 보이는 대목이다. 이와 동시에 가격현실화 부분에서 살펴보았듯이, 쌀의 수매가를 kg당 80전에서 40원으로, 평균 가격 인상률보다 2배 가까이 높은 50배가량 인상하였다. 이는 농가소득의 전반적인 향상을 통해 식량생산과 유통에서 제2경제를 억제하고 계획영역을 정상화하려는 의도로 분석된다.

---

[88] 권태진,《북한의 농업부문 개혁개방정책과 남북협력》(한국농촌경제연구원, 2004), pp.31-32; 배종렬, "경제운용 원리와 발전전략의 개혁과제",《북한경제개혁의 추진현황과 남북한 및 국제사회의 역할》(대외경제정책연구원, 2003).

5

시장의 확대

7.1조치 이후 북한경제의 가장 중요한 변화 중 하나는 시장 메커니즘이 공식경제 내부로 수용되었다는 점이다. 과거 북한은 시장에 대해 "자본주의적 잔재가 남아 있는 뒤떨어진 상업형태로서 전 인민적 소유와 공업화가 완성되면 없어질 것"이라며 부정적 태도로 일관해왔다. 그러나 7.1조치 이후에는 "시장도 상품유통의 한 형태라고 하면서, 사회주의를 하지만 시장의 기능을 홀시해서는 안 된다"라는 분위기라고 한다.[89]

7.1조치 이전 북한은 상품유통에서 국가공급제를 채택하고 있었다.

---

[89] "농민시장을 종합적인 소비품시장으로", 《조선신보》(2003. 6. 16.). 예컨대 최홍규 국가계획위원회 국장은 종합시장 설치에서 주목할 것은 "시장의 기능에 대한 관점을 전환한 것"이라며 "시장이 사회적 수요를 충족시키는 공간으로 제대로 기능하도록" 적극 관리해 나가겠다고 밝혔다. "인터뷰: 국가계획위원회 최홍규 국장", 《조선신보》(2003. 4. 1.) 또한 윤광욱 국가계획위원회 종합계획국장은 "시장도 계획경제와 떨어진 존재가 아니다. 시장이라는 공간을 활용한다고 하여 사회주의원칙을 버리는 것은 아니다"라고 보고 있다. "조선 국가계획위원회 국장, 인민경제계획화사업에서 나서는 과제에 언급: 시장을 옳게 결합시키기 위한 방법론을 확립", 《조선신보》(2005. 10. 19.)

소비재는 국정가격에 따라 국영상점에서 판매되어 개별 가정으로 분배되었고, 생산재의 경우에는 판매되는 것이 아니라 계획에 따라 중앙자재공급소를 통해 개별 기업으로 직접 배달되었다. 물론 생산재 역시 국정가격이 매겨져 있어 그것을 구매하는 측과 공급하는 측 간에는 은행계좌를 통한 무현금 이체가 이루어졌다. 그러나 경제난으로 물자가 현저히 부족해지면서 이러한 국영유통체계는 붕괴되었고, 모든 영역에 걸쳐 시장거래가 확산되었다. 공식적으로는 쌀을 제외한 일부 농산물에 대해서만 시장거래가 허용되었으나, 실제로는 쌀을 포함한 모든 농산물과 소비재 공산품, 그리고 생산재에 대해서도 시장거래가 확산되었던 것이다.

이러한 현상은 근본적으로 계획 영역에서의 공급물량 부족에 기인하는 것이어서 당국으로서는 통제하고 싶어도 통제할 수가 없었다. 만일 시장을 엄격하게 통제하면 시장거래가 중단되어 주민들의 생존이 위험해지고, 그나마 시장을 통해 원자재를 구해온 기업들의 생산 역시 전면중단 상태에 빠질 수밖에 없기 때문이다. 이러한 불가항력의 상태에 직면하자 당국은 결국 시장을 공식경제 내부로 수용하여 양성화함으로써 제한적이나마 통제력을 회복하고 이를 통해 부족한 재정을 확충하는 방법을 선택하게 되었다. 시장에 대한 과거의 경직된 통제와 암시장의 확산에 따른 통제 불가능성 사이에서 "시장의 수용을 통한 통제력의 제한적 회복"이라는 절충을 선택한 것이다.

종합시장의 개설과 국영상점의 부분적 시장화

2003년 3월 북한은 기존의 농민시장을 확대 개편하여 '시장'으로 명칭을 바꾸었다. 같은 해 5월에는 〈내각지시 제24호〉와 〈내각결정 제27호〉를 통해 시장의 설립과 관리운영에 대한 세부적 지침을 만들었다. 또 6월 10일에는 조선중앙통신을 통해 농민시장이 '종합시장'으로 확대 개편되었다는 사실을 외부에 공표했다. 이하에서는 북측의 시장관리규정과 《조선신보》 등에 보도된 내용을 바탕으로 종합시장의 특징과 면면을 살펴보기로 한다.

우선 종합시장은 1년 365일 개설되는 합법적 상설시장이라는 점에서 농민시장과 차이가 있다. 과거 농민시장은 1일장, 3일장에서부터 7일장, 10일장에 이르기까지 시기와 지역에 따라 다양하게 운영되어 오다가 1990년대 중반 무렵부터는 사실상 상설화되었다. 그러나 이는 당국의 공식승인이 아니라 아래로부터의 자발적 움직임에 의한 것이어서, 당국이 언제 묵인에서 통제로 정책을 변경할지 모르는 일이었다. 또한 거래품목의 상당부분이 금지품이어서 단속요원들이 이를 묵인하는 대가로 상인들을 갈취하는 일이 비일비재했다. 이에 따라 주민들은 단속과 갈취를 피해 '유동장' 혹은 '항일빨치산식 장사'라는 기법을 개발하는 등 시장은 점점 더 음성화되어갔다.[90]

---

[90] 1990년대 중반부터는 장마당이 열리지 않는 날에도 교차로, 다리 등 장소를 가리지 않고 단속을 피해 이리저리 옮겨 다니며 물건을 사고파는 행위가 널리 확산되었다. 이것이 속칭 '유동장'이다. 심지어는 물품이 단속에 걸려 압수당하는 것을 피하기 위해 품목과 가격을 적은 '카탈로그'나 '샘플'만 가지고 거래를 시도하거나 가가호호 방문하면서 물건을 판매하는 방문판매 형식까지 생겨났다.

종합시장의 개설은 이러한 제도적 불안정을 해소해주는 동시에 상행위의 공간을 한정함으로써 통제를 용이하게 한다는 의미가 있다.[91] 특히 시장사용료와 국가납부금 같은 각종 세금을 부과함으로써 재정을 확충한다는 의미가 있다. 종합시장에서 상행위를 하는 단위는 누구나 할 것 없이 매일 시장관리소에 시장사용료를 내야 하며, 또한 매달 수입의 일정 비율을 시·군 인민위원회 재정부서에 납부해야 한다.[92] 현재 북한에 약 300여 개의 종합시장이 설치되어 있고, 시장마다 해당 시·군의 인구수에 따라 600~2,000석의 판매대가 설치된다는 점을 감안하면[93] 상당한 세수가 확보되는 셈이다.[94]

다음으로 보다 중요한 점은 과거 농민시장에서는 쌀과 옥수수 등 곡물을 제외한 일부 농산물의 판매만 허용되었는데, 종합시장에서는 농산물 이외에도 소비재 공산품과 수입상품의 판매가 공식 허용되었다. 물론 쌀을 포함한 곡물의 판매도 허용되었다. "시장에서는 국가통제품을 제외한 농토산물, 식료품, 생활필수품을 비롯한 국내에서 생산한 상품과 수입상품, 개인이 만들었거나 여유로 가지고 있던 물건들을 팔거나 살 수 있다." 국가통제품이란 "연유, 생고무를 비롯한 전략물자

---

91 물론 종합시장이 들어섰다고 해서 모든 상거래가 종합시장으로 집중된 것은 아니다. 종합시장이 수용할 수 있는 상인의 규모는 한정돼 있기 때문이다. 예컨대 길거리의 합법적 가판대인 매대는 종합시장이 들어선 이후 더 늘었다고 한다. 여기서는 판매액의 30%를 세금으로 내야 하지만, 그나마 월급만 가지고 사는 것보다는 훨씬 낫기 때문이다. 또한 비합법적 상거래도 여전하다. 종합시장에서 매매가 금지된 품목(동·알루미늄·골동품·신약·원자재·군수품·한국상품)을 판매하거나 시장사용료나 국가납부금을 내지 않기 위함이다. 《데일리NK》(2005. 4. 10); 양문수, "북한에서의 시장의 형성과 발전: 생산물시장을 중심으로", 《비교경제연구》 12권 2호 (2005), p.15.
92 〈내각결정 제27호〉(2003. 5. 5.).
93 "조국의 시장: 상업성 상업국 장두길 부국장에게서 듣는다", 《월간조국》 (2004. 11.).
94 북한은 종합시장을 건설하는 데 드는 비용도 중앙예산이 아니라 지방예산과 시장에 물건을 판매하는 개인, 기업, 협동단체에서 징수하여 충당하였다.

들과 생산수단 등"을 의미하는데, 구체적 항목은 내각이 지정하게 되어 있다.[95] 종합시장에서는 기본적으로 식량과 소비품만 판매할 수 있고, 생산수단은 거래가 금지되어 있다. 뒤에서 살펴보듯이, 생산수단에 대한 시장적 거래(현금거래)는 종합시장이 아니라 기업 간에 직접 이루어진다.

북한 종합시장의 대명사이자 북한당국이 본보기로 꾸려놓은 평양시 락랑구역의 통일거리시장(2003년 8월 개설)의 경우, 2004년 9월 당시 6,000m^2의 부지에 1,400개의 판매대가 설치되었고, 하루 10만~15만 명의 시민들이 찾았다고 한다. 1년 사이에 거래되는 상품 종류도 대폭 늘어 식료품과 생필품은 물론 가구, 전자제품을 비롯한 공업품과 심지어 미술품까지 거래되고 있는 것으로 알려지고 있다.[96] 물론 이전에도 공산품들이 암거래되고 있었으나 이 조치로 그것이 합법화됐다는 데 의미가 있다.

마지막으로 가장 중요한 부분은 시장에서 상행위를 할 수 있는 주체가 확대되었다는 점이다. 과거에는 텃밭 등에서 생산된 일부 농산물을 개인 차원에서만 판매하도록 하였던 것에 비해, 이제는 개인은 물론 협동농장을 포함한 협동단체, 그리고 소비재를 생산하는 국영 공장·기업소도 공식적으로 판매자의 위치를 가질 수 있게 되었다. 이에 따라 종합시장 내 판매대는 공장·기업소 등에 5%를 먼저 배정하고, 나머지는 개인 등 입주자들에게 분양하는 방식으로 배정되고 있다.[97] 물론 공장·기업소나 협동단체도 시장사용료와 국가납부금을 내야 한다.

---

[95] 〈내각결정 제27호〉(2003. 5. 5.); 〈내각지시 제24호〉(2003. 5. 5.).
[96] "변혁의 현장에서: 통일거리시장 종업원들의 탐구와 모색",《조선신보》(2004. 9. 10.).

한편 종합시장에서 판매되는 상품의 가격 역시 국정가격을 적용하는 것이 아니라 상당부분 시장기제에 의해 조정되도록 허용했다. "시장에서 상품은 판매자와 구매자 사이에 '합의'하여 팔고 사며, (다만) 중요지표의 상품들은 '한도가격'을 정하고 그 범위 안에서" 팔고 사도록 했다. 한도가격은 시장이 소속된 해당 시·군 인민위원회에서 정하는데, 모든 상품에 한도가격을 설정하는 것이 아니라 쌀, 식용유, 사탕가루, 맛내기(미원) 등 "시장에서 가격조절의 기초가 되고 있는 중요 품목"에만 국한된다. 그리고 이 역시 해당 시·군 인민위원회가 "국제시장가격과 환율시세를 고려하고 …… 자체 실정에 맞게" 수시로 정하도록 했다.[98] 《조선신보》에 따르면, 한도가격은 "수요와 공급에 따라 10일에 한 번씩" 조정된다고 한다.[99]

결국 종합시장에서의 가격은 수요와 공급이라는 시장기제를 중심으로 하되 주요 생필품의 경우 당국이 부분적으로 개입하여 조절하는 방식으로 결정되는 것으로 보인다. 따라서 종합시장에서의 가격은 국정가격보다는 시장가격에 가까우며, 결국 종합시장은 계획 메커니즘보다는 시장 메커니즘의 성격이 훨씬 강한 것이다. 실제 당국이 정하는 한도가격은 시장가격에 따라 설정되는 경향이 있다고 한다. 예컨대 2003년 7월 통일거리시장에서 쌀 1kg의 한도가격은 150원이었으나,

---

[97] "변혁의 현장에서: 검증되는 개선조치의 생활력", 《조선신보》 (2003. 12. 22.). 물론 분양을 받기 위해서는 돈을 내야 한다. 예컨대 청진시의 경우 상설시장을 지으면서 공사비를 마련하기 위해 분양가로 너비 1m당 2만 5,000원을 받았다고 한다. 그러나 이후 입주 희망자가 많아지면서 너비 50cm당 12만 원까지 인상하는 등 '프리미엄 장사'를 했다고 한다. 이러다 보니 이전에 싸게 입주한 사람들이 입주 희망자들에게 자기 자리를 내주는 대가로 돈을 받는 장사도 많다고 한다. 북한주민 S씨 면담, 《데일리NK》 (2005. 1. 24.) 재인용.
[98] 〈내각결정 제27호〉 (2003. 5. 5.); 〈내각지시 제24호〉 (2003. 5. 5.).
[99] "변혁의 현장에서: 검증되는 개선조치의 생활력", 《조선신보》 (2003. 12. 22.).

2004년 4월에는 240원으로 올랐다. 한도가격이 시장가격을 따라갈 수밖에 없는 것은 만일 괴리가 커지면 또다시 암시장이 확대될 수밖에 없기 때문이다. 이는 현재 북한에서 최소한 소비재 유통의 경우, 시장 메커니즘이 계획 메커니즘을 지배하고 있다는 것을 보여주는 중요한 사례라 할 수 있다.[100]

한편 공장·기업소와 협동단체에서 시장에 파는 상품의 경우 기본적으로 시장가격에 따르되 그보다 약간 낮게 정한다고 한다.[101] 이는 가급적 공장·기업소 및 협동단체가 생산한 상품의 구매를 유도함으로써 공식부문의 생산을 활성화하려는 의도로 보인다.[102] 이를 위해 2004년 4월부터 종합시장 내에 '도매반'이 설치되기 시작했다. 도매반은 종합시장을 관리하는 '시장관리소'의 종업원들이 운영하는데, 공장·기업소 등에서 생산된 제품을 국정가격이나 그보다 약간 낮은 가격으로 사들여 시장가격보다 약간 낮은 가격으로 종합시장에 되파는 방식이다. 향후 북한은 도매반을 도매시장으로 확대, 운영할 계획이라고 한다.[103] 북한은 2003년 시장관리규정을 만들면서, 도매시장 관련 규정도 새로 만들었다. 이에 따르면 도매시장은 "국영기업소, 협동단체에서 생산하여 시장에 내보내는 제품, 무역회사들의 수입상품, 개인들이 만든 제품, 사사 려행자들(사적인 목적의 여행자)이 들여오는 수입상품 등을 현금으로 넘겨받아 소매단위에 넘겨"주어야 한다. 도매시장 가

---

[100] 양문수, "북한에서의 시장의 형성과 발전", 앞의 책, p.13.
[101] 〈내각지시 제24호〉(2003. 5. 5.).
[102] 그러나 아직 종합시장에서 기관·기업소 제품의 비중은 높지 않다. 현재 종합시장에서 판매되는 제품의 80~90%는 중국산이며, 나머지 10~20%만 북한산이다. 그리고 그 중에서도 상당수는 개인이 가내수공업 형태로 생산하여 내놓은 것이다.
[103] "변혁의 현장에서: 통일거리시장 종업원들의 탐구와 모색", 《조선신보》(2004. 9. 10.).

격도 구매자와 판매자 간 합의가격으로 하되, 종합시장 가격보다는 조금 낮게 책정하도록 했다.[104]

그런데 주목할 것은 북한이 7.1조치 직후인 2002년 7월 15일을 전후하여 농민시장을 폐쇄하는 등 일체의 사적인 매매행위를 금지하는 조치를 취했다는 점이다. 이어 10월에도 당국은 농민시장 통제조치를 취한 바 있다.[105] 이를 위해 중국으로부터 소비재 수입을 증가시켜 국영상점망에 대한 상품공급을 늘렸으며, 국영상점이 시중의 공산품과 식료품을 수매하여 이를 다시 일반주민에게 팔도록 하는 조치를 취하기도 했다.[106] 7.1조치는 가격, 임금, 환율 등의 현실화를 통해 암시장으로 흘러드는 국영물품과 외환을 다시 공식영역으로 이끌어내려는 조치였다. 따라서 당국이 7.1조치와 함께 농민시장을 단속하는 조치를 취하는 것은 논리적 수순이었다.

그러나 문제는 공급이 절대적으로 부족한 상황에서 공식유통망으로는 수요를 충족시킬 수 없다는 점이다. 이러한 상황에서 단속은 오히려 암시장을 더욱 음성화하는 결과만 초래한다. 또한 주민들은 단속요원이나 간부들에게 일정한 뇌물을 바치고 단속을 회피할 수 있다. 결국 단속조치는 무위에 그치고 말았고, 제2경제는 얼마 가지 않아 다시 번성하기 시작했다. 이에 당국은 어쩔 수 없이 시장을 공식경제 내로 포섭하는 조치를 취할 수밖에 없었던 것이다. 따라서 2003년 3월 종합

---
[104] 〈내각결정 제27호〉(2003. 5. 5.).
[105] 《조선일보》(2002. 8. 6.); 《동아일보》(2002. 10. 10.).
[106] 전현준, 《북한이해의 길잡이》(박영사, 2005), p.184.

시장의 개설은 당국의 주도적 조치라기보다는 농민시장 통제조치에 대한 아래로부터의 저항에 직면하여 당국이 현실을 수용한 것일 가능성이 높다.[107]

종합시장의 개설은 암시장을 근절하기 위해서였다. 그러나 암시장 근절에는 어느 정도 성공했을지 몰라도, 안 그래도 물건이 없어 고사상태에 빠진 국영상점을 더 어려운 상태로 몰아넣고 말았다. 국정가격보다 시장가격이 높으므로 생산된 제품들이 시장으로 유입되려는 경향이 있기 때문이다. 암시장이라는 늑대를 피한 국영상점은 이제 종합시장이라는 호랑이를 만난 격이 되었다.

국영상점의 문제점은 팔 물건이 없다는 것이다. 이에 따라 국영상점에서는 계획 영역에서 생산된 제품만이 아니라 계획 영역 바깥의 상품, 즉 기업이나 개인이 시장판매용으로 생산한 상품이나 수입품을 구입하여 판매하는 경향이 점점 확대되어왔다.[108] 더욱이 이 과정에서 구매자금을 마련하기 위해 개인자본을 끌어들이는 경우도 빈번했다.

---

[107] 이런 점에서 2007년 말부터 북한이 시장단속을 강화하고 있으나, 이 역시 오래 가기는 힘들 것으로 보인다. 북한은 2007년 12월부터 49세 이하 여성들의 장사를 금지하고 판매허용 품목 역시 제한하고 있는 것으로 알려지고 있다. 2008년 1월 15일경부터는 단속이 더 심해져 보위부요원들까지 단속에 나서고 있다고 한다. 심지어 일부 지역에서는 상설시장을 폐쇄한다는 소문까지 나돌고 있는 실정이다. 그러나 큰 효과를 거두지는 못하고 있다. 상인들이 단속시간을 피해 물건을 팔거나 아예 뇌물을 주고 단속을 피하는 경우가 많으며, 심지어 1990년대의 '유동장' 방식이 부활하여 '골목장'이 성행하고 있다고 한다. 지정해준 공간이 아니라 골목 등에서 단속을 피해 물건을 매매하는 것이다. 한꺼번에 400명의 상인들이 몰리는 골목장도 있다고 한다. 단속요원들도 해산만 시키지 쫓거나 물건을 빼앗지는 않는다고 한다. 《데일리NK》(2007. 12. 3.); (2007. 12. 26.); (2008. 2. 12.).

[108] 최근 인터뷰한 어느 탈북자에 따르면, 요즘 북한에서는 "국영상점에서 국가상품과 개인상품을 같이 판다"라고 한다. 간판은 국영상점으로 걸어놓고 그 내부에서 국가상품 판매진열대와 개인상품 판매진열대를 따로 꾸려놓고 장사를 한다는 것이다. 탈북자 L씨 면담 (2007. 4. 26.).

이 경우 판매수입의 일부(5%)를 국가에 납부하고, 나머지는 자본을 댄 개인에게 이윤으로 돌려주고 그 나머지를 종업원 생활비로 충당하는 방식이다. 형식은 국영상점이지만, 실제는 개인상점과 다를 바 없는 것이다.

한편 북한당국은 국영상점을 활성화하기 위해 2003년 하반기부터 국영상점에서도 수입품을 판매하도록 하고, 무역회사들로 하여금 국영상점을 하나씩 전담하여 수입품을 대주도록 했다. 과거에는 수입품 전용매장에서만 수입품을 구매할 수 있었으나, 이제는 사실상 모든 국영상점에서 수입품을 판매하도록 허용한 것이다. 국내 생산으로는 국영유통망을 정상화하기 힘들다고 보고 수입품을 투입하기로 한 것이다. 이와 함께 그간 무역회사들이 개인들에게 직접 수입품을 판매해온 "비법적 현상"을 엄중히 단속하는 대신, 무역회사들에 기관도매의 권한을 부여했다. 이에 따라 무역회사들의 수입품 시장판매 통로를 국영상점이나 도매시장으로 국한시켰다.

한편 국영상점에서 파는 수입품의 가격은 "시장가격보다 조금 낮추는 원칙에서, 무역회사와 판매자(국영상점) 사이에 '협정가격'으로" 설정하도록 했다.[109] 이는 국영상점이 종합시장보다 가격경쟁력을 가져야 한다는 필요에 따른 것으로 보인다. 따라서 협정가격은 시장가격보다 조금 낮다는 원칙만 지켜진다면 기본적으로 공급자(무역회사)와 수요자(국영상점) 간의 합의가격으로 결정될 것으로 보인다. 따라서 종합시장에서의 한도가격과 마찬가지로 시장 메커니즘에 따라 수시로 조

---

[109] 〈내각지시 제24호〉(2003. 5. 5.).

정될 것으로 보인다.[110]

생산재 시장의 등장

종합시장에서 소비재 판매가 허용되었다고 해서 생산재까지 판매가 허용된 것은 아니다. 물론 제3장에서 살펴보았듯이, 1990년대 중반 이후 북한에서는 생산재가 현금으로 거래되는 불법적 생산재 시장이 확대되어왔다. 이는 그간 암묵적으로 묵인되어온 물물교환 방식의 기업 간 자재뒷거래가 상품적 형태를 띤 것이었다.

그런데 북한당국은 7.1조치를 통해 기업 간 물물교환 뒷거래를 국가의 중개를 통하는 방식으로 공식화함으로써 불법적 생산재 '시장'을 억제하고자 했다. 이것이 이른바 사회주의 물자교류 시장이다. 김정일은 2001년 10월 3일 담화를 통해 "자재공급사업도 계획에 맞물려 생산, 공급하는 것을 기본으로 하면서 보충적으로 사회주의 물자교류 시장을 조직하여 운영하는 것이 필요"하다며, 그 방식은 "공장, 기업소들 사이에 여유가 있거나 부족한 일부 원료, 자재, 부속품 같은 것을 서로 유무상통"하는 형태이어야 한다고 지침을 내렸다. 나아가 "공장, 기업소들에서 자기 생산물의 몇 프로[111]를 자재보장을 위한 물자교류에 쓸 수 있다"고 허용했다.[112]

---

110 양문수, "북한에서의 시장의 형성과 발전", 앞의 책, p. 19.
111 대체로 3~10% 정도로 알려져 있다.
112 김정일 담화 (2001. 10. 3.).

그러나 사회주의 물자교류 시장은 소비재 시장과는 달리 국가의 통제 아래 이루어진다. 우선 공장이나 기업소에서 남는 자재나 부족한 자재가 발생하면 해당 기업을 관리하는 내각 성의 계획부서에 요청서를 올려 승인을 받는다. 이러한 요청서들은 다시 국가계획위원회에 모이며 국가계획위원회에서 전반적인 여유와 부족을 파악하여 수요자와 공급자를 연결해주는 방식이다. 이때 거래는 반드시 물물교환 형태이거나 아니면 "은행을 통한" 무현금이체 방식으로 이루어져야 하며, 현금거래는 금지된다.

예컨대 종이를 만드는 A공장에서 발전기가 필요하다고 요청하면, 국가계획위원회에서는 종이가 필요한 B라는 발전기 제조공장을 물색하여 연결해준다. 이때 발전기 가격과 종이가격은 이미 국정가격으로 정해져 있으므로, 발전기 한 대당 종이 몇 톤이라는 식으로 교환비율이 결정된다. 그런데 만일 A공장에서 B공장이 필요로 하는 만큼 종이가 없거나 아니면 B공장에서 A공장이 내놓으려는 만큼의 종이가 필요없다면, 그 차액만큼만 A공장의 은행계좌에서 B공장의 은행계좌로 무현금이체를 하면 된다. 이로써 거래가 종결된다. 요컨대 사회주의 물자교류 시장은 계획당국의 통제와 중재 아래 이루어지는 것으로 온전한 의미의 '시장'이 아닌 것이다.

문제는 불법적이기는 하나 생산재 시장이 존재하는 마당에 과연 기업들이 당국의 통제 아래 있는 물자교류 시장을 이용할 것인가 하는 점이다. 수요자의 입장에서는 물자교류 시장에서 자재를 구할 수 있으면 좋겠지만, 공급자의 입장에서는 낮은 가격, 그것도 쓸모없는 무현금거래로 이루어지는 물자교류 시장보다는 불법적이긴 하나 시장에 공급하는 것이 훨씬 이익이기 때문이다. 공급이 부족한 상황에서는 항상 공급자의 논리가 지배하기 마련이다.

이러한 이유 때문에 실제 물자교류 시장은 명목에 그쳤을 뿐이고, 생산재 시장은 사라지지 않았다.[113] 여전히 자재가 시장으로 유출되면서 계획을 복원하려는 당국의 시도는 발목을 잡히고 말았다. 이에 따라 북한당국은 결국 현실에 적응하는 조치를 취하지 않을 수 없었다. 탈북자들은 7.1조치 이후에는 자재를 현금으로 사올 수 있게 됐다고 증언하고 있다. 그리고 그 가격은 판매자와 수요자의 합의에 의해 결정되었다고 한다. 즉, 시장가격으로 거래가 된 것이다. 《조선신보》는 7.1조치 이후 "현금 대 현물의 유통이 제도화되어 자금만 있으면 원자재가 떨어지는 일이 없다"라고 보도하고 있다.[114] 김용술 무역성 부상 역시 "필요한 물자는 기업 간에 '합의가격'으로 판매할 수 있다"라고 설명하고 있다.[115] 합의가격이란 것은 기본적으로 수요와 공급 논리에 따르기 때문에 자재에 대한 시장거래를 허용한다는 의미다.

그러나 최근까지도 당국이 이러한 자재의 현금거래를 명시적으로 허용했다는 증거는 발견되지 않는다. 아마도 잠정적으로만 허용한다는 내부방침이 있었던 것으로 보인다. 그런데 최근 탈북한 한 인사에 따르면, 2007년 4월 최고인민위원회가 일부 자재의 현금거래를 공식적으로 승인했다고 한다. 생산재 생산기업에서 생산품의 5%를 기관·기

---

[113] 탈북자 K씨 면담 (2007. 6. 29.).
[114] "변혁의 현장에서: 평양대극장봉사소 식당재건, 손꼽히는 인기점으로", 《조선신보》 (2004. 2. 25.)
[115] "통일적 지도강화, 아래에 많은 권한: 조선무역성 김용술 부상 인터뷰", 《조선신보》 (2004. 12. 13.)

업소가 알아서 사용할 수 있는 권한을 부여했다는 것이다. 이것이 사실이라면 5%에 한해 자재의 현금거래를 공식적으로 승인한 것이다. 5%는 계획생산량을 기준으로 한 것이므로, 실제 생산량에서 차지하는 비중은 이보다 훨씬 클 것으로 보인다.[116] 요컨대 제한적이기는 하지만 생산재 시장 역시 합법화된 것이다.

한편 북한은 2005년 6월부터 '수입물자교류 시장'을 개설함으로써 대외교역 시장을 운영하기 시작했다. 수입물자교류 시장은 북한측과 중국측의 연합형태로 운영되고 있다. 대표적인 시장인 '보통강수입물자교류 시장'의 경우, 북한 무역성 산하의 '중앙 수입물자교류총회사'가 중국의 '요녕 태성 국제무역유한공사'와 공동으로 운영하고 있다. 나아가 평양뿐 아니라 원산, 홍남, 청진, 남포 등 각 도의 중심도시에도 중앙 수입물자교류 총회사가 자회사를 두어 지방 수입물자교류 시장을 운영하고 있다고 한다.[117]

수입물자교류 시장에서는 주로 '생산정상화 물자'로서 건축자재, 강재, 도색재, 농기계, 수지제품, 고무제품, 공업제품, 기계제품, 기계부속품, 비료 등 수천 종의 수입물자가 거래되고 있으며, 일반 생활소비품들도 판매되고 있다. 또한 결제방식에서 현금, 은행결제, 물물거래 등 모든 형태가 허용되고 있어 은행결제만 허용되는 사회주의 물자교류 시장과는 큰 차이를 보이고 있다.[118]

---

116 탈북자 K씨 면담 (2007. 6. 29.).
117 "보통강수입물자교류 시장에서 원자재를 유통", 《조선신보》 (2005. 10. 26.).
118 "보통강수입물자교류 시장에서 원자재를 유통", 《조선신보》 (2005. 10. 26.).

물론 1990년대 중반부터 기업들은 독자적으로 무역회사를 차리고 수입 업무를 해왔다. 제3장에서 살펴보았듯이, 수입은 무역성과 국가계획위원회에 의해 정해진 가격과 물량에 대해서만 허용되기 때문에 제약이 많았고, 또한 이 과정에서 기업들이 가격을 왜곡하고 물량 쿼터(왁꾸)를 거래하는 등 부정과 비리가 많았다. 수입물자교류 시장은 이러한 왜곡과 부정을 시정하고 기업의 시설재, 원자재 수입을 보다 용이하게 한다는 의미가 있다. 이제 기업들은 시장에 나가 수입자재를 구매할 수 있으며, 없는 물자는 물자교류 총회사에 수입을 요청하면 된다. 그리고 과거에는 수입대금을 무역성에서 지급했다면, 이제는 기업 스스로가 지불해야 하기 때문에 부정의 소지가 줄어들고 기업운영의 합리화를 꾀할 수 있을 것으로 보인다.

재정개혁

경제난은 국가재정에 일대 충격을 가했다. 이는 무엇보다 주된 예산수입원인 국영기업들의 가동률이 20%대로 급감함에 따라 세입원천이 고갈되었기 때문이다. 따라서 북한은 새로운 세입원을 발굴함과 동시에 세출을 대폭 감축하는 방향으로 재정개혁을 단행하였다. 이와 함께 조세수납 체계를 개혁하여 지방분권화를 뒷받침하였다. 이하에서는 국가예산의 구조와 수납 체계를 중심으로 재정개혁의 내용을 분석한다.

국가예산구조의 변화[119]

① 예산수입항목

북한의 국가예산수입은 2001년까지는 이익금(국가기업이익금, 협동단체이익금), 거래수입금(국영기업 거래수입금, 생산협동조합 거래수입금), 봉사료수입금, 고정재산 감가상각금, 사회보험료, 국가재산 판매 및 기타 수입 등으로 구성돼 있었다. 이 중 거래수입금과 국가기업이익금이 압도적인 비중을 차지하였다.[120] 그러나 2002년 재정 관련 개선조치에 의해 몇몇 항목이 통폐합되고 신설되어 지금은 국가기업이득금, 협동단체이득금, 사회보험료, 토지사용료, 시장사용료 및 국가납부금, 국가재산 판매 및 기타 수입 등으로 구성되어 있다.

기존 제도에서 '이익금(profit tax)'은 시장경제의 법인세와 유사한 것으로, 독립채산제 국영기업이나(국가기업이익금) 협동농장을 제외한 협동단체(협동단체이익금)의 이윤 중에서 일부를 국가가 직접세 형식으로 거둬들이는 항목이다.[121] '거래수입금(turnover tax)'은 시장경제의 부가가치세와 유사한 것으로, 독립채산제 국영기업이나 생산협동조합(협동단체의 한 형태)의 제품판매액에 대해 국가가 일정액을 간접세 형식으로 거둬들이는 항목이다. 원래 거래수입금은 생산수단 및 소비재 모두에 부과됐으나, 1957년 세제개편으로 소비재에만 국한됐다가[122] 1994년부터 다시 생산수단에도 부과됐다.[123] '봉사료수입금'은 봉사부문(서비스) 기업의 봉사요금에 대해 국가가 일정액을 간접세 형식으로 거둬

---

119 특별한 언급이 없는 한 이후 설명은 다음을 참조했다. 《경제사전》 제1, 2권; 《재정금융사전》; 박진, 《북한재정의 현황과 추이》 (한국개발연구원, 1994); 고일동, 《북한의 예산구조와 최근의 재정실태 분석》 (한국개발연구원, 1999); 고일동, 《북한의 재정위기와 재정안정화를 위한 과제》 (한국개발연구원, 2004); 문성민, 《북한 재정제도의 현황과 변화추이》 (한국은행 금융경제연구원, 2004).
120 예컨대 1991년 현재 국가예산수입에서 거래수입금이 차지하는 비중은 46.5%, 국가기업이익금이 차지하는 비중은 39.1%로 전체 수입의 85.6%를 차지했다.
121 협동단체이익금은 이윤(순소득)의 일부에서 공제하는 조세적 성격으로, 납부대상은 생산협동조합, 편의협동조합, 수산협동조합이며, 협동농장은 제외된다. 다만 협동농장은 국가 소유의 농기계, 관개시설 등을 이용하는 데 대해 사용료를 납부해야 하는데, 그것은 농산물생산원가에 반영되는 것으로 세금은 아니다. 1966년 농업현물세 폐지 이후 2002년 7.1조치로 토지사용료가 부과되기까지 협동농장에 대한 세금은 존재하지 않았다.

표 4-6 재정 관련 개선조치 전후 예산수입 항목 비교

변경 전		변경 후
국가기업이익금	통합	국가기업이득금
봉사료수입금		
국가기업 거래수입금		
생산협동조합 거래수입금	통합	협동단체이득금
협동단체이익금		
고정재산 감가상각금	폐지	–
사회보험료	불변	사회보험료
국가재산 판매 및 기타 수입		국가재산 판매 및 기타 수입
–	신설	토지사용료
–	신설	시장사용료 및 국가납부금

들이는 항목이다. 이는 거래수입금의 한 형태이지만, 북한에서는 서비스를 비생산적 부문으로 취급하여 재화생산과 구분하고 있기 때문에 별도의 항목을 둔 것이다.

그런데 북한은 7.1조치를 통해 국가기업이익금과 국영기업소 생산품의 거래수입금, 봉사료수입금은 '국가기업이득금'으로 통합하고,

---

122 1957년 세제개편은 국가예산수입 중 경공업(소비재)부문의 납부 비중을 높인 것이다. 또한 거래수입금 부과대상을 소비재에 집중시킴으로써 소비재의 상대가격이 상승, 결국 주민소득 중 일부를 국가예산으로 흡수하는 효과도 유발되었다. 결국 1957년 세제개편은 경공업 및 소비자 수탈의 본격화를 의미하는 것으로, 이렇게 수탈된 잉여는 축적재원이 되어 중공업부문에 집중 투자되었다.
123 생산수단(자본재 혹은 중간재)에 거래수입금을 다시 부과한 것은 세수결손을 보충하기 위함이었다. 첫째, 경제난으로 생산수단을 생산하는 기업의 조업에 차질이 생기자 그 생산물을 투입하는 소비재 생산기업의 생산도 위축되어 판매액이 감소했다. 이로 인해 소비재부문으로부터의 거래수입금이 감소했다. 둘째, 연료·섬유 등 상당수의 생산수단, 특히 중간재가 사적 경제영역으로 불법 유출되는 경우가 빈번해졌다. 그런데 이 경우 해당 기업은 수입이 증가하지만, 국가에 의해 포착되지 않음으로써 탈세가 가능했다. 나아가 시장 영역으로 중간재가 누출된 만큼 계획 영역 내의 소비재기업의 생산물은 감소할 것이므로 역시 판매수입이 감소하여 거래수입금이 감소한다. 따라서 이러한 세수의 결손을 보충하기 위해 생산수단에도 과세를 하게 된 것이다.

협동단체이익금과 생산협동조합 거래수입금은 '협동단체이득금'으로 통합했다. 여기서 이익금과 거래수입금을 이득금으로 통폐합했다는 것은 사실상 거래수입금을 폐지했다는 것을 의미한다. 그렇다면 북한은 왜 거래수입금을 폐지했는가?

그간 거래수입금은 기업의 이윤을 조정하는 수단으로 사용되어왔다. 과거 상품의 도매가격은 '원가+거래수입금+이윤'으로 구성되었다. 따라서 기업들이 제품을 같은 가격으로 판매하더라도 거래수입금을 기업마다 다르게 적용하면 이윤도 달라진다. 북한은 수익성이 낮은 기업에 대해서는 거래수입금을 낮게 책정하여 수익성을 높였으며 수익성이 높은 기업에 대해서는 거래수입금을 높게 책정하여 수익성을 줄여왔다.[124] 결국 거래수입금을 없앴다는 것은 기업이윤을 국가가 인위적으로 조절하지 않겠다는 의미다. 이는 역으로 실적이 나쁜 기업은 정부가 도와주지 않겠다는 의미이므로 구조조정 가능성도 함축하고 있는 것으로 보인다.

거래수입금의 폐지는 번수입지표의 도입과는 큰 연관이 없는 것으로 보인다. 북한은 이득금을 계산할 때 해당 기업의 번수입이 아니라 매출액을 기준으로 삼고 있다고 한다. 즉, 매출액에 일정 비율(매출계획에 의한 이득금납부율)을 곱하는 방법으로 계산한다. 7.1조치로 번수입지표를 도입했기 때문에 번수입에 일정 비율을 곱해서 산출하는 것이 타당해 보이지만, 번수입(매출액-원가+임금)을 기준으로 할 경우 원가에 따라 이득금이 영향을 받기 때문에 보다 안정적 조세확보를 위해 매출

---

[124] 오선희, "거래수입금의 제정 및 적용에서 제기되는 몇 가지 문제", 《경제연구》(1994년 3호), pp.36-37.

액을 기준으로 삼은 것이다.[125] 그런데 기존의 거래수입금 역시 매출액을 기준으로 산정됐기 때문에 그 폐지가 번수입지표 도입과는 큰 관계가 없어 보인다. 다만, 거래수입금을 폐지하여 도매가격이 원가+이윤으로 단순화됐기 때문에 번수입의 계산과 그에 의한 분배 및 평가가 용이해졌다는 의미는 있을 것이다.

한편 과거 이익금과 거래수입금은 계획에 의한 생산 및 판매실적에 대해서만 부과되었다면, 이득금은 계획 외 생산으로 벌어들인 수입에 대해서도 부과되고 있는 것으로 알려지고 있다. 이는 7.1조치로 기업들이 계획 외 생산품을 시장에 판매하는 것이 공식적으로 허용됐기 때문이다. 기업의 시장지향적 경영활동을 확대함으로써 오히려 국가의 조세기반을 확충하겠다는 것이다.

'고정재산[126] 감가상각금'은 국가가 건설한[127] 고정재산의 마모분에 해당하는 금액을 조세형태로 국가에 납부하는 것을 의미한다. 2001년까지 독립채산제 기업은 고정재산 감가상각금을 국가가 정한 규정

---

[125] 김상기, 앞의 글, p.7.
[126] 북한에서 생산적 고정재산은 한 번의 생산과정에서 모두 마멸되지 않고 장기간 현물형태를 유지하면서 점차 그 가치를 생산물에 이전시키는 재산을 의미한다(예를 들어 기계설비, 생산용 건물, 생산용 운송수단 등). 그 이전된 가치는 제품원가에 포함되며, 제품이 판매되어 적립된 것이 고정재산감가상각비다. 반면 유동재산은 한 번의 생산과정에서 모두 마멸되어 그 가치를 생산물에 완전히 이전시키는 재산을 의미한다(예를 들어 원료, 자재, 연료, 반제품, 미완성품 등). 유동재산의 소모가치 역시 제품원가에 반영된다. 생산수단 중에서 노동수단이 생산적 고정재산에, 노동대상이 유동재산에 해당한다. 다만 노동수단 중에서도 공구처럼 가격이 낮고 수명이 비교적 짧은 것은 유동재산에 포함된다. 한편 생산적 고정재산과 달리 비생산적 고정재산도 있는데, 이는 장기간 현물형태를 유지하면서 기능하는 소비재를 의미한다(예를 들어 살림집, 사회문화시설, 공공시설).
[127] 1964년 이후 북한에서 고정재산 건설에 필요한 자금은 전액 국가가 공급했다. 그러나 1985~1995년 기간 중 기업소 고정재산 중에서 규모가 작은 것은 기업소 자체 자금으로 건설하는 것이 허용되었다.

과 방법에 따라 국가예산에 납부하였다.[128] 감가상각금으로 조성된 국가예산 자금은 고정재산 보수비용과 사용기간이 만료된 고정재산을 새 것으로 교체하는 단순재생산 자금으로 지출되었으며, 경우에 따라서는 확대재생산 자금으로도 지출되었다.

그러나 2002년부터는 독립채산제 기업의 경우 고정재산 감가상각금을 국가에 납부하지 않고 기업 내부에 적립하도록 제도가 변경되었다. 이에 따라 뒤에서 살펴보겠지만, 그간 국가예산에서 지원되던 대(大)보수자금과 단순재생산 자금의 예산지출항목이 없어졌으며, 확대재생산자금 지원 역시 축소되었다.

이러한 변화는 기업경영에 대한 책임성을 제고하려는 의도로 보인다. 과거에는 고정재산 감가상각금을 국가가 일괄 수거해서 필요한 기업에 재분배하는 방식이었다. 그러나 이제는 각 기업이 알아서 수리할 것은 수리하고 재투자할 것은 투자하도록 방식이 변경된 것이다. 이에 따라 과거에는 시설 보수나 재투자에서 불필요한 낭비가 초래될 수 있었으나, 이제는 그 낭비만큼 고스란히 기업경영의 악화로 나타나게 되었다. 따라서 그만큼 기업운영에서 효율성이 증대될 것으로 기대할 수 있다.

사회보험료는 근로자에 대한 사회보험 및 사회보장제도 유지에 드는 비용의 일부를 근로자로부터 거둬들이는 항목이다. 이는 7.1조치 이전에 북한이 개인에게 직접 과세한 유일한 세금이다.[129] 기타 수입

---
128 반면 협동적 소유의 기관·기업소는 감가상각금을 내부에 적립하고 고정자산 보수를 위한 자금으로 사용하였다.

으로는 국가재산 판매 수입, 가격편차 수입, 무상노력 동원 수입, 국가 수수료 및 관세수입, 벌금수입, 합영회사 및 외국인 소득세 수입 등이 있다. 이들 항목은 7.1조치 이후에도 변한 것이 없다.

한편 토지사용료와 시장상행위에 부과하는 조세(시장사용료 및 국가 납부금)가 새로 신설되었다. 북한은 7.1조치 직후인 2002년 7월 31일 〈내각결정 제53호〉로 〈토지사용료 납부규정〉을 제정했다.[130] 토지사용료는 "토지를 이용해 농업생산물을 생산하는 모든 기관, 기업소, 단체, 군부대, 그리고 개인"에게 적용된다. 따라서 토지를 이용하려는 모든 단위와 개인은 먼저 토지관리기관에 토지를 등록해야 한다. 만일 토지를 등록하지 않고 이용하거나 토지사용료를 제대로 납부하지 않는 경우에는 생산물을 회수하고 토지이용을 중단시키거나 토지 자체를 회수할 수 있다.

토지사용료는 농업생산물의 일부를 '돈'(현금을 지칭하는 것으로 보임)으로 납부해야 하는데, 경우에 따라 수매대금에서 공제할 수도 있도록 규정하고 있다. 특히 결산분배제를 실시하는 농장과 기업은 토지사용료를 납부하기 전에는 연간 결산분배와 재정결산을 하지 못하도록 규정하고 있다. 토지사용료는 농업생산을 전문으로 하는 농장, 기업소에는 낮게 책정하고, 기관·기업소의 부업농목장, 원료기지, 외화벌이기지, 실험실습 토지, 그리고 개인경작 토지에는 높게 책정하는 원칙

---

129 북한의 과세제도가 여타 사회주의국가와 다른 것 중의 하나는 근로소득세(payroll tax)가 없다는 점이다. 북한은 1966년 농업현물세를 폐지한 데 이어 1974년에는 "모든 세금을 없앴다"라고 주장했는데, 이 주장의 실제 내용이 바로 근로소득세 폐지다.
130 이하 〈토지사용료납부규정〉(2002. 7. 31.)

표 4-7 토지사용료 적용 토지

구분		적용 대상	적용 제외
농장(국영·협동)		모든 토지	-
기관·기업소	공통	울타리 내 토지	1정보 이내
		원료기지 및 부업농목장(부업지)의 토지	-
		외화벌이용 토지	-
		농업과학연구기관의 토지	새 품종 연구용 토지
		보건기관의 약초재배용 토지	-
		각급 학교 및 간부 양성기관의 실습 토지	-
		※식물원·동물원·양어장 구역의 토지는 적용 제외 ※탁아소·유치원·육아원·애육원·양로원·초중등학교·혁명학원·이부모자녀학원·요양소·보양소·휴양소·정양소·야영소가 개간한 1정보까지의 새 땅은 적용 제외		
개인		개인텃밭 및 부대기밭(뙈기밭)	농가 30평, 기타 10평 이내
기타		농작물을 심고 있는 건설용 부지	-
		새 땅(새로 개간한 땅)	3년까지
		양모장으로 이용하는 토지	국토·도시경영·임업부문
		농업생산물을 생산하는 비경지(부업밭)	-
		※기타 따로 정한 토지는 적용 제외	

에서 부과된다.

 북한은 경작되고 있는 모든 토지에 토지사용료를 부과함으로써 막대한 세원을 새로 발굴하게 되었다. 특히 협동농장에 토지사용료를 부과함으로써 1960년대 농업현물세 폐지 이후 사라졌던 협동농장에 대한 세금을 부활시켰다. 한편 토지사용료의 부과는 개인텃밭, 개인부업밭, 개인뙈기밭 등 경제난 이후 광범위하게 확산된 사적 경작으로부터 세금을 거둬들여 재정을 확충함과 동시에 이들 영역을 공식경제 내부로 수용하여 통제하려는 목적도 있다고 보인다. 예컨대 바람직하지 않은 분야에서의 사적 경작에 대해서는 토지사용료를 높게 책정함으로써 그 확산을 일정 정도 통제할 수 있을 것이다. 2002년 당시 개인뙈기밭의 경우 약 15%의 토지사용료(평당 6~15원)가 부과되고 있는 것으로 알려져 있다.[131]

한편 북한은 2003년 5월 5일 〈내각지시 제24호〉와 〈내각결정 제27호〉를 통해 종합시장에서 장사를 하는 단위는 개인, 국영기업, 협동단체 할 것 없이 모두 시장사용료와 국가납부금을 내도록 했다. 시장사용료와 국가납부금은 1990년대부터 농민시장에서도 징수되었지만, 7.1조치를 계기로 보다 공식적인 성격을 띠게 된 것으로 보인다. 시장사용료는 시장에 설치된 매대의 면적과 위치를 고려하여 징수하는 일종의 임대료로서, 시장관리소에서 매일 징수한다. 국가납부금은 판매소득을 고려하여 그것의 일정비율을 징수하는 일종의 소득세로서, 시장이 소속된 지역 인민위원회의 재정부서에서 징수한다. 〈내각지시 제27호〉는 국가납부금을 내지 않는 경우 책임 있는 주민이나 일꾼이 행정적, 형사적 책임을 지도록 했다.[132]

② 예산지출항목

북한은 세원을 확충함과 동시에 세출을 대폭 축소함으로써 재정난을 완화하고자 했다. 전통적으로 북한의 예산지출항목은 인민경제비, 사회문화시책비, 국방비, 국가관리비 등 4대 항목으로 구성되어 있으며, 각각의 항목은 다시 세부항목으로 구성된다. 1990년대 중반 이후, 특히 7.1조치를 전후하여 4대 항목 중 사회문화시책비가 인민적 시책비

---

[131] 《조선일보》(2002. 8. 25.); 윤여운, 《키워드로 읽는 북한경제》(비봉, 2003), pp.183-184.
[132] 〈내각지시 제24호〉(2003. 5. 5.), 〈내각결정 제27호〉(2003. 5. 5.).

표 4-8 재정 관련 개선조치 전후 예산지출 항목 비교

인민경제비	기본건설자금공급	고정재산 신설	동일	
		고정재산 확대재생산	축소	
		고정재산 단순재생산	폐지	
	대(大)보수자금공급		폐지	
	유동자금공급		폐지	
	인민경제사업비	각종 사업비	동일	'인민적 시책비'로 항목변경
		추가적 시책	사실상 폐지	
사회문화시책비			축소	
국방비			동일	
국가관리비			동일	

로 명칭이 변경됐을 뿐 아니라, 각 세부항목들은 대폭적으로 축소되거나 폐지되었다.

인민경제비 중에서 '기본건설자금공급'은 생산적·비생산적 고정재산의 신설이나 단순 및 확대재생산에 지출되는 예산항목이며, '대(大)보수자금공급'은 고정재산의 유지·보수에 필요한 자금을 공급하는 항목이다. 앞서 예산수입 항목에서 살펴보았듯이, 7.1조치에서 감가상각금을 기업에 유보하도록 함에 따라, 그 재원으로 지출되던 단순재생산용 자금공급과 대(大)보수자금공급 항목은 폐지되었으며, 확대재생산용 자금공급 역시 축소되었다.

한편 '유동자금공급'은 기업경영에 필요한 유동재산 구입에 드는 자금을 국가가 지원해주는 일종의 운영비 항목이다. 그런데 독립채산제 기업의 경우 이 항목은 이미 1985~1995년 사이에 폐지되었다. 이에 따라 운영자금 수요를 자체 수입으로 해결하거나 아니면 은행대부로 해결해야 하는 상황이다.

인민경제비 중에서 '인민경제사업비'는 경제발전과 인민생활 향상에 직접 관련되는 지출이지만, 여타 항목에 넣기 곤란한 예산지출을 포괄하는 항목이다. 이 중 '각종 사업비'는 공업사업비, 농업사업비, 도시경영사업비, 지방사업비, 대외경제사업비, 과학기술발전사업비, 국토사업비, 유지보수비 등으로 구성된다.

인민경제사업비 중에서 '추가적 시책비'는 먹고 입는 문제와 관련하여 국가가 주민들에게 혜택을 주기 위해 필요한 비용이다. 예컨대 과거 북한은 식량, 생필품, 전기, 연료비, 교통비, 주거비 등의 공급가격을 정부시책으로 인위적으로 낮게 책정하여 주민에게 공급해왔는데, 이 경우 해당 재화를 공급하는 기업은 이윤은 고사하고 비용마저 보전하지 못하는 경우가 허다하게 발생했다. 따라서 정부는 그 손실분을 정부예산에서 지원해왔다. 추가적 시책비의 대부분은 이러한 가격보상금(보조금)이 차지했다.

추가적 시책비는 2001년 신설된 '인민적 시책비' 항목으로 소속이 변경됐으며, 앞서 살펴보았듯이 7.1조치에서 정치적 관리가격제가 폐지됨에 따라 대폭 감소, 사실상 폐지되었다.

'사회문화시책비'는 주민들의 복리증진과 무상교육, 무상치료, 사회보험과 사회보장, 과학문화 등에 대한 수요를 충족시키는 비용이다. 이 항목은 2001년 추가적 시책비와 결합되어, '인민적 시책비'로 명칭이 변경되었다. 또한 그간 중앙예산에서 책임지던 사회보험 및 사회보장비용을 7.1조치 이후에는 지방예산으로 이전시켰다. 중앙의 재정부담을 지방에 전가한 것이다. 동시에 과거에는 거의 무료로 제공되던 사회보장 및 사회보험 관련 가격을 시장가격 수준으로 인상함으로써 주민부담을 증가시키는 방식으로 재정부담을 완화시켰다.

한편 국방비나 국가관리비(입법·행정·사법 등 각종·각급 국가기관들의 유지·관리에 드는 경비예산)의 경우에는 변화가 없다.

수납체계의 변화와 지방분권화

1990년대 이후 북한은 조세 수납 권한을 중앙에서 지방으로, 지방에서 중앙으로, 다시 중앙에서 지방으로 수차례 변경시켰다. 이는 조세확보가 용이하지 않은 상황에서 취해진 고육책이었으나 현재까지 뚜렷한 성과를 내지 못하고 있다. 그러나 제도상으로 볼 때 재정분권화의 추세는 분명히 발견된다.

북한은 원래 중앙정부의 위원회, 부(성), 연합기업소 등이 산하기업으로부터 직접 세금을 걷는 '부문별 수납체계'를 갖고 있었다. 그러다가 1994년부터는 지방인민위원회가 관할지역 내의 지방기업으로부터 조세를 징수하고 이를 중앙에 다시 납부하는 방식인 '지역별 수납체계'를 도입했다.[133] 물론 중앙기업은 이전과 마찬가지로 소속 중앙기관에 계속 직접 납부했다.

그런데 이 조치는 재정분권화라기보다는 책임의 분권화, 정확히 말하자면 중앙으로부터 지방으로의 책임전가 성격이 강했다. 지방은 일정액 이상의 조세를 걷어 중앙에 납부해야 하는 의무를 새로 지게 된

---

[133] 오선희, "거래수입금의 제정 및 적용에서 제기되는 몇 가지 문제", 앞의 책.

반면, 그에 따른 어떤 새로운 재정권한은 부여받지 못했기 때문이다.

한편 북한은 2000년부터는 다시 부문별 수납체계로 회귀, 재정수납 업무를 중앙의 성이나 관리국으로 이전했다. 그러나 이는 1994년 이전의 체계와는 상당히 다른 '새로운 부문별 수납체계'였다.[134] 우선, 성이나 관리국은 산하 기업소가 재정수납 의무를 다하지 못할 때 그 책임을 져야 했다. 또한 일부 품목에 대해서는 현물수납제도를 취함으로써 해당 품목에 대해서는 수납의무가 회계상으로만 이루어지는 것이 아니라 실물 확인의 의무까지 병행되었다.[135] 마지막으로 재정수납, 특히 현물수납이 가능하기 위해서는 기업소의 조업 정상화가 필수적이기 때문에 성이나 관리국이 산하기업의 조업정상화 책임까지 맡게 됨을 의미했다.

따라서 성과 관리국은 산하기업의 예산수입 계획에 직접 관여하게 되고, 그 집행을 직접 관리·감독하게 되었다. 또한 산하기업의 정상화를 위해 자체 관리자금이 요구됐던바, 산하기업으로부터 받아들인 수납금의 일부를 자체 자금으로 확보하고 나머지를 재정성에 납부하도록 하였다. 따라서 일정 정도 '부문별 재정분권화'의 성격을 띠고 있었다.

북한은 2002년 상반기 다시 지역별 수납체계로 회귀한다. 이는 조업 정상화의 야심찬 목표를 내걸었던 2년간의 '새로운 부문별 수납체계' 실험이 실패했음을 의미한다. 새로 도입된 '새로운 지역별 수납체계'

---
134 박성호, "새로운 국가예산수납체계의 특징과 우월성", 《경제연구》 (2000년 4호).
135 현물납부의 대상이나 범위에 대해서는 알려진 것이 없다. 다만 이러한 제도가 도입된 이유는 공식가격과 시장가격 간에 큰 괴리가 존재하는 상황에서 공식가격 기준의 수납액만으로는 구매력을 갖지 못하는 상황을 반영한 것으로 보인다. 고일동, 앞의 책, pp.43-44.

에서는 1994~1999년 당시와 마찬가지로 지방인민위원회가 관할지역 내 기업의 조세징수 책임을 맡았다. 다만, 생산활동 정상화의 책임은 성, 관리국의 소관으로 남아 있었다. 다시 말해서, 조세징수 업무와 조업정상화 업무의 이원화체계였다. 그러나 이외에도 몇 가지 획기적인 내용이 도입되었다.[136]

우선 중앙기업, 지방기업 할 것 없이 해당 지방정권의 관할 내에 위치한 기업들은 모두 지방을 통해 세금을 납부하도록 했다. 이는 1994년의 지역별 수납체계와 구분되는 가장 큰 특징으로, 1994년 당시에는 지방기업만이 지방별 수납체계의 대상이었다. 따라서 지방기관은 세원이 크게 확대되었다.

다음으로 종전에는 지방 정권기관의 수입 중 자체 사업을 위한 지출을 우선적으로 하고 남은 부분을 중앙으로 이전하는 방식이었으나,[137] '새로운 지역별 수납체계'로 전환하면서 지방은 사전에 결정된 금액을 중앙에 우선 납부하고(법정의무) 남은 금액만을 자체 사용할 수 있도록 했다. 이는 1994년 중국의 분세제(分稅制)와 유사한 것으로 지방은 중앙납부금을 내고 나면 나머지 부분은 독자적으로 활용할 수 있게 됐다. 앞서 살펴보았듯이, 그간 중앙예산에서 지출하던 주민들의 사회보험 및 사회보장에 대한 책임이 지방으로 이전된 것 역시 이에 기인한다.

---

[136] 오선희, "지방예산편성을 개선하는 데서 나서는 몇 가지 문제",《경제연구》(2002년 2호).
[137] 건국 이후 북한은 중앙예산에서 지방예산을 충당해주는 제도를 시행해오다, 1973년 지방예산제를 도입하면서, 지방은 자체로 예산수입을 충당하고, 수입이 지출을 초과했을 때는 초과분을 윗단위 예산에 이전하도록 했다(예컨대 시·군은 도(직할시)에, 도(직할시)는 중앙예산에 이전). 또한 수입이 지출을 초과하거나(지방예산제예비기금), 수입실적이 수입계획을 초과했을 때(지방예산제우대기금)는 그 초과액 전부를 중앙예산에 납부하지 않고, 일부를 자체로 유보할 수 있게 하는 인센티브 제도도 운영해왔다.

마지막으로 지방은 자체 예산편성에서 일정한 재량을 부여받게 되었다. 지방예산 편성에서 중앙에서 하달하는 계획지표의 수가 대폭 감소하여 공업총생산액이나 기본건설 투자액 정도만 하달되고, 나머지 세부지표는 지방이 알아서 실정에 맞게 계획하도록 했다. 요컨대 '새로운 지역별 수납체계'는 '지방별 재정분권화'를 향한 첫 번째 실질적인 개혁조치였다고 평가할 수 있다.

표 4-9 7.1조치 및 후속조치의 주요내용

구분	조치 전	조치 후	비고
가격현실화	• 국정가격 < 농민시장가격 (수십~수백 배 격차)	• 국정가격 ≒ 농민시장가격 (평균 25배 인상)	• 이중가격 해소 추구 • 시장가격 수용
임금인상	• 노동자 월평균 100~150원	• 노동자 월평균 2,000원 내외	• 가격인상에 따른 생활비 보전 차원
환율인상	• 공식환율 < 암시장환율 (달러당 2.2원 < 달러당 250원)	• 공식환율 < 암시장환율 (달러당 153원 < 달러당 1,000원) • 외화교환환율 ≒ 암시장환율 (2007년 현재 달러당 3,000원)	• 이중환율 해소추구 • 삼중환율로 낙착 (공식환율·교환환율· 암시장환율)
국정가격 설정	• 고려사항: 원가, 정치적 배려 • 고정가격 • 설정기관: 중앙·지방 행정기관	• 고려사항: 원가, 국제시장 가격, 국내 수요·공급 • 제한적 가격변동 • 설정기관: 지방공장에 가격 설정 재량권 제한적 부여	• 가격편차보상금 폐지 • 재정부담 해소 추구 • 시장상황 부분 반영
분배방식	• 평균주의 분배 • 공짜 난무 (생필품 정치적 관리가격 적용)	• 차등임금제 강화 • 공짜 폐지 (정치적 관리가격 폐지)	• 인센티브 강화로 노동생산성 향상 추구 • 배급제 사실상 폐지
외환관리	• 고정환율제 • '외화바꾼돈표'	• 제한적 변동환율제 • '외화바꾼돈표' 폐지	• 외화현금 사용은 계속 금지

다음 페이지에 계속 ➡

계획수립	• 〈계획의 일원화, 세부화〉 • 모든 현물·화폐지표 중앙하달	• 중앙은 기본건설투자액·중요 사업·도별공업총생산액 등만 작성 • 여타 세부지표는 해당 기관·기업소, 지방행정기관이 수립	• 계획의 분권화 추구
기업운영	• 느슨한 독립채산제: 국가에 시설자금·원자재 등 의존 • 원가개념 부족: 원가보다 계획목표 달성이 우선 • 현금거래 금지 • 대안의 사업체계 　(당위원회 지도체제)	• 독립채산제 강화: 시설자금·원자재 등 기업 자체 해결 • 원가개념 강화: 국가지표 줄이고 '번수입지표' 도입 • 현금거래 부분허용 • '대안의 사업체계' 사실상 폐지 (지배인 역할 강화)	• 독립채산제 실질화 • 수익성(번수입) 기준 기업운영 • 기업재정 자율성 제고 • 전문경영 강조
소비재 시장	• 시장이 아닌 국영유통망 중심 • 부식 등에 대해 농민시장 허용 • 시장거래는 개인만 허용 • 수입품 시장거래 금지	• 국영유통망 + 시장 체제 (시장이 국영유통망을 흡수 중) • 산품 포함한 '시장' 개설 • 기업도 시장판매용 계획 외 생산부분 허용 • 무역회사가 수입한 제품은 도매시장을 거쳐 종합시장 판매 허용	• 암시장 근절 목표 • 소비재에서 시장을 공식영역으로 수용
생산재 시장	• 중앙자재공급체제 • 기업 간 물물 뒷거래 묵인	• 국가중재 무현금·물물거래 도입 (물자교류 시장) • 생산물의 5%에 한해 자재시장 허용(현금거래) • 수입물자 교류시장 도입 (현금거래)	• 암시장 근절 목표 • 자재시장 제한 허용
재정	• 이윤 및 도매가 기준 과세 • 감가상각금을 국가가 관리하는 대신 기업 시설자금·보수자금도 국가가 책임지고 제공 • 정치적 배려에 의한 주민시책비 과다 • 재정의 중앙집권화	• 번수입 기준으로 과세 • 토지 및 시장에 대한 과세신설 • 감가상각금을 기업에 유보하는 대신 시설자금·보수자금 지원을 축소·폐지 • 각종 주민시책비 대폭 축소 • 재정의 지방분권화	• 재정의 건전화 및 분권화 추세 뚜렷

제5장

시장사회주의로의 점진적 전환

지금까지 이 책은 계획과 시장의 상호작용에 초점을 맞춰 북한경제의 실제 작동 메커니즘을 구체적 사례들을 통해 살펴보았다. 지금까지의 분석에서 확인했듯이, 현재 북한의 경제체제는 더 이상 계획이 유일적으로 지배하는 과거의 고전적 사회주의 체제(classical socialist system)가 아니며, 계획과 시장이 공존하고 나아가 부분적으로는 시장이 계획을 대체한 개혁사회주의 체제(reformist socialist system)로 변화되었다.

그렇다면 향후 북한의 경제체제는 어떠한 모습으로 변화할 것인가? 현재의 개혁체제를 장기간 유지할 수 있을 것인가, 아니면 새로운 형태의 체제로 변화할 것인가? 만일 후자라면 그것은 고전적 체제로의 복귀인가, 아니면 시장경제로의 이행인가? 만일 시장경제로의 이행이 불가피하다면, 그것은 점진적 형태로 이루어질 것인가, 아니면 급진적 형태로 이루어질 것인가? 이하에서는 이러한 질문들을 중심으로 향후 북한의 체제변화 경로를 전망해보고자 한다. 결론부터 말하자면, 북한의 경제체제가 고전적 체제로 복귀하는 것은 불가능하며, 그렇다고 시장경제로 급진적으로 이행할 가능성도 낮다고 보인다. 북한은 현재의 개혁체제에서 점진적으로 시장사회주의(market socialist system)로 전환되어 나갈 것으로 전망된다.

급진적 이행의 불가능성

고전적인 사회주의 경제체제는 생산수단에 대한 국가적 소유형태의 압도적 우위를 토대로 계획이 경제를 일원적으로 지배하는 체제다. 물론 소비재 부족을 완화하기 위해 공식경제 "바깥에" 소규모의 사적 생산과 시장 영역이 허용되지만, 그것이 전체 경제에서 차지하는 비중은 미미하며, 더욱이 계획 영역에 별다른 영향을 미치지 못한다. 이에 반해 개혁사회주의 체제는 계획의 우위 아래 계획과 시장이 공식경제 "내부에서" 공존하면서 서로 영향을 주고받는 체제다. 나아가 만일 시장이 계획의 우위에 서게 되고 시장의 운동이 계획의 운동을 지배하게 된다면, 그러한 경제체제는 시장사회주의로 규정될 수 있다.

한편 고전적 체제에서 개혁체제로, 그리고 시장사회주의 체제로의 전환과정에서는 계획에서 시장으로의 경제조정 메커니즘의 변화만이 아니라 소유형태에서도 사적 소유가 점진적으로 성장하는 변화가 발생한다. 그러나 시장사회주의 단계까지는 여전히 국유형태가 우위를

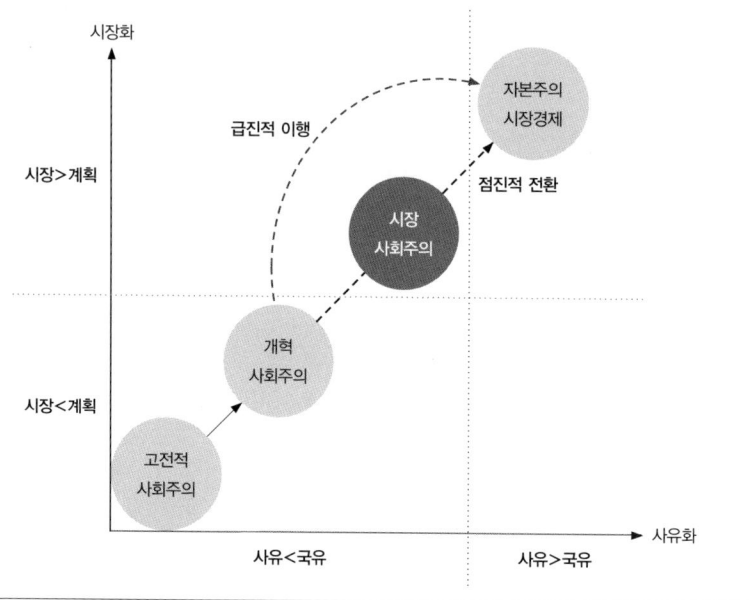

그림 5-1 사회주의 체제전환의 두 가지 경로

차지하면서 전반적으로 사회주의적 소유제도가 유지된다. 이에 반해 경제조정 메커니즘에서 시장이 계획의 우위에 설 뿐 아니라 소유형태에서도 사적 소유가 지배적 형태로 등장한 것이 자본주의 시장경제(capitalist market economy)다.

현존했던 모든 사회주의국가들은 북한이 2002년 7.1조치 및 후속조치를 통해 공식적으로 수용한 고전적 사회주의 체제에서 개혁사회주의 체제로의 변화를 이미 1970년대 후반부터 경험하기 시작했다. 그러나 시장경제로의 이행에서는 두 가지 상이한 경로를 밟은 것으로 보인다. 우선 소련과 대다수 동구사회주의가 경험했던 급진적 이행(transition)은 개혁사회주의 체제에서 소유제도의 갑작스런 변경이 초래되어 시장경제로 도약한 경로다. 계획이라는 관료적 조정 메커니즘은 사회주의적 소유형태의 산물이기 때문에, 소유제도의 변경은 곧바로 시장기제의 급속한 도입을 불가피하게 만들었다. 다시 말해서 급진적 이행은 소유제도의 변경과 경제조정 메커니즘의 변화가 짧은 기간 내에 거의 동시에 발생한 형태인 것이다.[1]

반면 중국과 베트남, 그 중에서도 특히 중국이 경험한 점진적 전환(transformation)은 기존 소유제도가 유지되는 가운데 사적 소유형태가 점진적으로 확대되면서 양자 간의 장기간에 걸친 경쟁을 통해 시장경제로 이행한 경로다. 다시 말해서, 점진적 전환은 소유제도의 본질적 변화가 발생하기 이전에 시장이 계획의 우위에 서면서 사적 소유와 사회주의적 소유의 장기간에 걸친 구획화된 경쟁상태(compartmentalized competition), 곧 시장사회주의(이른바 '사회주의 상품경제')를 거쳐 시장경제(이른바 '사회주의 시장경제')로 전환된 형태인 것이다.[2] 코르나이는 "사유제 없는 경제개혁은 반드시 실패한다"며 시장사회주의의 가능성을 부인했지만, 중국의 사례는 반드시 그렇지는 않다는 사실을 증명하고 있다.

어떤 개혁사회주의 체제가 시장경제로 급진적으로 이행할 것인지, 아니면 시장사회주의를 거쳐 점진적으로 전환될 것인지는 핵심적으로

---

1 탈사회주의 경제정책 처방이라는 측면에서 봤을 때, 급진적 이행은 재정통화 긴축, 임금통제 등 거시경제의 안정화(stabilization), 가격설정 등에서 국가통제 장치의 해체를 의미하는 미시경제의 자유화(liberalization), 그리고 소유형태에서의 사유화(privatization)가 단기간 내에 거의 동시에 발생하는 상황을 의미한다. David Lipton and Jeffrey Sachs, "Privatization in Eastern Europe : The Case of Poland", *Brookings Papers on Economic Activity*, 1, 2 (1990); Jan Prybyla, "The Road from Socialism : Why, Where, What, and How", *Problems of Communism* 40 (January 1991); Anders Aslund, *Post-Communist Economic Revolutions : How Big a Bang?* (CSIS, 1992).

그 나라의 정치적 조건에 달려 있다.[3] 급진적 이행을 경험한 나라들에서는 경제체제의 변화에 앞서 정치체제의 민주화가 선행했다. 사회주의적 소유제도는 사회주의적 정치체제, 즉 당에 의한 권력독점(party-state system)의 직접적 산물이다. 따라서 민주화에 의한 당국가체제의 해체는 곧바로 사회주의적 소유제도의 해체를 낳았으며, 이는 다시 시장의 급속한 도입을 낳았던 것이다. 급진적 이행 혹은 이른바 '빅뱅 (big bang)'이란 '先민주화, 後자유화(first democracy, then market)' 모델에 다름 아니다.[4]

반면 중국의 경우는 정치체제의 민주화 없이 경제체제의 변화가 초

---

[2] 탈사회주의의 경제정책 처방이라는 측면에서 봤을 때, 점진주의가 과연 무엇을 의미하는지는 불명확하다. 왜냐하면 급진주의 전략을 채택하더라도 실제 실행과정에서는 다양한 저항에 부딪혀 점진적으로 집행되는 경우가 허다하기 때문이다. 따라서 점진주의의 본질은 전환의 속도에 있는 것이 아니다. 점진주의의 본질은 진화주의로서, 탈사회주의적 전환이 반드시 서구식 시장경제로 이행할 이유는 없다는 발상에 근거한다. 새롭게 등장하는 시장경제적 요소는 기존의 사회주의적 유산과 장기간 경쟁하면서 상호 침투하여 새로운 유형의 시장경제로 이행할 수도 있기 때문이다. 이런 점에서 사회주의적 유산은 파괴되어야 할 절대악이 아니라, 오히려 새로운 경제체제로의 진화과정을 성공시키는 요인으로 적극적으로 활용되어야 한다는 것이다. Peter Murrel, "What is Shock Therapy? : What Did it Do in Poland and Russia?", *Post-Soviet Affairs*, 9, 2 (1993); "Evolutionary and Radical Approaches to Economic Reform", Kazimierz Poznanski ed., *Stabilization and Privatization in Poland* (Kluwer Academic Publishers, 1993); Gernot Grabher and David Stark, "Organizing Diversity : Evolutionary Theory, Network Analysis, and Post-socialism", Gernot Grabher and David Stark eds., *Restructuring Networks in Post-Socialism: Legacies, Linkages, and Localities* (Oxford University Press, 1997); David Stark and Laszlo Bruszt, *Postsocialist Pathways : Transforming Politics and Property in East Central Europe* (Cambridge University Press, 1998); Barry Naughton, "What is Distinctive about China's Economic Transition? : State Enterprise Reform and Overall System Transition", *Journal of Comparative Economics*, 18, 3 (June 1994).

[3] 물론 정치적 조건만이 아니라 경제적 조건 역시 이행의 경로에 영향을 미친다. 예컨대 중앙계획화의 정도가 높았던 곳일수록 구조조정의 비용이 높기 때문에 급속한 이행이 어려울 것이고, 반대로 중앙계획화의 정도가 낮았던 곳일수록 이행에 따른 마찰이 적을 것이다. 그러나 경제적 조건은 이행의 경로에 영향을 미치는 부차적 요인일 뿐이다. 오히려 경제적 조건은 이행의 경로 그 자체보다는 해당 경로를 선택한 후 얼마나 빨리 경제성장을 달성하느냐에 더 큰 영향을 미친다. Vladimir Popov, "Shock Therapy versus Gradualism : The End of the Debate", *Comparative Economic Studies*, 42, 1 (Spring 2000).

래된 사례다. 공산당은 자기 권력의 가장 중요한 토대인 생산수단에 대한 독점을 스스로 포기하지 않는다. 중국의 시장경제로의 이행은 당국의 주도적 개혁조치에 의해서라기보다는 아래로부터의 자생적 사유화의 확산에 의해 점진적으로 강제된 결과였을 따름이다.[5] 물론 정치적 민주화에 토대하지 못한 시장경제가 완전한 형태로 발전하는 데는 한계가 있을 수 있다. 그러나 그렇다고 해서 시장경제로의 이행이 불가능한 것은 아니며, 그 장래가 반드시 불투명한 것도 아니다.[6] 점진적 전환은 곧 '先자유화, 後민주화(first market, then democracy)'의 모델인 것이다.

이상의 논의를 바탕으로, 현 시점에서 북한의 체제전환 경로를 예측한다면, 급진적 이행보다는 점진적 전환의 가능성이 훨씬 높다고 보인다. 왜냐하면 '예측 가능한 미래'에 급진적인 형태의 정치적 민주화가 발생할 가능성이 낮기 때문이다. 일반적으로 북한에서 유의미한 정치적 변화가 발생하는 경우로는 두 가지 시나리오가 상정되고 있다. 하나는 대북제재가 장기화되어 체제가 붕괴되는 경우이고, 다른 하나는 김정일이 사망하거나 그에 버금가는 신변이상이 생겨 후계구도를 둘

---

4 Wlodzimierz Brus, "Marketisation and Democratisation : The Sino-Soviet Divergence", *Cambridge Journal of Economics*, 17, 4 (December 1993); Anders Aslund, "The case for Radical Reform", Larry Diamond and Marc Plattner eds., *Economic reform and democracy* (Johns Hopkins University Press, 1995); Jerry Hough, *The Logic of Economic Reform in Russia* (Brookings Institution Press, 2001).
5 Kate Xiao Zhou, *How the Farmers Changed China* (Westview Press, 1996); Andrew Walder, *The Waning of the Communist State* (University of California Press, 1995); *China's Transitional Economy* (Oxford University Press, 1996).
6 Susan Shirk, *The Political Logic of Economic Reform in China* (University of California Press, 1993).

러싸고 정치적 격변이 발생하는 경우다. 그러나 어떤 경우든 정치적 변화가 민주화로 나타나리라는 보장은 전혀 없다. 민주화를 실행할 정치적 대안세력이 존재하지 않기 때문이다.

민주화를 실행할 정치세력이 부재한 상황에서 외부로부터의 압력에 의한 체제의 붕괴는 민주화보다는 정치적 발칸화(political Balkanization)로 귀결될 가능성이 더 높다. 체제의 구심력을 형성했던 기존의 권력 중심들이 붕괴했으나 새로운 권력 중심이 형성되지 못하면서 원심력의 운동이 지속되는 일종의 아노미(anomie)적 상황이다. 한편 이러한 상황이 지속되어 대규모의 탈북사태와 같은 인도주의적 위기나 핵물질의 외부확산 등 안보적 위기가 초래된다면, 외부세력이 북한의 내부 상황에 개입하는 사태, 곧 '급변사태'가 정당화될 수 있다. 그러나 이라크나 아프가니스탄의 사례가 보여주듯이 외부세력이 민주주의의 이식에 성공할 가능성은 높지 않다. 특히 북한에서 급변사태가 발생할 경우, 외부세력의 개입은 한국이나 한미 양국의 단독개입이 아니라 중국과의 세력분할 형태로 나타날 것이다. 중국은 자신의 턱밑에 민주주의체제가 들어서는 것을 바라지 않을 것으로 보인다. 따라서 설사 외부세력의 개입에 의해 정치적 안정이 달성되더라도 그것이 민주화로 귀결될 가능성은 낮다.

다음으로 김정일의 사망으로 인해 발생한 정치적 변화가 민주화로 나타날 가능성은 더 낮다. 만일 북한의 후계체제가 3대 세습형태로 이루어진다면 포스트-김정일 정권 역시 김정일이 김일성 사후 진행한 유훈통치를 장기간 답습할 가능성이 높다. 이 경우 그 성공 여부와 무관하게 수령제가 지속되면서 정치체제의 본질적 변화는 발생하지 않을 것이다. 반대로 세습이 아니라 군부를 중심으로 한 집단지도체제가 들어서면 수령제가 붕괴할 가능성이 매우 높다. 그러나 이 경우에도 포스트-김정일 정권이 민주주의를 수용하리라는 보장은 전혀 없다. 수령제가 붕괴된 이후 등장할 수 있는 정치체제는 '정상적인' 사회주의 정치체제이지,[7] 민주주의가 아닌 것이다. 물론 장기적으로 사회주의적 색채가 탈각되면서 정치체제가 개발독재 형태로 변화될 가능성은 존재한다. 그러나 이러한 이데올로기적 자유화 역시 정치적 민주화는 아닌 것이다. 그리고 정치적 민주화 없이 체제의 급진적 이행은 발생하지 않는다.

---

[7] 정상적인 사회주의 정치체제란 수령제가 해체된 상황을 의미한다. 소련이나 중국의 경험에서 보듯이, 스탈린이나 마오쩌둥과 같은 카리스마적 지배자가 사라진 상황에서는 대체로 과두제적 집단지도체제가 형성되었다. 물론 이 체제하에서도 후르시초프나 덩샤오핑과 같은 1인자가 등장하지만, 그는 과두제를 형성하는 권력연합 중의 1인자(First Among Equals)일 뿐, 스스로가 시스템 그 자체인 절대적 1인자(Mao in Command)는 아닌 것이다.

시장화의 역전 불가능성

물론 북한의 체제전환이 급진적 형태로 발생할 가능성이 낮다고 해서 반드시 점진적 전환이 이루어지리라는 보장은 없다. 오히려 북한당국은 가능하다면 과거의 고전적 계획체제로 회귀하고자 할 것이다. 북한체제의 하부구조인 경제체제는 개혁체제인 반면, 상부구조인 정치체제는 여전히 스탈린식 체제를 유지하고 있기 때문이다. 따라서 지배엘리트들은 시장을 폐지함으로써 이러한 불편한 공생관계로부터 탈출하려는 유혹을 끊임없이 느끼게 된다. 그러나 문제는 고전적 계획체제로 회귀할 수단과 통로가 존재하지 않는다는 점이다.

무엇보다 경제난으로 인해 중앙공급능력이 크게 위축되었기 때문이다. 시장을 폐지하고 계획적 유통체계를 복원하자면, 생산재와 소비재에 대한 국가의 공급능력이 확보되어야 한다. 만일 국가가 국영유통망으로 흘려 보낼 상품을 충분히 확보할 수 있다면, 국정가격을 시장가격보다 낮게 책정함으로써 시장을 근절할 수 있을 것이다. 수요자들은 당연히 비싼 시장가격이 아니라 저렴한 국정가격으로 상품을 구입할 것이기 때문이다. 그러나 지금처럼 국영유통망으로 흘려보낼 상품이 절대적으로 부족한 상황에서 시장을 폐지하게 되면, 다시 암시장이 형성될 수밖에 없다. 국영유통망에서 확보할 수 있는 상품수량은 제한적이기 때문에 수요자들은 비싼 가격을 치르고서라도 시장을 찾을 수밖에 없고, 생산단위들은 보다 비싼 가격에 팔 수 있는 암시장으로 생산물을 유출시킬 것이기 때문이다.

국가의 공급능력이 제한된 상황에서는 시장을 억압하면 할수록 암시장은 점점 더 확대된다. 또한 합법적 시장이 축소되고 암시장이 확대됨에 따라 정부가 세금을 거둘 수 있는 공간 역시 점점 더 축소된다. 따라서 다시 재정위기가 초래되어 결국 당국은 다시 시장을 합법화할 수밖에 없게 된다. 앞서 살펴보았듯이, 7.1조치는 본질적으로 가격현실화를 통해 암시장을 근절하기 위한 조치였다. 그러나 국가공급능력이 부족한 상황에서 암시장은 근절되지 않았고, 오히려 더욱 확대되었다. 이에 따라 북한당국은 2003년부터 점차 시장을 합법화하고 그 거래대상을 확대시켜왔다. 시장의 억압은 암시장을 확대시키고 오히려 국가의 재정난만 가중시키기 때문에, 당국으로서는 시장의 합법화를 통해 재정원천이라도 확보하는 것이 더 합리적인 행동이었던 것이다.

그렇다면 북한당국의 중앙공급능력이 강화되면 고전적 체제로 회귀할 수 있는가? 북한당국이 공급능력을 확보하기 위한 경로는 두 가지다. 하나는 '추출(extraction)' 능력을 강화하는 것이다. 즉, 국내 경제활동에 대한 조세를 확대하여 재정능력을 강화하고 이를 통해 산업재건을 위한 투자재원을 마련하는 방안이다. 이것이 7.1조치의 목표였다.

그런데 이를 위해서는 조세의 원천을 확장시켜야 하기 때문에, 당국은 기업과 지방으로 하여금 생산성 향상에 인센티브를 가지도록 하기 위해 그들의 자율성을 강화하는 분권화개혁을 도입하였다. 또한 불법적 사적 생산과 암시장을 합법화하여 조세원천을 확대하였다. 다시 말해서, 추출을 통한 공급능력 확대는 곧 경제개혁의 진전 여부에 달려 있으며, 그만큼 시장기제의 확대를 전제로 한다.

다음으로 투자나 차관 등 외부로부터의 '유입(inflow)'을 확대하는 경로다. 7.1조치의 후속조치인 신의주특구나 개성 및 금강산특구 설치가 여기에 해당한다. 그런데 이것이 성공하기 위해서는 다시 개혁과 개방이 본격화되어야 한다. 북한은 1990년대 초반부터 라진·선봉특구를 시작으로 특구를 통해 외부자본을 유치하는 전략을 취해왔다. 그러나 중국과 달리 북한의 특구정책은 내부경제와 차단된 이른바 '모기장식' 개방이었기 때문에 투자유인이 발생하지 않아 실패를 거듭했다. 반면 북한당국으로서는 특구와 내부경제를 연계하기 시작하면 '자본주의 황색바람'이 스며들어 체제붕괴로 이어질 가능성이 높기 때문에 수용할 수가 없다.

요컨대 북한당국은 제한적 개혁·개방을 통해 중앙공급능력을 복원하고 이를 통해 고전적 계획체제로 회귀하고자 하지만, 그 과정 자체가 시장화를 확산시키고 체제 부담을 가중시키기 때문에 본격적인 추진이 불가능한 딜레마에 빠져 있는 것이다.

이러한 딜레마의 상황에서 당국의 의도와 무관하게 시장사회주의로의 전환을 밀고 나가는 것은 계획 영역 내부의 중하층 관료들과 계획

밖에 존재하는 시장세력들 간의 '시장지향적 네트워크'다. 또한 이들은 개혁의 지속과 시장의 확대에 강력한 기득권을 갖고 있기 때문에 설사 북한당국이 중앙공급능력을 복원하여 고전적 체제로 회귀하고자 하더라도 개혁의 역전 불가능성(irreversibility)을 창출한다.

7.1조치 및 후속조치로 인해 국영기업이나 협동농장의 경영간부들은 개혁의 지속에 강한 이해관계를 가지게 되었다. 과거 이들의 경력이동 기회는 할당된 생산 목표량을 채우는가 여부, 그리고 해당 단위 당비서의 정치적 평가에 달려 있었다. 그러나 7.1조치로 '번수입지표'가 도입되면서 얼마나 많은 판매수입을 올리는가가 평가의 기준이 되었으며, 이에 따라 경영의 자율성이 확대되었다. 그리고 이를 보장하기 위해 당비서의 정치적 개입권한이 상당히 축소되었다. 예컨대 이미 북한에서 기업 지배인과 당비서의 관계는 더 이상 상하관계가 아니라 수평적 관계로 전환되었으며, 개혁이 지속되고 확대됨에 따라 지배인을 포함한 경영간부의 지위는 점점 더 상승될 수밖에 없다.

또한 경영간부든 당간부든 이제 시장 영역에서 새로운 물질적 보상 기회를 확보할 수 있게 되었다. 과거 간부들의 물질적 생활은 위로부터 내려오는 통상적 임금과 지위에 따른 각종 특혜에 달려 있었다. 그러나 1990년대 중반 이후 간부들은 각종 뒷거래를 통해 정규수입 이상의 수입을 올릴 수 있게 되었다. 예컨대 자재거래를 통한 뇌물이나 현금수입, 근로자들의 제2경제활동을 묵인하는 대가로 받는 상납금, 개인사업자에게 기업명의를 빌려주는 대가로 받는 돈 등을 들 수 있다. 이에 따라 과거 간부들의 충성심이 체제 내부로만 향했다면, 이제는 그와 더불어 시장으로 분산되고 있는 것이다.

점점 확대되고 있는 시장네트워크 역시 시장화를 촉진한다. 현재 북한에서는 기존의 생계형 시장경제 행위에 더해 자본을 매개로 한 전문적 시장세력이 등장한 상황이다. 일명 '돈주'로 불리는 몇몇 거상들은 각기 자기 하부에 중개상인-도매상인-소매상인을 거느리고 있으며, 이들은 전국의 시장을 분할하여 수요와 공급을 조절하는 능력을 갖고 있다. 예컨대 북한에서 시장이 가장 발달한 청진의 '돈주'는 매일 전화로 전국의 시장 수급상황을 파악하여 하위 유통망을 통해 재고상품을 공급하거나 필요한 경우 중국으로부터 수입하여 공급하고 있는 실정이다.

또한 이들은 이미 상인을 넘어 금융자본가로 진화하고 있는 중이다. 이들은 개별 상인들에게 돈을 빌려줄 뿐 아니라 국영기업이나 국영상점, 협동농장에 불법적으로 자본을 대부해주고 이윤의 일부를 상납 받는 방식으로 자본을 증식하고 있다. 따라서 이들 '돈주'와 계획 영역의 중하층 관료들 간에는 개혁과 시장화의 진전에 대한 공유된 이해관계가 형성되어 있다.

시장의 확산을 통제하고자 하는 당국의 정책은 중하층 관료들을 통해서 수행될 수밖에 없다. 그러나 이들의 충성심은 이제 당국가체제 내부로만이 아니라 밖으로, 시장으로 향하고 있다. 한편 시장세력들 역시 중하층 관료들의 충성심을 점점 자신에게로 유도하는 과정을 통해서 계획 영역으로까지 시장을 확장시켜 나간다. 이미 북한의 경제체제는 개혁을 역전시킬 수 있는 임계점을 넘어섰으며, 점차 시장사회주의로 전환되어갈 것이다.

• 부록 •

|부록 1| 경제관리개선조치 관련 김정일 담화
|부록 2| 7.1조치 강연자료
|부록 3| 토지사용료 납부규정: 내각결정 제53호
|부록 4| 종합시장설치 지시문: 내각지시 제24호
|부록 5| 시장관리규정: 내각결정 제27호

 경제관리개선조치 관련 김정일 담화

(2001. 10. 3. 발췌)

※ 원제: 강성대국 건설의 요구에 맞게 사회주의경제관리를 개선강화할 데 대하여

(중략)

사회주의경제관리를 개선하고 완성해 나가는 것은 사회주의경제발전의 합법칙적 요구입니다. 사회주의건설이 전진하고 경제가 발전하며 환경과 조건이 달라지면 그에 따라 사회주의경제관리를 개선하고 발전시키며 더욱더 완성해 나가야 합니다. 사회주의는 역사가 짧고 경제관리 경험도 부족하다 보니 사회주의경제관리방법은 아직 미숙한 점이 많고 완성되었다고 볼 수 없습니다.

사회주의경제관리에서 나서는 모든 문제를 혁신적 안목에서, 발전적 견지에서 보고 대하여야 합니다. 지난 시기의 경제관리체계와 경제관리방법이 그때에는 옳고 좋은 것이었다고 하더라도 오늘에는 맞지 않을 수 있습니다. 경제관리에서 낡고 뒤떨어진 것, 현실에 맞지 않는

것을 계속 그대로 쥐고 있어서는 경제를 발전시킬 수 없습니다.

우리 일군들은 변화 발전하는 현실의 요구에 맞게 경제관리에서 고칠 것은 대담하게 고치고 새롭게 창조할 것은 적극적으로 창조하여 사회주의경제관리방법을 우리 식으로 독특하게 개척해 나가야 합니다. 그리하여 사회주의경제의 우월성을 높이 발양시켜 경제건설에서 가장 큰 실리를 얻도록 하여야 합니다.

사회주의경제건설에서 실리를 보장한다는 것은 사회의 인적, 물적 자원을 효과적으로 리용하여 나라의 부강발전과 인민들의 복리증진에 실제적인 리득을 주도록 한다는 것을 말합니다. 국가적으로나 개별적 부문 단위들에서나 생산과 건설, 기업관리운영을 가장 큰 실리를 보장하는 것을 기본으로 쥐고 경제관리에서 나서는 모든 문제를 풀어 나가야 합니다.

무엇보다도 국가의 계획적 경제관리원칙을 확고히 견지하고 옳게 구현하여야 합니다. 사회주의경제는 계획경제이며 그 우월성은 나라의 모든 경제적 잠재력을 통일적으로 장악하고 계획적으로 동원 리용하여 최대의 경제적 실리를 보장할 수 있게 한다는 데 있습니다.

(중략)

지금 나라의 경제가 좀처럼 추서지 못하고 경제사업에서 얻는 것에 비하여 낭비가 많은 것은 내각과 국가계획위원회를 비롯한 경제지도기관들이 계획사업을 바로 못하는 것과 관련되어 있습니다.

계획사업에서 가장 중요한 것은 계획을 현실성 있게 세워 어김없이 집행하도록 하는 것입니다. 국가에서 세운 계획에 의하여 경제부문과 단위들이 움직이고 계획대로 생산과 건설을 하여야 계획경제이지 집행하지 못하는 계획은 빈 종이장이나 다름없습니다.

그런데 해마다 한두 개 부문도 아니고 여러 부문과 단위들, 특히 전략적 의의를 가지는 중요부문과 지표들에서 계획을 엄청나게 미달하고 있으니 이런 형편에서는 계획경제의 우월성은 고사하고 도리어 경제건설에서 혼란을 주고 막대한 손실을 가져오게 됩니다.

계획사업에서는 어떤 일이 있어도 이 문제부터 해결하여야 합니다. 그러자면 현실적 조건과 가능성을 정확히 타산하고 그에 기초하여 계획을 세우는 것을 철칙으로 지켜야 합니다. 제기되는 과업과 요구가 많다고 하여 현실을 무시하고 억지로 수자를 맞추어놓거나 없는 것도 있는 것처럼 문건으로 꾸며대는 놀음을 절대로 하지 말아야 합니다.

이와 함께 일단 세운 계획은 무조건 집행하도록 경제조직사업을 짜고 들며 아래에 대한 장악과 지도, 통제를 강화하여야 합니다. 계획일군들은 계획의 운영에 대하여 책임지는 입장에서 계획을 세워야 하며 계획수행에 대한 요구성을 높이고 규율을 강화하며 계획수행과정에 제기되는 문제들을 책임적으로 실속 있게 풀어 나가야 합니다.

(중략)

모든 것이 부족하고 어려운 때일수록 이것은 더욱 중요한 문제로 제기됩니다. 내각과 국가계획위원회에서는 당의 경제정책과 현실적 조건, 경제법칙의 요구와 과학적 타산에 기초하여 경제건설에 선후차와 경중을 옳게 가리고 관건적인 중요부문, 중심고리에 힘을 집중하는 원칙에서 경제사업을 작전하고 조직 집행하여야 합니다.

군수공업을 선차로 내세우고 전력공업, 석탄공업, 금속공업, 철도운수부문 그리고 먹는 문제 해결을 위한 농업생산에 힘을 집중하여 이 부문들로부터 하나하나 살려낼 수 있고 경제건설에서 새로운 앙양을 일으킬 수 있습니다. 지금 조건에서 중요부문, 중요단위에서 힘을 집중한다는 것이 매우 복잡하고 어려운 일이지만 어떻게 하나 결심하고 달라붙어 이 문제를 해결하여야 합니다.

변화된 환경과 현실발전의 요구에 맞게 계획사업체계와 방법도 개선하여야 합니다. 우선 계획지표들을 중앙과 지방, 웃기관과 아랫단위 사이에 합리적으로 분담하도록 하여야 합니다. 계획경제라고 하여 모든 부문, 모든 단위의 생산경영활동을 세부에 이르기까지 다 중앙에서 계획하여야 한다는 법은 없습니다.

당에서 이미 방침을 준 대로 국가계획위원회는 경제건설에서 전략적 의의를 가지는 지표들만을 담당하고, 그 밖의 소소한 지표들과 세부규격지표들은 해당기관, 기업소들에서 계획화하도록 하여야 합니다. 년간, 분기계획을 월별로 분할하는 것도 성, 중앙기관이나 도에 맡기는 것이 합리적일 것입니다.

특히 지방경제의 계획화를 오늘과 같은 경제형편에서 종전의 낡은 틀에 맞추어 하는 것은 옳지 않습니다. 국가계획위원회에서는 도별로 공업총생산액, 기본건설 투자액과 같은 종합지표와 필요에 따라 몇 가지 중요지표나 찍어주고 국가적으로 보장할 수 있는 설비자재를 계획화해주며 계획의 시, 군별, 기업소별 분할과 전개된 세부지표들의 계획화는 도와 시, 군들에서 자체 실정에 맞게 하도록 하는 것이 좋을 것 같습니다.

자재공급사업도 계획에 맞물려 생산 공급하는 것을 기본으로 하면서 보충적으로 사회주의 물자교류 시장을 조직하여 운영하는 것이 필요합니다. 사회주의 물자교류 시장을 조직 운영하면 공장, 기업소들 사이에 여유 있거나 부족한 일부 원료, 자재, 부속품 같은 것을 서로 유무상통하는 방법으로 해결할 수 있을 것입니다.

공장, 기업소들에서 자기 생산물의 몇 프로를 자재보장을 위한 물자교류에 쓰게 할 수도 있습니다. 이 경우 교류하는 물자의 종류와 범위를 적절히 규정해주고 반드시 은행을 통하여 결제하는 질서를 세워야 합니다.

(중략)

계획사업에서 질적 지표의 계획을 홀시하는 편향을 없애고 이 사업을 결정적으로 강화하여야 합니다. 지금 국가계획위원회를 비롯한 계획기관들은 생산계획만 위주로 보면서 로동생산능률, 설비리용률, 원단위 소비기준과 같은 기술경제적 지표와 계획은 매우 등한히 하고 있습니다.

특히 화폐지표와 재정계획은 재정성을 비롯한 재정기관들에 밀어 맡기고 거의나 낯을 돌리지 않고 있습니다. 사회주의사회에서 화폐는 가치척도나 지불수단으로 리용될 뿐 아니라 계산과 통계의 중요한 수단으로 됩니다. 생산경영활동에 대한 돈 계산을 하지 않고서는 수지가 맞는지 안 맞는지, 나라와 인민에게 리익을 주는지 손실을 주는지도 알 수 없으며 사회주의 분배원칙도 제대로 실현할 수 없습니다.

경제부문 일군들 속에서 로력, 물자, 자금을 낭비하든 말든 상관하지 않고 생산과 건설만 하면 된다는 식으로 경제관리를 하는 것이 최대의 결함인데 이것은 국가계획기관들에서 기술경제적 지표계획, 돈 계산과 재정계획을 심히 홀시하는 것과도 관련되어 있습니다. 기술경제적 지표계획, 특히 원가, 이윤 재정계획을 현실성 있게 바로 세우고 그 집행에 대한 총화평가사업을 엄격히 하여 생산과 건설의 경제적 효과성을 높이도록 하여야 합니다.

공장, 기업소들에서 생산과 관리를 되는 대로 하여 재정이 딸리면 생산경영활동이 살리도록 원에 의한 통제를 강화하여야 합니다. 인민경제부문별로 전 국가적으로도 경제관리의 결과를 종합적으로 평가계산하여 로력과 물자, 자금을 투하한 데 비하여 얼마만한 실리를 얻었는가를 따져볼 수 있도록 돈에 의한 채산체계와 재정계획방법을 똑똑히 세워야 합니다.

(중략)

지방공업은 주로 지방의 원료원천에 의거하고 군(郡) 내 인민들의 생활에 절실히 필요한 소비품을 생산, 보장하는 것을 기본으로 하여 발전시켜야 합니다. 지방공업을 발전시키는 데서 시, 군의 책임성과 창발성을 높이도록 권한을 주고 풀어줄 것을 풀어주어야 합니다. 지방공업에서 생산하는 소비품의 세부지표를 중앙에서 찍어주는 것도 문제이지만 그 가격, 규격 같은 것도 복잡한 수속절차를 밟아 일일이 도급기관의 승인을 받아야 상품을 생산·판매할 수 있다는데 그렇게 할 필요가 없습니다.

지방산업 공장들에서 생산하는 소비상품의 가격과 규격 같은 것은 국가적으로 제정원칙과 기준을 정해주고 상급기관의 감독 밑에 공장 자체로 제정하여 생산도 하고 판매도 하도록 하는 것이 좋습니다.

이렇게 한다고 하여 가격의 일원화 원칙에 저촉될 것도 없으며 도리어 지방산업 공장들에서 지방의 원료원천과 예비를 적극 탐구 동원하고 창발성을 발휘하여 주민들의 수요에 맞게 품종을 늘이고 같은 종류의 상품이라도 여러 가지 규격과 형태로 생산 판매하게 될 것입니다.

(중략)

공장, 기업소들을 생산을 전문화하는 원칙에서 조직하고 발전시키며 경제부문들 사이 공장, 기업소들 사이의 련계와 협동을 강화하도록 하여야 합니다.

공장, 기업소들에서 자력갱생한다고 하면서 자기 공장, 기업소에 필요한 모든 것을 자체로 기지를 꾸려 생산 보장하려고 하는 것은 사회주의경제의 본성에도 경제발전의 원리에도 맞지 않습니다. 공장, 기업소들이 생산을 전문화하는 방향으로 나가야지 그렇게 하지 않고 여러 가지를 다 갖추어 종합공장을 꾸리는 식으로 나가면 기술을 발전시킬 수 없고 생산능률과 제품의 질을 높일 수 없으며 실리를 높일 수 없으며 보장할 수 없습니다.

련합기업소들도 생산을 전문화하는 원칙에서 꾸려야 합니다. 련합기업소라고 하여 자기의 기본생산부문과 련관된 여러 부문의 생산경영 단위들을 소속시켜야 기업관리운영이 잘된다고 볼 수 없습니다.

경제관리에서 무엇이나 자기에게 요구되는 것은 자기가 다 틀어쥐고 생산 보장하려고 하여서는 안 됩니다. 련합기업소를 조직 운영하는 데서나 공장, 기업소, 협동농장에 대한 지도관리체계를 세우는 데서나 전문화의 원칙에서 합리적으로 하여야 합니다. 생산을 전문화하고 경제부문들 사이 공장, 기업소들 사이의 련계와 협동을 강화하는 방향에서 공상, 기업소들에 불합리하게 꾸려진 자력갱생 기지들을 점차적으로 정리하며 련합기업소의 조직형태와 공장, 기업소, 협동농장들의 소속관계도 검토하여보고 바로잡을 것을 잡아야 합니다.

(중략)

사회주의분배원칙을 실시하는 데서 평균주의를 철저히 없애는 것이 중요합니다. 평균주의는 일을 잘하는 사람에게나 건달을 부리는 사람에게나 다 좋지 못한 영향을 미치며 로동집단의 로력적 열성을 떨어뜨리고 건달풍을 조장하게 됩니다. 작업반과 분조, 매 근로자들에게 작업과제를 명백히 알려주고 그 수행결과에 따라 일한 것만큼, 번 것만큼 로동보수와 분배 몫이 정확히 차례지도록 하여야 합니다.

특히 공장, 기업소들에서나 협동농장들에서나 매 근로자들의 로동의 질과 량, 로동의 결과를 그날그날로 어김없이 평가 계산하여 대중적으로 공개하는 것을 철저히 제도화, 생활화하도록 하여야 합니다. 이와 함께 사회주의건설이 전진하고 현실이 변화 발전하는 데 따라 로동에 대한 새로운 평가방법, 분배방법을 련구 도입하여 사회주의 로동보수제를 더욱 개선하고 완성해 나가야 합니다.

그리고 경제생활에서 공짜가 많은데 이런 것도 정리하여야 합니다. 공짜가 많으면 로동에 대한 자극과 통제가 약화되어 사회주의 분배원칙을 옳게 실시할 수 없습니다. 무상공급이요, 국가보상이요 또 무슨 혜택이요 하는 것들을 다 검토하여 보고 없앨 것은 없애도록 하여야 합니다.

앞으로 식량과 소비상품 문제가 풀리면 근로자들이 자기 수입으로 식량도 제값으로 사먹고, 살림집도 사서 쓰거나 온전한 사용료를 물고

쓰도록 하여야 합니다. 그렇게 하자면 사람들의 물질생활의 기초인 상품가격을 바로 정하고 그것을 기준으로 다른 상품가격과 생활비를 전반적으로 고쳐 정하여야 합니다.

식량가격문제, 상품가격문제, 생활비문제 같은 것은 다 인민생활에 직접 영향을 주는 심중한 문제이므로 경제생활의 전반적인 련관 속에서 면밀하게 분석하고 타산하여 옳게 풀어 나가야 합니다.

현실적 조건에 맞게 사회적 시책을 바로 실시하여야 합니다. 무료의 무교육제, 무상치료제, 사회보험제와 정휴양제, 영예군인우대제를 비롯하여 우리나라 사회주의제도의 우월성을 집중적으로 보여주는 사회적 시책들을 계속 강화 발전시키며 일부 불합리한 것들은 정리하여야 합니다.

부록 2 7.1조치 강연자료

(2002. 7.)

※ 원제: 《가격과 생활비를 전반적으로 개정한 국가적 조치를 잘 알고, 강성대국 건설을 힘 있게 앞당기자》 (조선로동당출판사)

최근 국가에서 알곡 수매가를 다시 정하고, 식량값을 기준으로 전체 가격을 전반적으로 개정하며, 근로자의 생활비도 그에 맞추도록 하는 조치를 채택했다. 국가가 이번에 택한 조치는 강성대국건설의 요구에 맞게 사회주의의경제관리를 개선할 데 대한 당의 방침을 철저히 관철하고, 경제사업에서 실리를 보장하고, 근로자의 생산의욕을 높여 사회의 물질적 부를 늘이며, 인민생활을 향상시키려고 하는 데에 그 의도가 있다.

경제사업에서 실리를 보장하고 생산자를 우대하는 원칙에서, 이번에 가격을 전반적으로 개정했다. 가격을 옳게 정하는 것은 나라의 경제발전과 인민생활 향상에 상당히 중요한 의의를 가진다.

그런데 최근 수년 간 우리는 사회주의 경제건설에서 가격사업을 옳게 실행하지 않아, 나라의 경제사업에 전반적으로 중대한 나쁜 결과를 초래했다. 현재 국정가격이 농민시장 가격보다도 낮아서 장사행위가 성행하고, 국가에는 상품이 부족한데 민간은 상품에 둘러싸여 있는 현상을 초래하고 있다. 농민시장에 가보면 쌀을 원료로 하는 식료품에서부터 공업제품에 이르기까지 생활에 필요한 대부분의 상품이 모두 있다. 그 대부분은 낮게 책정된 국정가격과의 격차를 리용해 국가물자를 모두 빼돌려서, 농민시장에서 높은 가격으로 팔고 있는 것이다. 그래서 생산은 국가가 하고 있는데, 상품과 돈의 대부분은 개인의 손에 들어간다.

따라서 이번에 국가에서는 사회주의경제관리를 개선하기 위해 전 품목의 가격을 종전보다 평균 25배 정도 끌어올리기로 개정하고, 이달부터 전국적으로 새롭게 개정된 가격에 따라 전체 생산과 경영활동이 진행되도록 했다.

지난 시기 우리는 가격사업에서 석탄과 전력 같은 근원적 원료를 가격제정의 출발점으로 해왔다. 위대한 장군님께서 인민들의 물질생활에서 가장 우선적이고 필수적인 것은 식량이라고 하셨듯이, 그 가격부터 옳게 정하고 그것을 모든 가격제정의 출발점으로 하도록 현명한 가르침을 주셨다.

사실 사람들의 물질생활에서 식량보다 더 귀중한 것은 없다. 사람은 다른 것은 몰라도 배고픈 것과는 타협할 수 없다. 사람들의 물질생활에서 기초를 이루는 식량가격을 모든 가격제정의 출발점으로 삼는 것은 어느 면에서 보나 정당하다.

　이번에 국가에서는 알곡 생산에서 실리를 보장하고 농민을 우대하는 원칙에서 국가가 수매하는 알곡가격을 흰쌀 1kg당 80전에서 40원으로 대폭 인상했다. 흰쌀 가격 인상과 같이 대두는 1kg당 40원으로, 돼지고기는 생체 1kg당 110원으로 가격을 대폭 인상시킴으로써 농민이 높은 생산의욕을 가지고 알곡과 축산물 생산에 떨쳐나서게 했다. 현재 개인 장사군들이 돼지고기 생체를 1kg당 60～80원에 사들여 농민시장에서 폭리를 얻고 있지만, 이제부터는 국가의 수매가가 더 높기 때문에 자연히 돼지고기 장사군들이 없어지게 된다.

　인민경제의 동력, 련료, 원료로 리용되는 중요 공업제품과 국가적으로 수입에 의존해야만 하는 전력물자의 가격은 다른 물건보다도 훨씬 높게 책정되었다. 실례로 석탄 1톤당 1,500원으로 44배, 전력 1,000kw에 2,100원으로 60배, 코크스탄, 전기등, 생고무 가격은 45배, 휘발유, 디젤유 가격은 70배 이상 인상하였다. 철도 여객 운임은 35.8배, 시내버스 운임은 20배 높였다. 지금은 평양에서 청진까지의 기차려행을 한번 하려고 하면 590원 이상 내야 한다. 시내버스도 한 번 타는 데 2원이다.

　지난 시기 기차비와 버스비가 지나치게 낮았기 때문에, 이 부문에서 번 수입으로는 운수수단의 보수도 제대로 충당할 수 없었다. 지금부터는 이러한 현상이 없어지게 되었다.

　대중 소비품과 식료품의 가격도 수요와 공급 수준에 맞춰 개정하였다. 남자용 운동화 한 켤레에 180원, 세수비누 한 장에 20원, 세탁비누 한 장에 15원, 된장 1kg에 17원, 간장 1kg에 16원, 콩기름 1kg에 180원, 조미료 1kg에 300원, 소주 1 l 에 43원, 청어 1kg에 100원이다. 주택 사용료도 1세대가 60㎡인 경우 1개월에 78원이고, 난방 사용료는 한 달에 175원이다.

　이제까지 사회적으로 허용해온 각종 가격기준을 전부 없애고, 모든 상품가격을 한 가지 기준으로 통일시켰다. 앞으로는 상품의 수요와 공급이 변동하는 데 따라 상품유통과 화폐유통을 원만히 보장하기 위해 상품가격을 고정시키지 않고 능동적으로 계속 조절하도록 한다.

　경제적으로 실리에 맞는가 맞지 않는가, 생산자를 우대하는 원칙에 입각한 것인가 아닌가, 사회적 수요와 공급을 고려했는가 하지 않았는가 하는 것을 검토하고, 엄격하게 계산해서 가격을 정하도록 하였다.

　다음으로 국가는 사회주의 분배원칙을 제대로 실시하여 사람들이 실제 자기가 일한 만큼 득을 볼 수 있도록 생활비도 개정했다. 사람들에게 일한 것만큼, 번 것만큼 순서가 돌아오도록 하는 것은 사회주의 분배원칙의 기본요구이다. 그렇지만, 이제까지 이 요구가 제대로 구현되지 못했다.

　우선 분배에서 평균주의가 많았다. 로동자와 사무원에게 생활비를 줄 때, 일을 많이 한 사람인가 적게 한 사람인가, 기본로력인가 보조부문 로력인가를 고려하지 않고 기업소가 계획보다 더 수행했다고 하여 모두 똑같이 계산해주었다.

　협동농장원의 경우, 농장에 나가 일을 잘했건 못했건, 가동일수만 보장하면 1년 식량을 가족에게까지 일률적으로 완전히 다 지급했었다. 그리고 철도일군이라고 해서 그 가족들까지도 무임승차권을 가지고 려행한다고 생각할 때도 그렇고, 보상금, 간식비 등을 비롯해서 국가적으로 무료로 나가는 돈이 상당히 많았다.

결국 지난 시기 사회주의분배원칙이 바로 실시되지 못하고, 사회적으로 공짜가 많았으며, 평균주의를 하다 보면 그것이 사람들에게 건달풍을 조장하고 근로자의 로력적 열성을 떨어뜨리게 하였다. 따라서 이번에 국가에서는 사회주의분배원칙의 요구에 맞게 근로자들이 실제 자기가 일한 것만큼, 번 것만큼, 생활비를 엄격하게 계산해주도록 기준을 다시 정했다.

우선 올해 7월부터, 모든 상품의 가격을 개정한 데 맞게 생활비를 전반적으로 평균 18배 정도 인상하였다. 한 가정에서 평균 2명 정도 일하는 것으로 보고 로동자, 사무원 한 사람의 한 달 생활비 기준을 평균 2,000원 정도로 정했다.

그리고 사회와 집단을 위해 실제로 일을 더 많이 하는 사람들을 우대한다는 원칙에 입각해서, 사무실에서 일하는 사람보다도 생산현장에서 일하는 기술자와 고급기능공, 과학자, 기술자의 생활비를 더 높게 책정했다.

이번에 생활비를 새롭게 개정하면서 탄광, 광산을 비롯해 어렵고 힘든 부문에서 일하거나, 전략물자를 생산하는 근로자들에 대해서는 생활비를 20~25배 정도로 더 높여 정했다. 특히 탄광, 광산의 굴진공, 채탄공, 채광공의 경우, 한 달 생활비가 6,000원으로 가장 높게 정해졌다.

생산현장에서 일하는 기사와 해당 기술 자격 직제에서 일하는 련구사, 설계원, 대학교원 등 전문가의 생활비는 19배 정도 높였다. 그러나 비생산 부문과 지도단위 일군의 생활비는 17배 정도로 상대적으로 인상 폭을 낮게 했다. 지난 시기에 20여 가지나 되던 가급금도 대폭 정리했다.

사회적으로 과학기술을 중시하는 기풍을 세우고, 새로운 과학기술의 성과가 인민경제 여러 분야에 빨리 도입되어 실제로 은이 나도록 하기 위해 새로운 과학기술로 나라의 경제발전에 이바지한 경우에는 그 가치에 따라 3년간 번 리익금 중에서 련구자와 련구집단, 도입단위에 대부분의 자금을 현금으로 지급하도록 했다.

이와 관련하여 작업반우대제는 없앴다. 농업생산을 신속히 증대시키기 위해, 농민의 한 달치 생활비는 평균 2,300원 정도로, 로동자, 사무원보다도 기준을 더 높게 정하고, 그것으로 식량도 사먹고 생활도 할 수 있도록 했다. 앞으로는 누구나를 막론하고 자기가 얻은 생활비를 가지고 생활할 수 있도록 되었다. 공짜, 평균주의는 절대로 없다.

누구든지 자기가 번 돈으로 쌀을 제 가격으로 사먹을 수 있게 된다. 우리가 지금까지 적용해온 낮은 가격에 의한 식량 공급제는 1946년부터 실시해온 것이다. 지난 시기, 로동자, 사무원의 실질 생활비에서 식량값이 차지하는 비율은 불과 3.5%밖에 안 되었다. 하루만 일하면, 한 달치 식량을 사먹을 수 있었기 때문에 특별히 애써 일하지 않아도 살아갈 수 있게 되어 있었다. 일할 수 있는 많은 가정주부가 사회에 진출하지 않고, 일부 근로자들이 생산활동에서 열성을 내지 않은 이유도 바로 여기에 있었다. 특히 최근 수년간, 국가가 식량을 제대로 공급할 수 없게 되자 많은 사람들이 이미 가지고 있던 직업까지 버리고, 장사나 하면서 자기 개인의 리익을 채우고 있다.

앞으로는 국가가 협동농장에서 수매한 식량값에 일정한 부가금을 청구해 지금의 식량공급 기준을 초과하지 않는 범위에서 판매하게 되는데, 그렇게 되면 근로자의 실질 생계비에서 식량값이 차지하는 비율이 50% 정도가 된다.

이렇게 모든 물건을 제 가격으로 사서 사용하게 된다고 해도, 사회주의제도의 우월성과 관련된 사회적 시책까지 없어지는 것은 아니다. 앞으로 국가에서는 사회주의제도의 우월성을 더 높이 발양시키기 위해, 무상치료제, 무료교육제, 사회보장제와 영예군인 우대제를 비롯한 30여 종류의 사회적 시책은 계속 실시하며 이에 대한 국가적 지출도 늘이도록 했다.

이번에도 련로보장자의 련금과 영예군인 보조금을 비롯한 련금, 보조금은 근로자의 생활비를 개정하는 데 맞춰 정하면서도, 영예군인과 련로자가 안정된 생활을 보장할 수 있도록 영예군인 보조금과 낮게 책정되었던 련금액은 더욱 높였다. 부모가 없는 아이와 돌볼 사람이 없는 로인을 데려다 부양하는 세대에는 부양자 1명당 매월 300원 정도의 보조금을 주도록 했다. 또한 로동자 없이 아이만 사는 세대, 부양받을 자식 없이 로인만 사는 세대, 부부가 모두 일할 수 없는 환자로서 아이만이 있는 세대에는 가족 1인당 600원 정도의 생활보조금을 지급한다. 육아원, 애육원, 야영소에서는 원아와 야영생의 쌀값까지도 전체 국가가 부담한다. 그리고 앞으로 국가경제가 활성화되는 데 따라, 근로자의 생활비도 그에 맞게 계속 높여주게 된다.

우리는 새로운 국가적 조치에 대해서 잘 알고, 강성대국 건설에 새로운 혁신을 달성시켜야 한다. 우선 새로운 국가적 조치에 대해서 옳은 인식을 가져야 한다. 현재 많은 사람들 중에는 식량도 부족하고 상품도 없는데 물건의 가격과 생활비를 올려 경제문제가 해결되는가, 국가에서 가격을 끌어올리면 시장가격이 더 오른다고 말하면서 반신반의하고 있다.

이것은 이번 조치의 의도를 깊이 파악하지 못하고, 사회주의 경제관리에 대한 인식이 부족한 데 그 원인이 있다. 근로인민대중을 경제관리의 주인으로 보고, 경제사업에서 나서는 모든 문제를 생산자대중과 함께 지혜를 발동하여 풀어가야 한다는 것이야말로 당의 의도이고, 사회주의 경제관리의 근본원칙인 것이다.

생산자대중이 발동되자면, 사상사업을 선행하는 것과 함께 사회와 집단을 위해 일을 많이 하는 사람에게 정치적 평가도 잘해주고 물질적 보수도 더욱 많이 돌아가도록 해야 한다. 그래야 사람들의 혁명적 열의와 창조적 적극성이 높이 발양될 수 있고, 그것이 다른 사람들에게도 좋은 영향을 주게 되어 사람들이 로동을 생활의 제일차적인 요구로 받아들이게 할 수 있다.

사람들에게 자기가 일한 만큼, 번 만큼 보수가 돌아오도록 하는 것은 단순히 물질적 자극을 높이는 것으로만 보아서는 안 된다. 지난 시기 우리는 사회주의 분배원칙에 대한 인식이 바로 서 있지 못하여 물질적 평가문제를 정치적 평가문제와 인위적으로 대치시켜놓음으로써 그것을 사회주의 사회의 본성적 요구에 맞게 제대로 구현하지 못하였다.

현재 인민들은 이제는 애써 일하면 나라가 부강해지고, 모두 잘살 수 있게 되었다고 기뻐하고 있다. 특히 농민들은 어버이 수령님께서 준비해주신 토지개혁이 토지의 주인이 되고 싶어하던 농민의 세기적 숙원을 풀어주신 역사적 사변이라고 한다면, 이번 조치는 농민이 실제로 농장의 포전을 나의 포전으로 할 수 있도록 한 정당한 조치라고 말하고 있다.

누구나 모두 애써 일하고, 모두 물질적 부가 창조되도록 하려는 데 그 기본이 있다. 그렇지만 지금 일부 사람들 중에는 새로운 국가적 조치에 대해 제멋대로 해석해 부정적인 세론을 퍼뜨리는 현상이 나타나고 있다.

우리는 이번 국가적 조치가 나라의 경제를 빨리 발전시키고, 인민생활을 실제로 해결할 수 있는 정당한 조치라는 것을 확실히 알아야 한다. 모두 이번에 채택된 국가적 조치를 잘 알고, 하루라도 빨리 은을 낼 수 있도록 해야 한다. 모든 일군, 당원과 근로자는 전반적 가격과 생활비를 개정한 데 맞춰 혁신적 안목과 근면한 본성으로 강성대국 건설에 새로운 전환을 달성해가야 한다.

 부록 3 토지사용료 납부규정: 내각결정 제53호

(2002. 7. 31.)

제1조. 이 규정은 위대한 영도자 김정일 동지께서 국가토지를 가지고 생산한 농업생산물의 일부를 사용료 형식으로 국가에 의무 납부하도록 할 데 대하여 주신 방침을 철저히 관철함으로써 나라의 귀중한 재부인 토지를 효과 있게 리용하여 알곡을 비롯한 농업생산물의 생산을 높이는 것을 목적으로 한다.

제2조. 토지사용료는 토지를 리용하여 생산한 농업생산물의 일부를 돈으로 국가에 납부하는 몫이다.

제3조. 이 규정은 토지를 리용하여 농업생산물을 생산하는 모든 기관, 기업소, 단체, 군부대(이 아래부터는 기관, 기업소라 한다)와 개인에게 적용한다.

제4조. 토지사용료 납부와 관련한 사업의 통일적인 지도는 중앙재정기관이 한다. 중앙재정기관은 토지를 리용하는 기관, 기업소와 개인들이 토지사용료를 제때에 의무적으로 납부하도록 토지사

용료 납부질서를 바로 세워야 한다.

군수부문을 비롯한 따로 정한 부문은 중앙재정기관의 합의를 받아 토지사용료 납부와 관련한 사업을 자체로 할 수 있으며 받아들인 토지사용료는 국가에 바쳐야 한다.

제5조. 토지를 리용하려는 기관, 기업소(이 아래부터는 토지리용기관이라 한다)와 개인은 해당한 토지를 시, 군 농업지도기관과 토지관리기관에 빠짐없이 등록하여야 한다. 등록하지 않은 토지는 리용할 수 없다.

제6조. 토지리용기관과 개인은 토지사용료를 정해진 기간 안에 의무적으로 국가에 납부하여야 한다. 토지사용료는 농업생산물 수매대금에서 공제하게 할 수도 있다. 토지사용료 납부절차와 방법은 중앙재정기관이 정한다.

제7조. 토지사용료를 적용하는 토지는 다음과 같다.

1. 농장, 협동농장의 모든 토지
2. 농업과학련구기관에서 생산계획을 받고 리용하는 토지
3. 각급 학교 및 간부양성기관에서 리용하는 실습토지(실습농장토지 포함)
4. 보건기관의 약초재배에 리용하는 토지
5. 기관, 기업소의 원료기지, 부업농목장(부업지 포함)의 토지
6. 기관, 기업소의 외화벌이에 리용하는 토지
7. 양묘장으로 리용하는 토지(국토, 도시경영, 임업부문 제외)
8. 수역토지와 같은 비경지에서 농업생산물을 생산하는 토지
9. 건설부지로 허가되었으나 건설을 하지 않는 기간에 농작물

을 심는 토지

10. 새땅찾기를 하여 3년 이상 경작하는 토지

11. 기관, 기업소 울타리 안에 있는 1정보를 제외한 토지

12. 개인이 부치는 텃밭과 부대기밭

제8조. 다음과 같은 토지에는 토지사용료를 적용하지 않는다.

1. 농민세대들의 30평까지의 텃밭

2. 농업과학련구기관과 농업부문의 대학 및 전문학교에서 새 육종 련구를 위하여 리용하고 있는 토지(육종면적의 일부)

3. 기관, 기업소 울타리 안에 있는 1정보까지의 토지

4. 식물원, 동물원, 양어장구역의 토지

5. 농민세대를 제외한 세대들의 살림집 주변에 있는 10평까지의 텃밭

6. 탁아소, 유치원, 간염 및 결핵료양소, 영예군인 보양소, 휴양소, 정양소, 야영소, 육아원, 해욕원, 양로원, 양생원, 초등 및 중등학원, 혁명학원, 이부모자녀학원들에서 1정보까지의 새 땅을 개간하여 리용하고 있는 토지

7. 이 밖에 따로 정한 토지

제9조. 새로 개간한 토지에는 3년 동안 토지사용료를 적용하지 않는다. 토지리용기관의 책임이 아닌 자연재해 같은 것으로 토지가 유실, 매몰되었을 경우에는 토지감독기관과 재정기관의 승인을 받아 해당한 토지사용료의 일부 또는 전부를 적용하지 않을 수 있다.

제10조. 토지사용료 적용은 농업생산을 전문으로 하는 농장, 기업소

토지에는 낮게, 기관, 기업소의 부업농목장, 원료기지, 외화벌이기지, 실험실습 토지와 개인이 부치는 토지에는 높게 한다.

제11조. 토지리용기관과 개인은 토지부류별, 지목별, 등급별로 정해진 토지사용료를 납부하여야 한다.

제12조. 토지사용료를 적용하는 토지는 1, 2, 3부류로 나누며 토지등급을 지목별에 따라 논은 9개 등급, 밭은 8개 등급으로 나누어 적용한다. 3부류의 토지에는 지목별 등급을 적용하지 않는다.

제13조. 토지의 지목별, 포전별에 따르는 등급을 정하는 사업은 중앙농업지도기관이 한다. 중앙농업지도기관은 등록된 모든 토지에 대하여 지목별 등급을 바로 정해주어야 한다.

제14조. 토지부류별, 지목별, 등급별에 따르는 정보당 토지사용료는 국가가격제정기관이 정하여 내각의 승인을 받으며 토지부류별 토지사용료 적용대상은 중앙재정기관이 정한다.

제15조. 중앙농업지도기관과 국가가격제정기관은 토지등급과 정보당 토지사용료 기준을 발전하는 현실적 요구에 맞게 갱신하는 사업을 정기적으로 하여야 한다.

제16조. 토지리용기관과 개인이 납부하는 토지사용료를 받아들이는 사업은 해당 시, 군 재정기관이 한다. 시, 군 재정기관은 토지부류별, 지목별, 등급별에 따르는 토지사용료 계산을 정확히 하여 제때에 받아들여야 한다.

제17조. 토지사용료 계산과 납부에 대한 감독통제는 중앙재정기관과 도, 시, 군 재정기관, 해당 감독통제기관이 한다.

제18조. 토지사용료 수입은 국가예산수입으로 한다.

제19조. 결산분배제를 실시하는 농장과 기업소는 토지사용료를 납부하기 전에 년간 결산분배와 재정결산을 할 수 없다.

제20조. 토지사용료를 제대로 계산납부하지 않거나 토지를 등록하지 않고 리용할 경우에는 생산물을 회수하고 토지리용을 중지시키거나 회수할 수 있다.

제21조. 이 규정을 어기고 토지사용료 납부와 관련한 사업에 지장을 준 책임 있는 일군은 정상에 따라 행정적 및 형사적 책임을 진다.

 종합시장설치 지시문: 내각지시 제24호

(2003. 5. 5.)

※ 원제: 《위대한 영도자 김정일 동지께서 농민시장을 사회주의경제관리와 인민생활에 필요한 시장으로 잘 운영하도록 방향전환할 데 대하여 주신 방침을 철저히 관철할 데 대하여》

위대한 영도자 김정일 동지께서는 주체92(2003)년 3월 9일과 16일, 4월 3일과 13일, 30일을 비롯하여 여러 차례에 걸쳐 시장을 사회주의 경제관리와 인민생활에 필요한 시장으로 잘 운영하도록 방향전환할 데 대한 방침을 주시였다. 위대한 영도자 김정일 동지께서 주신 방침을 철저히 관찰하기 위하여 다음과 같이 할 것이다.

1. 지금 있는 시장들을 규모 있게 꾸리는 한편 새로운 시장들을 건설하여 주민들의 편의를 보장할 것이다.

1) 상업성, 도인민위원회와 해당 기관들은 시장의 이름을 해당 지역이나 리의 지명으로 부르도록 할 것이다.
2) 내각수도건설위원회, 평양시 인민위원회와 해당 기관들은 전국적으로 본보기가 될 수 있게 현대적인 시장을 통일거리에 빨리 꾸리도록 할 것이다.
3) 도인민위원회와 해당 기관들은 시범적으로 꾸린 시장을 본보기로 하여 전반적 시장들을 잘 꾸리며 주민들이 지역적으로 분산되어 생활하고 있는 시, 군들에서는 실정에 맞게 시장을 꾸려 주민들이 편리하게 리용하도록 할 것이다.
4) 국가건설감독성, 도인민위원회와 해당 기관들은 새로 꾸리는 시장들을 지방도시 계획설계에 예견하고 시장표준설계에 기초하여 지역의 실정에 맞게 건설하도록 할 것이다.
5) 재정성, 도인민위원회와 해당 기관들은 시장건설에 필요한 자금을 지방예산과 군중적 자금원천을 동원하는 방법으로 보장하도록 할 것이다.
6) 재정성, 상업성, 도인민위원회와 해당 기관들은 시장들에 시장관리소를 조직하고 시장들을 채산제로 운영하며 시장 유지보수와 개건에 필요한 자금은 일정한 규모의 기금을 시장관리소가 조성하여 쓰도록 할 것이다.
7) 상업성, 재정성, 도인민위원회와 해당 기관들은 시장사용료를 매대면적과 위치를 고려하여 정하고 매일 시장관리소가 받아들이며 국가납부금은 소득규모를 고려하여 소득의 일정한 비율로 월에 한 번씩 재정기관이 판매자들로부터 받아들이도록 할 것이다.

8) 재정성은 시장 밖이나 집에서 공업상품을 가공하여 넘기거나 상품을 판매하는 대상, 각종 상품을 되거리하는 사람들을 해당 지역 재정기관들에 빠짐없이 등록하고 소득규모에 따라 국가납부금을 바치도록 해당한 대책을 세울 것이다.

9) 도인민위원회들은 기관, 기업소, 협동단체, 개인들로부터 소득규모에 따르는 국가납부금을 빠짐없이 받아들일 수 있도록 시, 군 재정부 아래 집금소에 재정부기 실무능력이 있는 일군들을 필요한 인원만큼 늘여줄 것이다. 이와 관련하여 재정성은 시장에서의 국가납부금 적용방법을 5월 15일까지 완성하여 내각에 제기할 것이다.

10) 상업성과 해당 기관들을 농민시장이 시장으로 운영되는 데 맞게 중앙으로부터 시, 군에 이르기까지 시장에 대한 정연한 장악지도체계를 세울 것이다. 이와 관련하여 상업성, 도, 시, 군 인민위원회들은 현 인원을 조절하여 해당부서들에 필요한 인원들을 늘여주도록 할 것이다.

2. 국영기업소와 협동단체들도 시장들에서 상품을 팔고 사도록 할 것이다.

1) 상업성, 도인민위원회와 해당 기관들은 시장에서 연유, 생고무를 비롯한 국가전략물자들과 생산수단 등 국가적으로 판매가 금지된 제품을 제외한 모든 농토산물과 식료품, 생활필수품을 비롯하여 국영기업소, 협동단체들과 개인들이 생산하는 상품들과 수입

상품들도 팔도록 할 것이다.
2) 상업성은 시장에서 팔 수 없는 통제품을 시기별로 실정에 맞게 내각의 승인을 받아 정해줄 것이다.
3) 재정성은 국영기업소, 협동단체들이 생산한 제품을 시장에 내다 팔게 한 데 맞게 공장, 기업소, 협동단체들에 현재 적용하는 국가납부금 비율을 바로 정하여 집행하기 위한 대책을 세울 것이다.

3. 시장 한도가격과 상품가격을 바로 정해주고 철저히 지키도록 할 것이다.

1) 국가가격제정국, 도인민위원회와 해당 기관들은 시장 한도가격을 국제시장가격과 환율시세를 고려하여 시장에서 가격조절의 기초로 되고 있는 쌀, 먹는 기름, 사탕가루, 맛내기 등 중요지표들에 대하여서만 해당 시, 군 인민위원회가 책임지고 자체 실정에 맞게 정해줄 수 있게 대책을 세울 것이다.
2) 도인민위원회와 해당 기관들은 시장에서 한도가격 이상 더 받을 때에는 엄격히 통제하여 한도가격이 시장가격을 점차 낮추는 공간으로 되게 할 것이다.
3) 국가가격제정국과 해당 기관들은 국제, 국내시장 가격과 환율시세를 정상적으로 요해하여 시, 군들에 통보하여줄 것이다.
4) 상업성, 국가가격제정국과 해당 기관들은 국내 공장, 기업소, 협동단체들에서 생산한 상품의 가격을 국영상업망에 넘길 때에는 국정가격으로 하고 시장에 내다 팔 때에는 시장가격을 점차 낮출

수 있도록 시장가격보다 낮게 정하는 원칙에서 시장가격 수준으로 정해주도록 할 것이다.

5) 국가가격제정국은 대중소비품이 아닌 희귀상품과 다른 상품가격을 검토하고, 수요와 공급에 맞게 수시로 조절하도록 해당한 대책을 세울 것이다.

4. 국영상업망을 활발히 운영할 것이다.

1) 무역성, 상업성, 도인민위원회와 해당 기관들은 지금 운영을 제대로 하지 못하고 있는 국영상점들을 임시로 상품보장을 담보할 수 있는 무역회사들에 넘겨주어 운영하도록 할 것이다. 무역성, 상업성, 도인민위원회와 해당 기관들은 상품보장을 담보할 수 있는 무역회사들을 선정하여 상점을 하나씩 맡아 운영하기 위한 대책안을 만들어 5월 10일까지 내각의 승인을 받아 집행할 것이다.

2) 무역성, 상업성, 평양시 인민위원회를 비롯한 도인민위원회와 해당 기관들은 평양 제1백화점과 같이 무역회사가 단독으로 운영하기 힘든 상업망들에 대하여서는 무역회사들의 요구에 따라 상점의 매대 또는 층별로 임대해주어 수입상품을 팔게도 하고 위탁판매를 비롯한 여러 가지 방법도 적용해보도록 할 것이다.

3) 무역성, 상업성, 국가가격제정국과 해당기관들은 무역회사들이 들여다 국영상점들에서 파는 수입상품 가격은 시장가격보다 조금씩 낮추는 원칙에서 상품가격을 조절할 수 있도록 무역회사와 판매자 사이 협정가격으로 하도록 할 것이다.

4) 무역성과 해당 기관들은 무역회사들이 전자제품을 비롯한 희귀상품을 외화와 교환한 내화로 판매하여 원금을 상환하게 하며 대중소비품은 내화로 팔도록 할 것이다.

5) 세관총국과 해당 기관들은 수도에 소비상품이 집중될 수 있게 무역회사들에서 수도에 들여오는 수입상품 관세율을 건당 검토하고 특혜조건으로 유리하게 하도록 하기 위한 안을 5월 20일까지 내각에 제기할 것이다.

6) 무역성은 무역회사들의 국영상점 운영에서 편향이 없도록 정상적으로 총화대책할 것이다. 재정성은 무역회사들이 국영상점을 하나씩 차지하고 수입상품을 맞아 주는 데 맞게 재정처리를 위한 실무적 대책을 세울 것이다.

7) 무역성과 해당기관들은 무역회사들이 수입상품을 들여다 개인들에게 비법적으로 넘겨주는 현상을 없애며 무역회사들에 기관도매를 할 수 있는 권한을 줄 것이다.

8) 상업성, 도인민위원회와 해당 기관들은 주민들이 수매상점을 리용하는 것을 적극 장려하며 수매상점들에서 수매하러 오는 사람들의 신분을 확인하거나 물건의 출처를 따지는 일이 없도록 할 것이다.

5. 기관, 기업소들에 일정한 범위의 현금유통을 허용해줄 것이다.

1) 재정성, 중앙은행과 해당 기관들은 기관, 기업소들에서 중요설비, 자재는 무현금결재를 하게 하면서 부속품을 비롯한 생산정상화

물자와 경영용 물자, 계획에 맞물리지 못한 물자 등을 구입하는
　　　데 현금을 쓸 수 있도록 할 것이다.
　2) 중앙은행과 해당 기관들은 기관, 기업소들에서 자기가 번 돈의 일
　　　정한 범위에서 현금을 쓸 수 있도록 인민경제부문별 특성을 고려
　　　하여 현금 리용한도를 합리적으로 정하여 집행할 것이다.
　3) 재정성, 중앙은행과 해당 기관들은 기관, 기업소들에 현금리용범
　　　위를 넓혀준 조건에서 번 돈을 은행에 입금시키지 않는 위법행위
　　　에 대하여 엄격히 단속 통제할 것이다.

6. 국가계획위원회, 로동성과 국가가격제정국은 현실발전의 요구에 맞게 계획화 방법과 생활비, 가격제정방법을 결정적으로 개선하기 위한 대책안을 상반년 안으로 내각에 제기할 것이다.

7. 국가계획위원회, 상업성, 재정성, 무역성, 국가가격제정국, 도인민위원회와 해당 기관들은 이 지시를 집행하기 위한 실무적 대책을 세울 것이다.

 시장관리규정: 내각결정 제27호

(2003. 5. 5.)

제1장. 일반규정

제1조. 이 규정은 위대한 영도자 김정일 동지께서 시장을 적극 장려하며 사회주의경제관리와 인민생활에 효과적으로 리용할 데 대하여 주신 지시를 철저히 관철하여 주민들의 생활상 편의를 도모하는 데 이바지하기 위하여 제정한다.

제2조. 이 규정은 시장을 관리운영하거나 리용하는 기관, 기업소, 단체와 공민들에게 적용한다.

제3조. 시장에 대한 지도는 상업성과 도, 시, 군 인민위원회가 한다. 시장을 내오거나 없애려고 할 경우에는 상업성의 승인을 받아야 하며 시장의 조직과 관리운영에 대한 실무적 지도는 도, 시, 군 인민위원회 상업부서가 맡아 한다.

제2장. 시장의 조직

제4조. 시장은 시, 군의 주민수와 지대적 특성을 고려하여 주민들이 리용하기 편리한 곳에 한 개 또는 그 이상 내올 수 있다.

제5조. 시장의 이름은 해당 지역의 지명을 붙여 부른다.

제6조. 시장은 지방도시 계획설계에 예견하고 시장표준설계에 기초하여 실정에 맞게 꾸려야 한다. 시장은 웃설미를 씌우고 바닥은 포장하며 매대와 질보관창고, 상하수도시설, 위생실과 같은 필요한 시설을 갖추어야 한다.

제7조. 시장을 꾸리는 데 필요한 자금은 지방예산과 시장에서 상품을 파는 국영기업소, 협동단체와 개별적 주민들의 자금원천을 동원하여 해결할 수 있다.

제8조. 시장과 그 주변에는 식당, 편의봉사망, 수매상점 같은 봉사망들을 꾸려놓을 수 있다.

제3장. 시장의 운영

제9조. 시장은 매일 정상적으로 운영하여야 한다. 시, 군 인민위원회는 직장에 다니는 주민들이 퇴근 후에도 시장을 리용할 수 있도록 시장운영 시간을 합리적으로 정하여주어야 한다.

제10조. 시장에서는 국가통제품을 제외한 농토산물, 식료품, 생활필수품을 비롯한 국내에서 생산한 상품과 수입상품, 개인들이 만들었거나 여유로 가지고 있던 물건들을 팔거나 살 수 있다. 시

장에서 팔 수 없는 국가통제품은 상업성이 내각의 승인을 받아 정한다.

제11조. 집짐승과 가구류를 비롯한 부피가 큰 상품은 시장건물 밖에 따로 장소를 정하고 팔 수 있다. 음식물을 만들어 봉사하는 업은 위생조건이 갖추어진 시장 안이나 시장 밖의 식당에서 하게 하여야 한다.

제12조. 시장에서 상품은 판매자와 구매자 사이에 합의하여 팔고 사며 중요지표의 상품들은 한도가격을 정하고 그 범위 안에서 팔고 사야 한다. 한도가격은 국제시장가격과 환율시세를 고려하며 시장에서 가격조절의 기초로 되고 있는 쌀, 먹는 기름, 사탕가루, 맛내기 등 중요지표에 대하여서만 해당 시, 군 인민위원회가 책임지고 자체 실정에 맞게 수시로 정한다.

제13조. 시장에서 상품을 전문적으로 파는 국영기업소, 협동단체와 개별적 주민들은 시, 군 인민위원회 상업부서에 등록하고 등록증을 받은 다음 재정부서에 등록하여야 하며 시장사용료와 국가납부금을 내야 한다. 시장사용료는 매대 면적과 위치를 고려하여 정하고 시, 군 인민위원회 상업부서가 발급한 전표에 따라 매일 시장관리소가 받아 붙인다. 국가납부금은 소득규모를 고려하여 소득의 일정한 비율로 월에 한 번씩 재정기관이 직접 받는다. 국영기업소, 협동단체, 개인들은 월마다 소득액을 시, 군 인민위원회 재정부서에 신고하여야 한다.

제14조. 시장에는 은행기관의 저금소를 두고 운영할 수 있다.

제15조. 시장을 리용하는 기관, 기업소, 단체와 개별적 주민은 시장 리

용질서를 자각적으로 지켜야 한다.

제4장. 도매시장

제16조. 도매시장의 운영은 해당 도매소와 시, 군 상업관리소가 맡아 한다.

제17조. 도매시장은 국영기업소, 협동단체에서 생산하여 시장에 내보내는 제품, 무역회사들의 수입상품, 개인들이 만들었거나 여유로 가지고 있던 물건, 사사 려행자들이 들여오는 수입상품 같은 것을 직접 현금으로 넘겨받아 소매단위들에 넘겨주어야 한다.

제18조. 도매시장가격은 시장가격을 고려하여 좀 낮게 판매자와 구매자 사이에 합의가격으로 한다.

제19조. 도매시장들은 서로 상품교류를 할 수 있다.

(20조에서 29조까지는 누락)

제30조. 시장 안에서 상품판매와 관련한 단속, 통제사업은 시장관리소 일군들이 하며 질서를 문란시키는 위법행위들에 대한 단속통제는 인민보안기관의 시장담당 보안원이 한다. 시장 밖에서 장사행위에 대한 단속통제는 인민보안기관을 비롯한 검열단속 통제기관이 한다.

제31조. 시, 군 인민위원회는 시장관리소 일군들이 시장관리를 무책임

하게 하거나 비사회주의적 현상을 조장 묵인하는 행위를 하였을 경우에는 시장관리소에서 내보낸다.

제32조. 이 규정을 어기고 시장관리운영사업에 지장을 주었거나 국가납부금을 납부하지 않았을 경우에는 엄중성 정도에 따라 책임 있는 일군이나 개별적 주민이 행정적 및 형사적 책임을 진다.

참고문헌

1. 기초 문헌·자료

- 〈7.1조치 강연자료〉 (2002. 7.)

- 〈종합시장설치 지시문: 내각지시 제24호〉 (2003. 5. 5.)

- 〈시장관리규정: 내각결정 제27호〉 (2003. 5. 5.)

- 〈토지사용료 납부규정: 내각결정 제53호〉 (2002. 7. 31.)

- 경제관리개선조치 관련 김정일 담화 (2001. 10. 3.)

- 《경제사전》 1, 2권 (평양: 사회과학출판사, 1985)

- 《재정금융사전》 (평양: 사회과학출판사, 1995)

- 《사회주의경제관리문제에 대하여》 각 권 (평양: 조선로동당출판사)

- 《김일성저작선집》 각 권 (평양: 조선로동당출판사)

- 《김일성저작집》 각 권 (평양: 조선로동당출판사)

- 《김정일선집》 각 권 (평양: 조선로동당출판사)

- 《북한경제 통계집》(통일부, 1996)
- 한국은행 북한 GDP 관련 통계 〈http://ecos.bok.or.kr〉
- 《로동신문》,《조선신보》,《데일리NK》각 호

2. 국문 연구문헌

- 강명도, 1996,《평양은 망명을 꿈꾼다》(중앙일보사)
- 강일천, 2002, "최근 우리나라에서 실시된 경제적 조치에 대한 잠정적 해석 (1)",《KDI 북한경제리뷰》10월호
- 고뢰정(高瀬淨), 1988,《북한경제입문》, 이남현 역 (청년사)
- 고승효, 1988,《북한사회주의 발전연구》(청사)
- _____, 1993,《현대 북한경제 입문》(대동)
- 고영환, 1992,《평양 25시》(고려원)
- 고일동, 1999,《북한의 예산구조와 최근의 재정실태 분석》(한국개발연구원)
- _____, 2004,《북한의 재정위기와 재정안정화를 위한 과제》(한국개발연구원)
- 고청송, 1994, "사회주의요? 팍 썩은 뇌물천국이야요",《신동아》2월호
- 권태진, 2004,《북한의 농업부문 개혁개방정책과 남북협력》(한국농촌경제연구원)
- 김갑식, 2007, "사회주의 체제전환국의 정치체제 변화",《북한연구학회보》11권 2호
- 김근식, 1999, "북한 발전전략의 형성과 변화에 관한 연구: 1950년대와 1990년대를 중심으로", 서울대학교 박사학위논문

- 김동원, 1990, "북한의 경제개발계획의 성과와 문제점", 서진영 편,《현대중국과 북한 40년》II (고려대출판부)
- 김명렬, 1986,《사회주의하에서 물질적 관심성과 가치법칙의 올바른 리용에 관한 주체의 경제리론》(평양: 과학백과사전출판사)
- 김상기, 2004, "번수입지표에 대한 소고",《KDI 북한경제리뷰》9월호
- 김상학, 1996, "우리당의 혁명적 경제전략과 축적과 소비 사이의 균형",《경제연구》2호
- 김성철, 1995,《북한 관료부패 연구》(민족통일연구원)
- _____, 1995, "북한의 관료부패 유형 및 사회적 영향",《월간북한》5호
- 김연철, 1997,《북한의 배급제 위기와 시장경제 전망》(삼성경제연구소)
- _____, 2002, "북한 경제관리 개혁의 성격과 전망", 김연철 외 편,《북한 경제개혁 연구》(후마니타스)
- _____, 2003, "북한 기업관리의 변화와 전망", 조명철 외,《7.1경제관리개선조치 현황평가와 과제: 북한 경제개혁의 전망》(대외경제정책연구원)
- 김영수, 2006,《최근 북한주민의 생활상 변화와 체제의 작동원리 분석》, 통일부 용역보고서
- 김영윤, 1997, "북한 암시장의 경제사회적 영향",《통일연구논총》6권 1호
- 김재서, 2004, "선군원칙을 구현한 사회주의경제관리",《경제연구》1호
- 나카가와 마사히코(中川雅彦), 2003, "북한 연합기업소의 형성",《KDI 북한경제리뷰》3호
- _____, 2003, "북한 연합기업소의 형성과 변천",《KDI 북한경제리뷰》4호
- 남성욱, 2003, "2002년 북한의 임금과 물가인상에 따른 주민 생산·소비형태

의 변화에 관한 연구", 《통일문제연구》 15권 2호

• _____ 2004, 《현대 북한의 식량난과 협동농장 개혁》 (한울)

• _____, 2005, "북한의 7.1 경제관리개선조치와 농업개혁 전망", 《농촌경제》 28권 1호

• 동용승, 1997, "암시장 확산이 북한경제에 미치는 영향", 《삼성경제》 5호

• 디이터 젱아스, 1990, 《유럽의 교훈과 제3세계》, 한상진·유팔무 역 (나남출판)

• 류승호, 2003, "북한의 경제개선조치 이후 환율동향 및 시사점", 《수은해외경제》 12월호

• _____, 2004, "북한 외화관리제도 변경의 특징과 한계", 《수은북한경제》 여름호

• 리기성, 1994, "위대한 수령 김일성 동지께서 신년사에서 제시하신 사회주의경제건설의 완충기와 우리당의 혁명적 경제전략", 《경제연구》 1호

• 리신효, 1992, "새로운 무역체계의 본질적 특징과 그 우월성", 《경제연구》 4호

• 리원경, 1986, 《사회주의화폐제도》 (평양: 사회과학출판사)

• 리준혁, 1996, "혁명적 경제전략의 관철과 사회주의 경제적 진지의 공고화", 《경제연구》 3호

• 린이푸(林毅夫), 2001, 《중국의 개혁과 발전전략》, 한동훈·이준엽 역 (백산서당)

• 문성민, 2004, 《북한 재정제도의 현황과 변화추이》 (한국은행 금융경제연구원)

• _____, 2005, 《북한 금융의 최근 변화와 개혁과제》 (한국은행 금융경제연구원)

• 민족통일연구원, 1994, 《북한최고인민회의 제9기 제7차 회의 결과분석》

• 박관용 외, 2007, 《북한의 급변사태와 우리의 대응》 (한울)

• 박명서, 2006, 《북중 변경무역과 북한의 시장실태》 (통일교육원)

- 박석삼, 2002, "북한의 사경제부문 연구: 사경제 규모, 유통현금 및 민간보유 외화 규모 추정",《한은조사연구》3호
- _____, 2004,《북한경제의 구조와 변화》(한국은행)
- 박성호, 2000, "새로운 국가예산수납체계의 특징과 우월성",《경제연구》4호
- 박영근 외, 1992,《주체의 경제관리이론》(평양: 사회과학출판사)
- 박 진, 1994,《북한재정의 현황과 추이》(한국개발연구원)
- 박형중, 2002,《북한의 경제관리체계: 기구와 운영, 개혁과 변화》(해남)
- _____, 2000, "정상회담 전후 북한체제의 변화",《통일문제연구》34권
- 박홍규, 2004, "선군시대 경제건설로선의 정당성",《경제연구》1호
- 배종렬, 2003, "경제운용 원리와 발전전략의 개혁과제",《북한경제개혁의 추진현황과 남북한 및 국제사회의 역할》(대외경제정책연구원)
- 서남일, 1996, "북한의 공장관리 현실: 계획은 없다 흥정을 잘해야 공장이 산다",《통일한국》6월호
- _____, 1996, "공장 내 권력관계와 노동자: 노임은 받으나마나 장사해서 먹고산다",《통일한국》7월호
- 서승환, 1994, "경공업제일주의방침을 관철하는 것은 현 시기 사회주의경제건설에서 나서는 중요 전략적 과업",《경제연구》2호
- 서재진, 1996, "북한의 지하경제",《북한의 경제정책과 지하경제》(인제대 인문사회과학연구소)
- _____, 2004,《7.1조치 이후 북한의 체제변화: 아래로부터의 시장사회주의화 개혁》(통일연구원)
- 서진영 편, 1990,《현대중국과 북한 40년》II (아연출판부)

- 성채기, 2006, "북한군사력의 경제적 기초: 군사경제 실체에 대한 역사적·실증적 분석", 경남대 북한대학원 편,《북한군사문제의 재조명》(한울)
- 신준영, 1996, "新북한바로알기: 북한의 범죄, 부정부패, 밀수위폐제조, 아편밀매설의 진상",《월간 말》12월호
- 신지호, 2000,《북한의 개혁·개방: 과거, 현황, 전망》(한울)
- 양문수, 2001,《북한경제의 구조: 경제개발과 침체의 메커니즘》(서울대학교출판부)
- _____, 2004, "지방경제를 통해 본 북한의 변화: 1990년대를 중심으로",《비교경제연구》11권 2호
- _____, 2004, "기업을 통해 본 북한의 변화: 최근의 경제정책에 대한 평가를 중심으로",《국제지역연구》8권 1호
- _____, 2005, "북한에서의 시장의 형성과 발전: 생산물시장을 중심으로",《비교경제연구》12권 2호
- _____, 2007, "7.1조치 5주년의 평가와 전망: 경제관리시스템을 중심으로",《수은북한경제》여름호
- 오명선, 1996, "형식은 사회주의, 내용은 자본주의와 같다",《통일한국》8월호
- 오선희, 1994, "거래수입금의 제정 및 적용에서 제기되는 몇 가지 문제",《경제연구》3호
- _____, 2002, "지방예산편성을 개선하는 데서 나서는 몇 가지 문제",《경제연구》2호
- _____, 2003, "실리를 나타내는 지표의 합리적 리용",《경제연구》3호
- 오승렬, 1996, "북한의 경제적 생존전략: 비공식부문의 기능과 한계",《통일연구논총》5권 2호

- 우리민족서로돕기불교운동본부, 1998,《식량난민 472명이 증언한 북한식량난 실태보고》
- 윤여운, 2003,《키워드로 읽는 북한경제》(비봉)
- 이달희, 2007, "북한 국방비 지출의 은폐구조 분석",《국방연구》50권 1호
- 이민복, 1996, "북한농업의 개인주의 경향",《통일한국》2월호
- 이영훈, 2000, "북한의 경제성장 및 축적체제에 관한 연구(1956~1964)", 고려대학교 박사학위논문
- ＿＿＿, 2005, "농민시장", 이무철 외,《북한의 경제》(한울)
- 이일영·전형진, 1997, "북한 농업제도의 전개와 개혁전망에 관한 연구: 분조관리제를 중심으로",《통일문제연구》9권 2호
- 이정철, 2002, "사회주의 북한의 경제동학과 정치체제: 현물동학과 가격동학의 긴장이 정치체제에 미치는 영향을 중심으로", 서울대학교 박사학위논문
- 이찬도, 2000, "북한-중국 간의 변경무역 현황과 전망",《인문사회과학논집》4권 1호
- 이철수, 2003,《북한사회복지: 반복지의 북한》(청목출판사)
- 이태섭, 2001, "1990년대 북한의 경제위기와 군사체제로의 전환에 관한 연구",《2001년 신진연구자 북한 및 통일관련 논문집》3권 (통일부)
- 임금숙, 2002, "북한 자영업의 특징과 발전방향",《통일경제》3월호
- 장달중·임수호, 2005, "김정일 체제와 강성대국론: 선군의 이데올로기와 경제적 실용주의", 백영철 편,《한반도 평화프로세스》(건국대출판부)
- 장성은, 2002, "공장, 기업소에서 번수입의 본질과 그 분배에서 나서는 원칙

적 요구",《경제연구》4호

- 장원태, 1996, "날로 확대되는 북한의 지하경제",《LG주간경제》10월호
- 장진우, 2007, "북한의 실리중시 경제관리의 개선",《KDI 북한경제리뷰》 7월호
- 전현준, 2005,《북한이해의 길잡이》(박영사)
- 전홍택, 1997, "북한 제2경제의 성격과 기능",《통일경제》2월호
- 정세진, 2000,《계획에서 시장으로: 북한체제변동의 정치경제》(한울)
- 정영철, 2004,《북한의 개혁·개방: 이중전략과 실리사회주의》(선인)
- 조동호, 2003,《북한 경제정책의 변화전망과 남북경협의 역할》(한국개발연구원)
- 조명철, 1998, "북한과 중국의 경제관계 현황과 전망",《대외경제정책연구》여름호
- _____, 2003,《7.1경제관리개선조치 현황평가와 과제: 북한의 경제개혁 전망》(대외경제정책연구원)
- 조영국, 2006,《탈냉전기 북한의 개혁·개방 성격에 관한 연구》(한국학술정보)
- 진승권, 2003,《동유럽 탈사회주의 체제개혁의 정치경제학: 1989~2000》(서울대학교출판부)
- 최동철, 1996, "국영농장 관리운영실태",《통일한국》4월호
- 최수영, 1997,《북한의 제2경제》(민족통일연구원)
- 최신림·이석기, 1998,《북한의 산업관리체계와 기업관리제도》(산업연구원)
- 편집부, 2000, "북한의 농민시장",《통일시론》8호
- 하기하라 료(萩原 遼), 2005,《김정일의 숨겨진 전쟁》, 양창식 역 (알파)

- 한국개발연구원, 2002, "북한 경제정책 설명", 《KDI 북한경제리뷰》 10월호
- 한대성, 1995, "인민경제 선행부문과 금속공업 부문에서 혁명적 앙양을 일으키는 것은 인민생활을 높이기 위한 중요담보", 《경제연구》 2호
- 한상진, 2002, "북한 지하경제의 규모 추정과 경제변수들과의 관계 분석", 연세대학교 석사학위논문
- 홍익표·동용승·이정철, 2004, 《최근 북한의 가격·유통체제 변화 및 향후 개혁과제: 중국과의 비교》 (대외경제정책연구원)

3. 영문 연구문헌

- Allison, Graham and Philip Zelikow, 1999, *Essence of Decision: Explaining the Cuban Missile Crisis* (Longman)
- Aslund, Anders, 1992, *Post-Communist Economic Revolutions: How Big a Bang?* (CSIS, 1992).
- _____, 1995, "The case for Radical Reform", Larry Diamond and Marc Plattner eds., *Economic reform and democracy* (Johns Hopkins University Press)
- Brus, Wlodzimierz, 1993, "Marketisation and Democratisation: The Sino-Soviet Divergence", *Cambridge Journal of Economics*, 17, 4 (December)
- Nicholas Eberstadt, 1999, *The End of North Korea* (The AEI Press)
- Eckstein, Alexander, 1970, "Economic Development and Political Change in Communist Systems", *World Politics*, 22, 4 (July)
- Grabher, Gernot and David Stark, 1997, "Organizing Diversity: Evolutionary

Theory, Network Analysis, and Post-socialism", Gernot Grabher and David Stark eds., *Restructuring Networks in Post-Socialism: Legacies, Linkages, and Localities* (Oxford University Press)

- Gregory, Paul and Robert Stuart, 1990, *Soviet Economic Structure and Performance* (Harper&Row Publishers)

- Griffin, Keith, 1989, *Alternative Strategy for Economic Development* (Macmillan in association with OECD Development Center)

- Grossman, Gregory, 1977, "The Second Economy of USSR", *Problem of Communism*, 26 (September/October)

- Hough, Jerry, 2001, *The Logic of Economic Reform in Russia* (Brookings Institution Press)

- Johnston, Michael, 1986, "The Political Consequences of Corruption: A Reassessment", *Comparative Politics*, 18, 4 (July)

- Kang, Elliot, 2002, "North Korea's Security Policy: Swords into Plowshares?", Samuel Kim and Tai Hwan Lee eds., *North Korea and Northeast Asia* (Rowman & Littlefield Publishers)

- Kim, Woon Keun, 1988, "Food Problem and Agricultural Reform in North Korea", 《전환기의 북한과 정책선택: 국내구조와 대외관계》 (경남대 극동문제연구소)

- Kornai, Janos, 1992, *The Socialist System: The Political Economy of Communism* (Princeton University Press)

- Lane, David, 1996, "The Gorbachev Revolution: The Role of the Political Elite in Regime Disintegration", *Political Studies*, 44, 1 (March)

- Lee, Hee Sang, 1992, "The Economic Reform of North Korea: The Strategy of Hidden and Assaimiable Reform", *Korea Observers*, 23 (Spring)
- Lee, Keun, 1997, "The Road to the Market in North Korea: projects, problems and prospects", 1996년도 한국경제학회 정기학술대회 (1997년 2월)
- Lipton, David and Jeffrey Sachs, 1990, "Privatization in Eastern Europe: The Case of Poland", *Brookings Papers on Economic Activity*, 1, 2
- Lowenthal, Richard, 1970, "Development vs. Utopia in Communist Policy", Chalmers Johnson ed., *Change in Communist Systems* (Stanford University Press)
- Marrese, Michael, 1981, "The Evolution of Wage Regulation in Hungary", Hugo Radice at al eds., *Hungary: A Decade of Reform* (Allen&Unwin)
- Murrel, Peter, 1993, "What is Shock Therapy?: What Did it Do in Poland and Russia?", *Post-Soviet Affairs*, 9, 2
- _____, 1993, "Evolutionary and Radical Approaches to Economic Reform", Kazimierz Poznanski ed., *Stabilization and Privatization in Poland* (Kluwer Academic Publishers)
- Naughton, Barry, 1994, "What is Distinctive about China's Economic Transition?: State Enterprise Reform and Overall System Transition", *Journal of Comparative Economics*, 18, 3 (June)
- Nee, Victor and David Stark, 1989, *Remaking the Economic Institutions of Socialism: China and Eastern Europe* (Stanford University Press)
- Noland, Marcus, 1997, "Why North Korea Will Muddle Through", *Foreign Affairs*, 76, 4 (July/August)

- _____, 2000, *Avoiding the Apocalypse: The Future of the Two Koreas* (Institute for International Economics)
- O'Hearn, Dennis, 1980, "The Consumer Second Economy: Size and Effect", *Soviet Studies*, 32, 2 (April)
- Popov, Vladimir, 2000, "Shock Therapy versus Gradualism: The End of the Debate", *Comparative Economic Studies*, 42, 1 (Spring)
- Prybyla, Jan, 1991, "The Road from Socialism: Why, Where, What, and How", *Problems of Communism*, 40 (January)
- Rona-Tas, Akos, 1995, "The Second Economy as a Subversive Force: The Erosion of Party in Hungry", Andrew Walder ed., *The Waning of the Communist State* (University of California Press)
- Sampson, Steven, 1987, "The Second Economy of the Soviet and Eastern Europe", *Annals of the American Academy of Political and Social Science*, 493 (September)
- Shirk, Susan, 1993, *The Political Logic of Economic Reform in China* (University of California Press)
- Stark, David and Laszlo Bruszt, 1998, *Postsocialist Pathways: Transforming Politics and Property in East Central Europe* (Cambridge University Press)
- Walder, Andrew, 1995, "The Quiet Revolution from Within: Economic Reform as a Source of Political Decline", Andrew Walder ed., *The Waning of the Communist State* (University of California Press)
- _____, 1996, *China's Transitional Economy* (Oxford University Press)
- Welsh, Helga, 1994, "Political Transition Process in Central and Eastern

Europe", *Comparative Politics*, 26, 4 (July)

- Wyplosz, Charles, 2000, "Ten Years of Transformation: Macroeconomic Lessons", *World Bank Policy Research Working Paper*, 2288 (February)
- Zhou, Kate Xiao, 1996, *How the Farmers Changed China* (Westview Press)